Mark Spörrle
Weg da, das ist mein Handtuch!

PIPER

Zu diesem Buch

Willkommen auf dieser ziemlich deutschen spanischen Insel! Im Klubhotel mit Gästen, die unterschiedlicher nicht sein könnten: Oliver, der mit Frau und vierjährigen Zwillingen im Ersatzzimmer mit Ameisen einquartiert wird. Seinen perfekten Schwiegereltern, die immer alles besser wissen und sich plötzlich streiten, dass es kracht. Moritz, Schauspieler und Star, der sich als sein Doppelgänger ausgibt. Jessica, die in den Ferien durcharbeitet und dabei einen folgenschweren Fehler macht. Mario, Profiliegenreservierer und ausgekochter Pauschalurlauber, der jedes All-inclusive-Angebot mitnimmt. Pete, der dringend auschecken will und schon an der Badezimmertür scheitert. Und schließlich Susan, die aus Liebeskummer ihrem Leben eigentlich ein Ende setzen will. Aber es kommt alles ganz anders...

Mark Spörrle, geboren 1967, ist Redakteur bei der ZEIT und schreibt satirisch-humorvolle Bücher über den irrwitzigen Alltag. Zu den erfolgreichsten zählen »Ist der Herd wirklich aus?« und »Aber dieses Jahr schenken wir uns nichts!«. Spörrle ist Co-Autor des Bahnreiseführers »Senk ju vor träwelling«, der über ein Jahr unter den Top 20 der Spiegel-Bestsellerliste stand. Er lebt mit seiner Familie in Hamburg.

Mark Spörrle

WEG DA, DAS IST MEIN HANDTUCH!

Auf der Suche nach dem perfekten Urlaub

Piper München Zürich

Mehr über unsere Autoren und Bücher:
www.piper.de

Alle in diesem Buch vorkommenden Personen und
Einrichtungen sind frei erfunden.

Ungekürzte Taschenbuchausgabe
Juni 2012
© 2011 Piper Verlag GmbH, München,
erschienen im Verlagsprogramm Malik
Umschlaggestaltung: Birgit Kohlhaas, Egling
Umschlagillustration: Isabel Klett
Satz: Satz für Satz. Barbara Reischmann, Leutkirch
Gesetzt aus der Minion
Papier: Munken Print von Arctic Paper Munkedals AB, Schweden
Druck und Bindung: CPI – Clausen & Bosse, Leck
Printed in Germany   ISBN 978-3-492-27455-5

*Für Sabeth
und Stella*

Inhalt

Samstag **9**

Sonntag **52**

Montag **89**

Dienstag **127**

Mittwoch **179**

Donnerstag **213**

Freitag **238**

Samstag **251**

Einige Tage später **253**

Samstag

PETE

Es war dumm. Idiotisch. Unverzeihlich.

Wieso hatte er unbedingt duschen wollen?

Und wenn es schon sein musste: Warum hatte er die Badezimmertür geschlossen?

Nun stand er da. Nackt. Den Hohlgriff in der Hand. Die andere Hälfte der Klinke lag nebenan im Hotelzimmer. Und so sehr Pete an dieser Tür rüttelte: Sie bewegte sich nicht.

Wie gesagt: Das war mindestens dumm. Auf Island machte Vulkan Katla Anstalten auszubrechen, und darauf wartete Pete, seit er seine revolutionäre Theorie der kreuzweisen Vorbeben entwickelt hatte – zuerst im Waschkeller des Instituts, dann im Vulkansimulator in Kalifornien. Seither litt Pete unter Ohrensausen und einem kleinen Knalltrauma. Aber seine Theorie würde ihn zur weltweiten Vulkankoryphäe Numero Uno machen.

Nur der Praxisbeweis fehlte noch. Sein Flug hier von der Insel mit Umsteigen in Frankfurt und Oslo ging in zwei Stunden.

Pete öffnete das Fenster. Vier Stockwerke unter ihm lag der Pool. Obwohl es früh am Morgen war, hüpften im Wasser ein paar Leute in Badezeug wie aufgezogen auf der Stelle. Aus den Lautsprechern dröhnte es: »Hey, das geht ab. Wir feiern die ganze Nacht, die ganze Nacht. Hey, das geht ab. Wir feiern die ganze Nacht!«

Pete blieb keine Wahl.

»Help«, rief er. »Help! Help! Help me!«

Pete hatte eine ungeübte Stimme; der Forschung wegen beschränkte er seine Auftritte im Hörsaal auf ein Minimum. Auch privat gab es nie Anlass zum Schreien, er war Single.

Das rächte sich nun. Keiner hob den Kopf, so sehr er auch rief.

OLIVER

Dr. Obernhöffler war stärker als er. Er drückte ihn gegen den Schreibtisch, packte ihn mit einer Hand an der Kehle. Und schrie, es sei nichts Persönliches, aber er müsse Oliver nun leider in Stücke hacken, um den viel zu niedrigen Fleischanteil des neu entwickelten Welpenfutters zu erhöhen. »Aufwachen«, schrie Obernhöffler mit Schaum vor dem Mund. »Aufwachen Oliver! Steh sofort auf! Wir sind viel zu spät! Wegen dir!«

Sein grausamer Chef sprach mit der Stimme von Anna, seiner Frau. Es WAR Anna. »Du hast den Wecker zu spät gestellt«, rief sie. »Oliver, was ist denn los mit dir? Wie sollen wir das noch schaffen?«

Oliver taumelte aus dem Bett wie ein angeschossenes Nilpferd.

Es folgte der ganz normale Wahnsinn: Die Kinder wecken. Die Kinder anziehen, Waschen fiel aus, weil sie so schlechte Laune hatten, dass sie kein bisschen mitmachten. Frühstück fiel aus. Den Müll mit runternehmen fiel erst recht aus; der Taxifahrer klingelte schon zum zweiten Mal. Auf halbem Weg zum Flughafen fiel Anna dann ein, wo die Tickets waren: In ihrer braunen Handtasche – leider hielt sie die schwarze auf dem Schoß. Auch der Fahrer machte kein bisschen mit: Er weigerte sich, schneller als erlaubt oder auch nur über eine einzige rote Ampel zu fahren. »Was habe ich davon, Familien geben sowieso nie Trinkgeld«, brummte er. Er hatte sich nicht getäuscht.

Beim Einchecken verschlechterte sich Annas ohnehin angespannte Laune rapide, als Oliver ihr euphorisch den Grund für das Übergepäck gestand.

»Die Boulekugeln!« Sie sah ihn an, als habe er heimlich die Mülltonne eingepackt.

Oliver hatte gehofft, sie würde ihm um den Hals fallen. Immerhin hatten sie die Boulekugeln in allen Urlauben vor der Geburt der Kinder dabeigehabt. In lauschigen Hotels, in die ihre vierjährigen Zwillinge jetzt eingefallen wären wie die Hunnen. Weshalb sie seit vier Jahren im Urlaub lieber daheimblieben. Bis heute.

Die Schwiegereltern warteten nicht wie verabredet vor der Sicherheitskontrolle. Und übers Handy waren sie nicht zu erreichen. Sie waren aber auch nicht einfach daheimgeblieben, wie Oliver schon insgeheim hoffte. Nein, sie saßen am Gate und sahen ihnen mit ostentativem Kopfschütteln entgegen.

»Über eine Stunde sitzen wir schon hier!« Die Schwiegermutter sprach mit ihnen, als habe sie Schwachsinnige vor sich. »Hättet ihr nicht ein einziges Mal früher losfahren können? Und warum habt ihr nicht wenigstens Bescheid gesagt, dass ihr so spät kommt?«

»Ihr wolltet doch vor der Sicherheitskontrolle warten«, sagte Anna.

»Ach Kind«, die Schwiegermutter machte eine wegwerfende Handbewegung. »Da ist es doch viel zu ungemütlich. Nirgendwo was zum Kaffeetrinken!«

»Und warum habt ihr euer Handy nicht an?«

»Handy?«, fragte der Schwiegervater gedehnt. »Das haben wir zu Hause gelassen. Das Ladegerät war zu schwer.«

»Zu schwer?«, echote Oliver.

»Ja, Oliver«, sagte die Schwiegermutter spitz. »Wir haben unser Gepäck genau gewogen. Mehrfach. Mit Ladegerät wären es zwanzig Gramm über dem erlaubten Gewicht gewesen. Und was sollen wir mit einem Handy ohne Ladegerät?«

JESSICA

Als sie sofort nach dem Abheben ihr Notebook hochfuhr, huschte eine Flugbegleiterin herbei und brachte das Sprüchlein von den bösen elektronischen Geräten. Aber dann schrillte irgendwo ein Handy, eine Frau begann laut zu telefonieren – »Woooo? Im Fliejah? Mensch, ick ooch! Ick seh dir!« – und die Begleiterin verschwand mit zuckendem Mund.

Gut so, Jessica hatte keine Zeit zu verlieren. Die Präsentation musste fertig werden, damit sie zu dieser Spielzeughersteller-Übernahme kam. Die übliche Kiste: Ein belgischer Investor kaufte eine Traditionsfirma, des Namens wegen. Er würde abspalten, auslagern, kündigen, wo ging, und den Rest in ein Billiglohnland verlagern. Ihr Job war, alles in der Öffentlichkeit rundum positiv klingen zu lassen. Statt Übernahme: Aufbruch zu neuen Märkten. Statt Investor: Synergien. Jessica würde erzählen, dass die belgischen Spielzeugautos Räder hatten, die wie in alten Zeiten nach echtem Gummi rochen. Sie würde den Teufel tun zu erzählen, dass die Räder so stanken, weil sie in Fernost aus minderwertigem Material hergestellt wurden.

Eine Mission für ein echtes Bond-Girl, hatte Julian gesagt und gelacht. Na ja. Wenn's so schwer wäre, hätte der Big Boss sein Krisenteam drangesetzt, wie bei diesem Großbahnhofprojekt, das nur die Baumafia wollte. Im Krisenteam bei *in verba veritas* arbeiteten die Besten der Besten. Und bald würde sie dazugehören. Kaum vier Jahre, nachdem sie als Praktikantin im coolsten Laden der Branche angefangen hatte. Das hieß: noch mehr Kohle. Cayenne oder Q6 als Dienstwagen. Demütige Anrufe von Headhuntern. Extrem lässig.

Sie konzentrierte sich. Versuchte, die Typen zu ignorieren, die im Gang rumstanden und Alkohol tranken, als seien sie auf dem Weihnachtsmarkt. Auch den Typen da, schräg gegenüber von ihr, der sich mit seinem Lockenkopf und der

Kassenkombisonnenbrille extrem toll vorkam und sie die ganze Zeit angrinste wie ein Kürbis an Halloween. Dabei fiel ihr ein, dass sie vergessen hatte, die Bambusse im Dachgarten zu gießen. Wenn sie heimkam, würde sie neue brauchen, das dritte Mal in diesem Jahr.

MARIO

Wenn man die Bräute hier anguckte, hatte er echt Schwein gehabt, dass das mit Ägypten nichts geworden war. Die paar Toten hätten ihm nichts ausgemacht, solange sie nicht im Pool schwammen, schließlich stimmte der Preis. Aber der Veranstalter kniff dann doch, weil es nicht lohne, das Hotel für einen einzigen Urlauber zu öffnen. Was konnte er denn dafür! Mario hatte dann gleich eine Woche Insel-Urlaub gebucht. Da konnte es keine doofen Überraschungen geben, stabile Regierung, Deutsch fast Amtssprache, dreißig Grad im Schatten. Bermudas, T-Shirt und Schlappen reichten völlig, und auf dem Weg zum Flughafen konnte man sich mit Bier wärmen.

449 Euronen all inclusive hatte er bezahlt, und die würde er wieder reinholen. Mindestens. Sonne, Sand und Meer kamen als Goodie obendrauf. Und die Weiber als Extra-Goodie. Er ging mal davon aus, dass die meisten Bräute hier in seinem Hotel wohnten, und einigen war schon anzusehen, wie easy man bei ihnen landen konnte.

Also, er musste sich ranhalten.

Mario orderte Kaffee, Bier, belegte Käsestange, alles inklusive. Das war das Frühstück. Und dann orderte er das Gleiche noch mal. Das war das Extra-Frühstück. Das er vom Reisepreis abziehen konnte. Beim Bäcker an der Ecke kosteten Kaffee, Bier und Käsestange 6,45 Euro. 449 minus 6,45: Blieben noch 442,55 Euronen Miese, die er extra verfuttern und versaufen musste.

Und jetzt: Showtime, ihr Perlhühner, hier kommt Super Mario!

Zwei Reihen weiter saß eine Braunhaarige, an den nackten Armen Silberringe, tief ausgeschnittenes T-Shirt, schwarze Lederweste. Sie saß allein, Mario änderte das sofort. »Hey, ich bin Mario. Mann, endlich Urlaub! Bin ich froh. Da denken andere, einer mit meinem Job kann auch mal den Faulen machen. Vergiss es. Was ich zu koordinieren habe ...«

Sie drehte den Kopf und sah an ihm vorbei.

Neben ihm stand eine kurzhaarige Frau in Lederjacke, zwei Bier in den Händen. Sehr dicht neben ihm.

»Sorry«, sagte er und rappelte sich hoch. »Sorry, äh ... Ich hab gedacht, das ist Bea. Mit der ich früher zusammen auf der Schule war. Aber du bist nicht Bea, oder?«

»ICH bin Bea«, sagte die Lederjackenfrau.

»Mann!«, sagt Mario, »WIR waren zusammen auf der Schule? Ludwig-Kösl-Zitzewitz-Gesamtschule Köln-Pforz-Süd?«

»Genau«, sagte die Lederjackenfrau. »Genau so war's!«

Scheiße.

»Ja, jetzt erkenne ich dich«, sagte die Lederjackenfrau und beugte sich zu ihm herunter, »bist du nicht der Wicht, der immer hinter die Tafel gepinkelt hat?«

So eine Scheißfrechheit. Mario war erstens nicht klein, er war ganz normal groß, 1,71, wenn die Locken gut standen, sogar 1,77 oder 1,78. Und die Locken standen gut!

Mario ließ die Lederjacke stehen, es gab hier noch jede Menge Weiber, die keine Kampflesben waren.

Und dann, bingo! Dunkler Pferdeschwanz, schlanker weißer Nacken. Sie drehte kurz den Kopf. Süße, blaue, leicht geschwollene Hinguckeraugen. Kaum gestylt, aber das hatte sie auch nicht nötig. Sie bewegte die Lippen. Betete sie?

Hey, vielleicht betete sie um einen Mann? Sie war Mitte

dreißig, er hatte einen Blick dafür; alleinreisende Mädels in dem Alter hatten furchtbar Schiss, dass sie keinen mehr abkriegten. Kriegten sie auch nicht. Aber das musste man ihnen ja nicht sagen.

Mario organisierte schnell zwei neue Biere; Zwischenstand 436,95 Euro, ließ sich neben die Braut auf den Sitz plumpsen und hielt ihr eins davon unter die Nase.

»Hey!«, rief er. »Prösterchen! Ich bin Mario!«

Sie vergaß vor Überraschung, mitzutrinken. Also trank er allein. Auf ex, da konnte er länger über seine nächsten Sätze nachdenken: »Hey, keinen Bock zu quatschen? Versteh ich. Voll. Bei mir ist es oft genauso: Das ganze Managen, die Verantwortung, das frisst. Und du, Honey, was machst du im normalen Leben?«

Honey, seit er diesen Ausdruck in einem Film gehört hatte, in dem die Männer weiße Anzüge trugen und mit Motorbooten herumfuhren, hielt er ihn für cool.

Sie sagte immer noch nichts. Bingo, sein Auftritt musste sie einfach umgehauen haben. Jetzt nur keine peinliche Pause entstehen lassen, einfach weiterreden, dann gehörte sie ihm.

»Okay«, sagte er. »Was liegt heute Abend an? Schwimmen, essen, Leibesübungen zu zweit?«

In ihren Augen tauchte etwas wie Fassungslosigkeit auf. Scheiße, der Spruch kam zu früh. Jetzt schnell die Stimmung wieder auflockern.

»Ä Tännschen«, rief er mit quäkender Lautsprecherstimme, »dies ist ein Notfall, bitte die Schwimmwesten bereithalten und nach dem Benutzen der Notrutsche mit Schwimmbewegungen beginnen. Vergessen Sie nicht, vorher die Ablagen zu putzen und die Zeitungen Ihres Nachbarn zu entsorgen ...«

Sie lachte kein bisschen. Verstand sie kein Deutsch?

»This is an emergency«, rief er schnell. »Please prepare for landing! Attention, in case of any complications with the aircraft ...«

»Hallo!«, sagte eine zuckersüße Stimme dicht an seinem Ohr. Es war eine Flugbegleiterin. »Das ist mein Text. Okay?« Ihr Parfüm roch gut, und ihre Augen machten Lust auf mehr.

»Sorry«, sagte Mario.

Die Braut neben ihm hob die Hand.

»Sie spricht kein Deutsch«, sagte Mario zur Flugbegleiterin, »aber ich kann kurz dolmetschen: Yes, please?«

»Ich möchte einen anderen Platz.«

»She will another place«, sagte Mario.

»Weit weg von dem Kerl!«

»Hey!«, sagte Mario. »Okay, ich kapier's schon. Okay! Aber wir wohnen ja sicher im selben Hotel. Club Playa y Paraiso, oder?«

Sie zuckte zusammen. Bingo!

»Wenn du willst, lade ich dich in den nächsten Tagen zu einem Drink ein. Okay, Honey?« Mario stemmte sich hoch und schenkte auch der Flugbegleiterin ein vielversprechendes Grinsen. Dann fielen ihm die Karten ein. Seine Joker aus der Gesäßtasche, Tipp von seinem Kumpel Fredi, 100 Stück 4,99 im Internet. Sahen aus wie Visitenkarten, drauf stand aber was viel Besseres: »Wenn Sie heute Nacht mit mir schlafen wollen, dann lächeln Sie jetzt. Wenn Sie lieber morgen Nacht mit mir schlafen wollen, dann gucken Sie jetzt richtig böse.« Mario drückte eine Karte der Dunkelhaarigen und eine der Flugbegleiterin in die Hand.

Lustig, wie sie erst lasen und dann gar nicht wussten, wie sie gucken sollten!

Zeit für Schritt zwei. Er zog aus der anderen Gesäßtasche zwei Karten mit nichts als seiner Handynummer (100 Stück 2,99 Euro). Die Dunkelhaarige fing gleich an, auch etwas in ihrer Handtasche zu suchen. Ihre Visitenkarte! Dann machte es »pffft!«.

Er rang nach Luft. Es roch süß. Pfefferspray – nein: Parfüm! Die Kuh hatte ihn mit Parfüm eingenebelt! Fluchend sprang er auf, seine Augen tränten, er tastete sich zur Toilette.

Das Waschbecken war scheißklein, das ganze Flugzeugklo scheißeng. Mario rieb jeden Quadratzentimeter seines Gesichts mit Seife ein, aber es war, als ob das Scheißparfüm an ihm klebte. Und die Leute hier hatten echt keine Geduld. Sie fingen glatt an zu klopfen. Mario rief, sie sollten das lassen, sonst würde er rauskommen, und dann würde es gewaltig krachen.

Das wirkte. Einen Moment. Dann klopfte es wieder. Und einer schrie, er solle sofort aufmachen, er sei der »Pörsser«.

Mario rief zurück, dafür könne er doch nichts.

»Öffnen Sie«, brüllte der Typ. »Öffnen Sie sofort, sonst öffne ich. Ich bin befugt dazu! Das ist die LETZTE Warnung!«

Scheiße. Das klang offiziell. Was war ein »Pörsser«? Ihm fiel ein, dass er »krachen« gesagt hatte: Nicht dass da jetzt so ein Sheriff mit Knarre stand. Scheiße, und er war halbnackt und eingeseift.

»Schon gut«, brüllte er und spülte sich ab, »ich bin gleich fertig!«

»Öffnen Sie SOFORT«, brüllte der Mann, fast schon hysterisch, »öffnen Sie sofort, oder wir kommen rein!«

Eher er sich's versah, packte ihn einer im blauen Hemd und schrie weiter: »Lassen Sie die Hände oben! Haben Sie Sprengstoff? Giftige Tiere? In den Schuhen? Im After? Am Körper? Antworten Sie! Verstehen Sie mich? Antworten Sie! Welche Sprache sprechen Sie?«

So ein Pörsser musste echt Stress haben. Schon riss er Mario die Schlappen von den Füßen, nichts Besonderes, 4,99 im Schlussverkauf. Der Typ schien enttäuscht. Er griff an Marios Beinen herum. Und dann an seinen Bermudas.

»Hey«, sagte Mario, »hey, was soll das? Finger weg. Und komm ja nicht auf die Idee, deine Finger in meinen Arsch ...«
»Pfui, wie riecht der denn?«, sagte der Mann. »Parfüm«, sagte Mario. »Ich wollte es abwaschen. Und jetzt Schluss mit dem Rumgefummel! Ich bin nicht schwul!«

Er fand sich auf einem Sitz ganz hinten wieder, bewacht von einer Flugbegleiterin. Sie sagte, er könne saufroh sein, dass der Pilot nicht umgedreht sei, vorhin, als man ihn noch für verdächtig hielt. Und nein, sie wohne nicht im Club Playa y Paraiso.

Mario vermisste seine Kippen. Und: Das Bier kam langsam hoch.

Aber so heftig er in den Sitzfächern vor sich herumfingerte – er fand keine Kotztüte. Also versuchte er, wenigstens genau in ein Fach zu treffen, aber das war viel zu schmal. Scheiße, bei der Flugbegleiterin hatte er jetzt keine Chance mehr. Das sah er genau.

SUSAN

Jetzt hatte sie ein Drittel von Roberts Parfüm an diesen Primaten verschwendet. Aber der Rest reichte immer noch für die letzten Stunden und um es in der Hand zu halten, wenn sie starb. Das konnte sehr schnell gehen, man kennt das aus Filmen. Im Handumdrehen landen Flugzeuge falsch und rasen in irgendetwas: in einen Hügel am Ende der Landebahn, in ein Haus, einen Tankwagen. Wer dann weiter hinten sitzt, hat noch eine Chance, wird nicht pulverisiert, aber die vorne: gute Nacht.

Sie hatte sich nach vorne gesetzt. Sie wollte keine Chance. Und wenn es nicht von alleine geschah, würde sie es selber erledigen. Mit siebenunddreißig hatte sie genug Krisen hinter sich. Beruflich, beziehungstechnisch, auf der Waage bei den Weight Watchers. Sie konnte ganz eindeutig beurteilen, dass sie sich in einem Teufelskreis ohne Ausweg befand. Dass es ihr Schicksal war, nur an Männer zu geraten, die schlecht für sie waren. Sie unglücklich machten. Ihr Leben zerstörten, ihren Job.

Mangelndes Selbstbewusstsein war gar nicht gut für einen Coach. Einmal ließ sie einen Klienten in dessen Büro sitzen, stürmte nach nebenan in einen leeren Konferenzraum und bekam einen hysterischen Weinkrampf. Und dann hatte sie plötzlich das Gefühl, dass ihr jemand zusah. Es waren zehn, zwölf Chinesen, die sie von einem Plasmabildschirm herab anstarrten und auf den Beginn einer Videokonferenz mit dem Vorstand warteten. Man habe sich bedankt, das Unterhaltungsprogramm sei sehr anrührend gewesen, schrieb ihr Klient später.

Ein andermal, in ihrer Praxis, hatte sie einen langjährigen Kunden da. Und als der fragte, wie es ihr gehe, tat sie, was sie sonst niemals machte: Sie erzählte kurz von Robert dem Schwein und dem, was er ihr angetan hatte.

Der Kerl sagte kein Wort, stand auf und ging. Dann kam seine Rechnung. Honorar für eine therapeutische Sitzung mit Anfahrt und Zuschlägen für Hausbesuch und Akutkrisenbewältigung. Er war Psychiater. Und ein Arschloch. Ein Mann halt.

Susan verließ kaum noch ihre Wohnung. Sie nahm acht Kilo ab, worüber sie sich früher gefreut hätte, vielleicht hätten sie die Weight Watchers sogar zum Mitglied des Monats gemacht – »ihr Erfolgsgeheimnis: Sie wurde sitzengelassen. Applaus!« Schließlich beschloss sie, Schluss zu machen. Und zwar richtig. Irgendwo, wo weder Freundinnen noch Eltern sie finden würden. Sie ging ins nächstbeste Reisebüro. Und hatte wieder Pech. Die Frau dort gab sich richtig Mühe. War total hilfsbereit. Hätte sie sagen sollen: »Bitte nur einmal one way nach Afghanistan, Hotel lohnt nicht, ich will mich eh umbringen«? Also ließ sie sich irgendein

Pauschalangebot geben. Sie würde es ja nicht lange aushalten müssen.

OLIVER

Kaum waren sie auf Reisehöhe, wurden Carlotta und Elias unruhig und wollten sich abschnallen. Denn genau vor ihnen sprangen zwei Kinder, ein Junge und ein Mädchen, beide etwas älter, wie Gummibälle auf ihren Sitzen herum. Und stopften aus einem großen Rucksack Schokolade, Schaumwaffeln und Gummitiere in sich hinein, als ginge es um ihr Leben.

Ihre Kinder waren gut erzogen, ganz anders als diese hemmungslosen Schragen, aber sie schluckten schwer. Anna versuchte hastig, sie mit einem Buch von Pippi Langstrumpf abzulenken. Oliver fing an, mit ihnen Wolken zu zählen, ziemlich laut, um sein eigenes Magenknurren zu übertönen.

Aber schon fragte Carlotta mit Kleinkindquengelstimme, ob sie auch Süßigkeiten haben könne. Und noch während Anna antwortete, nein, sie wüssten doch, das sei nicht gesund und außerdem schlecht für die Zähne, ging das große Geheule los.

Na super. Das passierte, wenn man beim Einkaufen eine Urlaubsreise buchte.

Vor ein paar Wochen hatten sie im Großmarkt neben der Reisebüroecke das »Topangebot für Familien« gesehen: »Vier-Sterne-Hotel direkt am Strand, Pool, Halbpension mit Snackline am Nachmittag, Kinderbetreuung, eine Woche, all inclusive.« Oliver und Anna hatten noch nie im Großmarkt eine Reise gebucht. Sie hatten überhaupt noch nie eine Pauschalreise gemacht. Aber in diesem Saftladen gab es mal wieder kein frisches Gemüse, Carlotta wollte ein Kinderfahrrad mit Hilfsmotor mitnehmen, Elias hatte sich am Tiefkühlschrank die Finger geklemmt, und Anna und er waren so was von fällig, entnervt und durch, dass ihnen dieses Angebot vorkam wie das Ticket ins Paradies.

Zumindest der Flug war eher das Fegefeuer. Nun heulte auch Elias um Süßigkeiten.

Oliver wollte gerade in einem letzten verzweifelten Ablenkungsversuch Vollkornkäsebrötchen bestellen. Da drehte sich der Mann vor ihnen um und verzog das narbige Gesicht unter den kurzen Haaren zu einem hässlichen Grinsen. »Is okay, ihr könnt was abhaben. Eure Kiddys haben sicher auch massig Kohldampf. Heute früh hatte ja noch kein MacWürg auf!«

»Wie bitte ... ach so, ja ... vielen Dank«, stotterte Oliver.

Hätten sie abgelehnt, hätten Elias und Carlotta mindestens eine Stunde gebrüllt, zur hellen Freude aller Mitfliegenden. Also griffen die Zwillinge strahlend nach Gummibärchen und Schokolade. Anna gab ihnen Papiertücher und ermahnte sie, ihre Hände nur daran, keinesfalls an den Sitzen abzuwischen.

Fünf Minuten lang war alles gut. Dann drehte sich der Junge vor ihnen um, er trug eine grüne Plastikbrille, und begann mit Gummibärchen zu werfen.

»Könntest du bitte aufhören?«, fragte Oliver.

Der Junge schoss sich auf Oliver ein.

»Könntest du bitte aufhören, mich zu bewerfen!«, sagte Oliver.

Der Junge machte weiter.

»Hör bitte auf!«

Der Junge holte erneut aus.

»Entschuldigung ...«, sagte Oliver zum Vater vor ihm.

Der lachte. »Is okay, wir haben genug davon! Auch'n Bier?«

Er winkte einer Flugbegleiterin.

O Gott!, dachte Oliver. Er raunte der Flugbegleiterin zu, er hätte gerne ein Alkoholfreies.

»Silke!«, rief die ihre Kollegin. »Hier will jemand ein ALKOHOLFREIES! Hast du zufälligerweise eins dabei?«

Es wurde still im Flugzeug. Irgendwo setzte leises Kichern ein.

»Quatsch! Ein richtiges bitte!«, sagte Oliver laut. »Haben Sie ein Pils?«

Die Schwiegereltern neben ihnen schüttelten ostentativ den Kopf.

Der Vater von vorn streckte ihm sein Bier entgegen.

»Sven!«, sagte er. »Schönen Urlaub! Ihr seid auch im Club Playa y Paraiso?«

»Ja«, krächzte Oliver, »äh ... Oliver.«

Und er trank das Bier, es schmeckte scheußlich, so langsam es ging.

PETE

Er war heiser vom Schreien. Die Leute da unten hatten den Pool verlassen, ohne dass auch nur einer zu ihm hochgeguckt hätte. Petes Uhr lag unerreichbar im Nebenzimmer, aber seiner Schätzung nach gab es noch ein Zeitfenster von wenigen Minuten, um rechtzeitig zum Flughafen zu kommen.

Pete war für den Weltfrieden und hatte noch niemals vorsätzlich Gewalt angewendet. Er kämpfte lieber mit dem Geist, aber der war hier nicht gefragt. Zum Glück wusste er aus Fernsehkrimis, was zu tun war. Er ging einen Schritt zurück, zumindest so weit, bis sein Rücken an die Duschabtrennung stieß. Dann sammelte er alle Kraft, hob den rechten Fuß und trat mit voller Wucht gegen die Tür.

Gut, Pete war in körperlichen Dingen eher ungeübt. Und das Bad war zu winzig, um einem Fuß genügend Raum zum Ausholen zu geben. Es war also nicht erstaunlich, dass die Tür beim ersten Tritt hielt. Das Erstaunliche waren die Schmerzen in seinem Fuß. In jedem anderen Hotel hätten

Petes Schreie ausgereicht, um jemanden herbeistürzen zu lassen.

OLIVER

Es war hier mindestens zehn Grad heißer als zu Hause, der Transfer zum Hotel ging schnell, und von außen sah das Hotel genauso gut aus wie auf den Fotos. Nur der Mann, der in der großen Lobby mit Marmorfußboden an der Rezeption stand, machte dumme Witze.

»Sie haben die Doppelzimmer 268 und 297 im zweiten Stock«, sagte er in akzentfreiem Deutsch und legte die Schlüsselkarten vor Oliver. »Zimmer 268 hat zusätzlich eine Doppelaufbettung für die Kinder. Der Fahrstuhl ist geradeaus, Frühstücksbüfett gibt es von 7.30 Uhr bis 9.30 Uhr. Ich wünsche Ihnen einen schönen Aufenthalt!«

»Moment«, sagte Oliver. »Wieso Doppelzimmer?«

»Zwei Doppelzimmer Standard, ja«

»Wir haben etwas ganz anderes gebucht!«

Der Rezeptionist seufzte. »Ich bin froh, Ihnen überhaupt etwas anbieten zu können! Wir sind völlig überbucht. Das hat Ihre Reiseleitung doch alles schon mit Ihnen besprochen!«

»Hören Sie«, sagte Oliver, »niemand hat mit uns gesprochen. Aber ich weiß, was wir gebucht und bezahlt haben: ein Familienzimmer der Exklusiv-Kategorie mit zwei Schlafräumen. Und zwei Einzelzimmer der Exklusiv-Kategorie für meine Schwiegereltern. Hier, sehen Sie!«

Er zeigte auf die Buchungsbestätigung.

Der Mann hinter dem Tresen warf keinen Blick darauf. »Wie gesagt: Wir haben nichts anderes mehr frei. Ich kann Ihnen als kleine Entschuldigung für jedes Familienmitglied aber einen Happy-Hour-Gutschein für die Poolbar anbieten. Dafür erhalten Sie einen Drink Ihrer Wahl zum halben

Preis. Hier bitte, viel Spaß damit, und danke für Ihr Verständnis!«

Er wandte sich den nächsten Gästen zu.

»Wir haben kein Verständnis«, sagte Oliver. »Wir möchten die Zimmer haben, die wir bezahlt haben!«

Der Rezeptionist tat, als höre er ihn nicht.

»Hallo?«, rief Oliver etwas lauter. »Ich sagte: Wir haben dafür kein Verständnis!«

»Oliver, bitte!« Die Schwiegermutter lächelte den Leuten hinter ihnen so entschuldigend zu, als habe er verkündet, er bestehe darauf, hier in fünf Minuten Amok zu laufen.

Der Thekenmann warf ihm einen höhnischen Blick zu. »Wie gesagt: Das müssen Sie mit Ihrem Reiseleiter klären. Mit dem Rei-se-lei-ter.« Er sprach, als sei Oliver ein Trottel.

»Wo finde ich denn diesen Rei-se-lei-ter?«

»Dort hinten«, der Rezeptionist deutete zu einer Säule am anderen Ende der Halle.

Davor stand ein Schreibtisch. Ein unbesetzter Schreibtisch.

»Ich sehe ihn nicht«, sagte Oliver.

Der Rezeptionist zuckte die Schultern. »Er muss gleich wiederkommen.«

Oliver ging zu dem Tisch. Es lagen einige Zettel und Visitenkarten mit handgekritzelten Bitten um dringenden Rückruf darauf. Daneben riet ein mehrfach gerissenes und mit Tesa geklebtes Aufstellschild, sich bei extrem dringenden Angelegenheiten notfalls an den Hoteldirektor zu wenden. Oliver ging zurück.

»Oliver, so schlimm wird es schon nicht sein«, sagte seine Schwiegermutter wie zu einem trotziges Kleinkind. »Ich bin ja schon froh, dass wir hier nicht diese Plastikhandschellen tragen müssen, wie sonst in solchen Hotels. Kommt, lasst uns die Zimmer angucken. Vielleicht sind sie ja gar nicht so schlecht!«

JESSICA

Die anderthalb Zimmer – sie nannten das hier Superior-Suite und waren scheißfreundlich zu ihr – lagen im obersten Stock und waren ganz okay. Kein echtes Vier-Sterne-Superior, wie oft im Ausland, aber sie gaben sich Mühe: der Obstkorb mit Trauben, Datteln, Feigen und Schleife war frisch, die Minibar voll mit Mittelklasse-Alkohol, den sie nicht anrühren würde. Vom Schreibtisch sah sie über die Terrasse aufs Meer.

Alles nicht so schlimm, wie sie befürchtet hatte, als Julian sie in der Konferenz bat, zu fahren. Ein Extra-Dankeschön eines Reiseveranstalters, den sie kommunikativ aus der Scheiße geholt hatten: eine Woche Urlaub im Vier-Sterne-Hotel, Superior-Suite, all inclusive. Nun, nicht dort, wo sie die Haie zu Delfinen kommuniziert hatten, aber trotzdem: Ein solches Hotel war nicht unbedingt Jessicas Stil. Aber man konnte so was ja schlecht ablehnen, ohne den Kunden zu verärgern. Und Julian hatte gesagt, sie habe ja ewig keinen Urlaub gemacht. Ich brauche keinen Urlaub, hatte sie geantwortet, ich muss meine Projekte durchziehen.

Julian hatte nur gelacht, sein zähnefletschendes, lang anhaltendes Lachen.

Er war genauso wenig ein Freizeittyp wie sie, aber wenn er so lachte, sollte man ihm nicht zu sehr widersprechen. Wenigstens hatte sie sich vorher noch das Spielzeugprojekt gekrallt; für den Aufstieg ins Krisenteam brauchte sie jeden Pluspunkt, den sie kriegen konnte.

OLIVER

»Muss sich deine Mutter eigentlich immer einmischen?«, fragte Oliver, als sie mit den Kindern allein vor ihrem Zimmer standen. »Hast du gemerkt, wie sie mir an der Rezeption in den Rücken gefallen ist?«

Anna sah ihn mit jener latenten Genervtheit an, die bei ihr seit Monaten schon fast Normalzustand war: »Oliver! Hör endlich auf, auf meinen Eltern herumzuhacken! Sie sind extra mitgekommen, um uns im Urlaub mal die Kinder abzunehmen. Damit wir endlich auch mal Zeit für uns haben. Und du erinnerst dich: Auch du fandest das gut.«

Ja, es war ein großer Fehler gewesen, nicht gleich »Nein! Nur über meine Leiche!« zu schreien.

Oliver schloss die Zimmertür auf. Warme Luft schlug ihnen entgegen. »Die Klimaanlage geht nicht«, sagte Anna, Alarm in der Stimme. »Und hier hat jemand geraucht! Das geht gar nicht!«

Sie riss die Balkontür auf und rannte nach draußen. Oliver hielt die Kinder fest und sah sich im Zimmer um. Es war einfacher eingerichtet als auf den Bildern. Es gab keine Vorhänge, keinen Tisch und keine Stühle. Die hätten auch nicht mehr hier hereingepasst, denn mit den beiden Campingbetten am Fußende des Doppelbetts war das Zimmer schon voll. Oliver konnte jetzt schon wetten, dass sämtliche Matratzen durchgelegen waren.

»Ich sehe kein Meer«, Anna kam vom Balkon wieder herein. »Kein bisschen! Im Prospekt steht, man hat von jedem Doppelzimmer aus Meerblick ... Was machst du?«

»Ich rufe die Rezeption an«, sagte Oliver.

»Musst du dich wieder mit denen anlegen? Können wir uns nach dem anstrengenden Flug nicht erst mal erholen?«

Die Kinder begannen juchzend, auf den Campingbetten hin und her zu hüpfen.

»Was mache ich?«, fragte Oliver. »DU hast doch gesagt, du könntest das Meer nicht sehen!«

Anna verdrehte die Augen. Typisch. Sie regte sich gerne stundenlang über alles Mögliche auf. Aber statt zu versuchen, das zu ändern, verkroch sie sich dann doch lieber hinter Büchern, die von Wanderhuren oder Werwölfen handelten.

Oliver rief die Rezeption an: Das Zimmer sei unbewohnbar.

Es kam der arrogante Kerl von gerade eben und bügelte alles ab. Die Klimaanlage funktioniere einwandfrei, so lange man nicht die Balkontür öffne, wie sie es getan hätten. Das mit dem Rauch könne nicht sein, denn alle Zimmer seien Nichtraucherzimmer.»Und Vorhänge sind in den Standard-Doppelzimmern nicht vorgesehen. Sie wurden von den Gästen zu häufig heruntergerissen. Aber Sie werden froh sein: Wir haben einen herrlichen Sonnenaufgang. Andere bezahlen viel Geld dafür, so geweckt zu werden. Und wenn Sie früh dran sind, ist am Büfett auch noch genug von allem da.«

Der Kerl war nicht arrogant; er war schweinefrech.

»Und der Meerblick?«, fragte Oliver scharf.

»Selbstverständlich«, der Rezeptionist lächelte. »Gehen Sie auf den Balkon. Etwas nach rechts. Nach rechts! Noch mehr. Halt! Und nun gucken Sie nach schräg links. Machen Sie sich etwas größer. Größer, GRÖSSER! So! Der Streifen da hinten zwischen den zwei Gebäuden – DAS ist das Meer! Zufrieden? Na sehen Sie!«

»Das ist alles?«, fragte Oliver und kehrte vom Balkon zurück.

»Mehr ist in dieser Zimmerkategorie nicht drin! Ich kann Ihnen empfehlen, beim nächsten Aufenthalt eine höherwertigere Kategorie zu buchen. Beispielsweise unsere Exklusiv-Zimmer. Sie haben eine Ausstattung für sehr hohe Ansprüche und liegen im vierten Stock.«

»Wir haben Exklusiv-Kategorie gebucht«, erinnerte Oliver. »Wir sprachen vorhin darüber …«

Plötzlich rumste es hinter der Wand zum Nebenzimmer. Dann begann eine Frau zu schimpfen: »Es war deine Idee, hierherzufahren. Denkst du, ich habe Bock auf so was? Überhaupt keinen Bock! Nicht die Scheiße Bock!«

Der Kerl vom Empfang wollte gehen.

»Augenblick«, sagte Oliver. »Ist solcher Lärm in dieser Kategorie auch normal?«

»Welcher Lärm?« Unglaublich!

Nebenan stieß die Frau einen schrillen Heuler aus: »Alles musst du immer kaputt machen!«

»Ich, ICH?«, rief eine heisere männliche Stimme. »Du machst alles kaputt! DU! Denkst du, darauf hab ich Bock? Denkst du, das macht mich an?«

Nebenan wurde eine Zimmertür aufgerissen und wieder zugeschlagen.

Oliver hätte nun wirklich Lust gehabt, den Kerl vom Empfang wenn nicht zu teeren und zu federn, dann zumindest zu grillen.

MORITZ

Es war wie immer. Als er an die Rezeption trat, sah ihn die Empfangsdame beiläufig an. Guckte wieder weg. Versteinerte. Guckte mit aufgerissenen Augen wieder zu ihm. Wurde rot. Und stammelte: »Guten Tag, Herr Palmer, so eine Überraschung, das ist ja wunderschön, dass Sie bei uns sind. Wie kann ich Ihnen helfen?«

Fast schade, dass er sie enttäuschen musste.

»Es tut mir leid«, sagte Moritz, »mein Name ist Stefan Schmidt.«

»Stefan Schmidt?«, wiederholte die Rezeptionistin.

»Genau, Stefan Schmidt«, sagte Moritz. »Aus Darmstadt.« Ein leicht negativ besetzter Städtename, der den Namen Stefan Schmidt noch belangloser klingen ließ. Ilka hatte zuerst Pforzheim vorgeschlagen, aber so weit wollte Moritz dann doch nicht gehen.

»Sie sind NICHT Herr Palmer?«

»Wie gesagt, leider nicht«, sagte Moritz. »Es passiert mir aber öfter, dass ich mit ihm verwechselt werde, ich bin sozusagen sein Double. Ohne auch nur einen Euro dafür zu bekommen, leider. Trotzdem habe ich bei Ihnen eine Suite gebucht.«

»Eine Suite? Bei welchem Reiseveranstalter?«

»Bei keinem. Ich reise privat.«

Sehr skeptisch sah sie in den Buchungscomputer. »Ja«, sagte sie dann, überrascht und Ilka sei Dank. »Eine Suite für Herrn Schmidt. Willkommen in unserem Haus, Herr Schmidt, und bitte entschuldigen Sie die – Verwechslung. Ich hoffe, Sie fühlen sich wohl bei uns!«

Das hoffte er auch. Es gab bessere Unterkünfte auf der Insel. Bis heute früh hatte Moritz noch in Steffens Haus gewohnt. Das man ohne Übertreibung Schloss nennen konnte, mit seinem Hubschrauberlandeplatz und dem Pool in Seegröße. Steffen kam aus der Finanzbranche und hatte wohl das Gefühl, viel nachholen zu müssen. Aber langsam übertrieb er. Nicht nur, dass er seine Yacht gerade zum zweiten Mal verlängern ließ. Auch mit seinen Partys.

Die aktuelle lief seit geschlagenen zweiundsiebzig Stunden. Als Moritz am ersten Abend in sein Gästeapartment kam, war sein Bett besetzt von einem alten Italiener und zwei sehr jungen Marokkanerinnen. Am nächsten Abend lag da ein schluchzendes Model aus Sofia, auf der Wohnzimmercouch schnarchte ein Comedian, auf dem Badfußboden war weißes Pulver, und in der Dusche benutzte ein faltiger Landesbankchef sein Shampoo.

Irgendwann ist man nicht mehr ganz in dem Alter für so etwas. Da will man auch mal schlafen, vor allem, wenn man in ein paar Wochen drehen muss und dafür noch jede Menge Text zu lernen hat.

Moritz rief Ilka an, und die tat ihr Bestes, ein Zimmer aufzutreiben. Aber es war Hauptsaison, die Top-Hotels waren unrettbar ausgebucht, alles, was noch klappte, war die beste Suite in diesem Hotel.

»Achtung, es gibt da Pauschalurlauber«, hatte sie ihn gewarnt.

»Ja und?«, hatte Moritz erwidert. »Die liegen wenigstens nicht in meinem Bett.«

SUSAN
Sie hatte es schon immer gehasst, Koffer auszupacken, aber diesmal hätte sie wirklich jeden Grund gehabt, sich den Mist zu sparen. Obwohl ihr Zimmer – es hatte sogar etwas Meerblick – hell und freundlich war und keineswegs zum Suizid einlud. Es gab nur Wand- statt Pendelleuchten und weder Vorhänge noch Vorhangstangen. Die Kleiderhaken hinter der Tür waren lächerlich niedrig; wer schaffte es schon, sich aufzuhängen und dabei die Beine bis ans Kinn hochzuziehen? Der Föhn im Bad hatte ein so kurzes Kabel, dass er sich nicht in die Nähe der Wanne bringen ließ, ja, noch nicht mal in die Nähe des Waschbeckens. Diese gerissenen Hoteliers passten gut auf, dass sich niemand mit ihrem Inventar selbst aus dem Leben befördern konnte.

Obwohl: Es durfte sowieso nicht so aussehen. Ihre Eltern würden es leichter ertragen, wenn sie es für einen Unfall hielten. Deshalb hatte sie die Schlaftabletten zu Hause gelassen. Außerdem hatte sie beim letzten Besuch daheim extra einen Streit um die angeblich frauenfeindliche Farbe der Garage vom Zaun gebrochen. Den Eltern fiel der Abschied sicher leichter, wenn sie ihre Tochter für eine durchgedrehte Fanatikerin hielten.

Sie ging auf den Balkon. Auch hier Fehlanzeige. Dies war nur der dritte Stock, und direkt unter ihrem Zimmer standen Palmen: Was, wenn sie sprang und danach nur gelähmt und/oder willenlos war? So gelähmt und/oder willenlos, dass sie sich nicht mehr ordentlich umbringen konnte?

Susan rief bei der Rezeption an und fragte nach einem Zimmer in einem höheren Stockwerk. Ohne Erfolg.

Sie fuhr mit dem Fahrstuhl hoch und sah sich die obersten zwei Stockwerke an. Die gleichen fensterlosen Flure, nirgends eine Tür, die aufs Dach führte. Warum gab es in Hotels kein Selbstmörderzimmer, stundenweise zu buchen, mit einem kleinen Sprungturm und einer Auswahl an Musik und Drogen?

Sie fuhr ins Erdgeschoss und ging nach draußen. Puh, war das heiß. An der Poolbar lungerten wampige Männer und schluckten Bier. Ein paar andere schlenderten um den Pool herum, taten, als führten sie hochwichtige Gespräche auf dem Handy, und starrten gierig nach den Frauen, die auf den Liegen ringsum lagen. Es war wie auf dem Affenfelsen im Zoo. Und Susan war sicher, sie hätte sich hier vor aller Augen seelenruhig im Pool ertränken können, bevor auch nur einer begriffen hätte, was los war. Aber das fiel aus: Nicht mal zum Sterben würde sie in die Brühe steigen, in die diese fleischgewordenen Durchlauferhitzer den ganzen Tag pinkelten.

Sie fuhr ins Zimmer zurück, zog ihren roten Badeanzug an, den sie mit Robert gekauft hatte, dumm, aber sie hatte keinen anderen, fuhr wieder nach unten. Der Weg zum Meer führte über eine vierspurige Straße. Es war viel Verkehr, die Einheimischen rasten ohne Rücksicht, und Susan drängte sich der Gedanke auf, wie es wäre, gleich hier auf der Straße stehenzubleiben und sich überfahren zu lassen. Aber, halt: Sie hatte das Parfüm vergessen.

Am Strand ging sie die Wasserlinie entlang. An glücklichen Familien, verliebten Paaren. Und trotzdem warfen ihr die Männer hungrige Blicke zu. Scheißkerle! Völlig wahllos, völlig schwanzregiert, ganz egal, wie es den Frauen dabei ging. So wie Robert, das Schwein!

Susan machte einen Bogen um eine Gruppe junger Männer, die um die Wette Sangria aus einem Eimer soffen, indem sie sich andächtig drum herum knieten und abwechselnd ihren Kopf hineinsteckten.

»Hei«, sagte eine Stimme neben ihr. Ein muskulöser braun gebrannter Kerl mit aufgepumpten Muskeln grinste ihr Dekolleté an. »Schönes Wetter, was? Lust auf 'ne Tigermilch und 'ne Runde Autoquartett?«

Sie wollte nur weg hier, übersah ein Loch im Sand, stürzte. Das Grölen und Lachen noch in den Ohren, stapfte sie zurück zur Straße. Parfüm hin oder her, sie sollte es gleich tun, jetzt, man soll eine gute Gelegenheit nicht vorbeigehen lassen, sagte ihre Mutter immer. Nein, nur nicht an ihre Mutter denken …!

Heulend erreichte sie das Hotel, fuhr im Fahrstuhl nach oben, nestelte die Schlüsselkarte aus ihrer Strandtasche, schob sie in den Schlitz.

Die Tür öffnete nicht.

Sie drehte die Karte um, versuchte es wieder. Nichts.

Das Schluchzen kam wieder hoch. Da hörte sie eine Frauenstimme, die auf Spanisch beruhigend auf sie einredete. Eine Putzfrau. Sie zückte eine Karte, öffnete ihr. »Gracias«, konnte Susan gerade noch sagen, »gracias!«, dann musste sie die Tür hinter sich zuschlagen und sich heulend aufs Bett werfen.

Irgendwann merkte sie, dass jemand sie anstarrte.

Der da vor ihrem Bett stand und starrte, den kannte sie. Aus dem Fernsehen. Und aus dem Kino. Und aus Zeitschriften. Und von Plakaten.

Und er fragte: »Was tun Sie hier?«

MORITZ

Das fing ja gut an. Oder ging, nach den Erlebnissen in Steffens Haus, ja gut weiter: Kaum war er in seinem Zimmer, hatte sich geduscht, umgezogen und auf der Terrasse mit dem schönen Blick aufs Meer überlegt, welchen Aperitif er nehmen würde, da lag schon die erste Frau auf seinem Bett. Im Badeanzug in Signalfarbe. Und sie sah auch noch ziemlich gut aus, obwohl sie furchtbar herumheulte.

Nichts als ein Trick, das machten sie öfter. Sie wollten nur, dass man sie tröstete, womöglich sogar berührte oder ihnen sonstwie nahekam. Und im gleichen Moment stürzte dann ein Komplize, meist ihr hoch verschuldeter, viel zu jung geheirateter Ehemann, wild fotografierend aus dem Schrank und schrie, gleich morgen schicke er alles an BILD oder BUNTE, oder man zahle, und zwar kräftig. Und man durfte sich noch glücklich schätzen, wenn er einem überhaupt diese Wahl ließ.

Moritz hielt sich also vom Bett fern und fragte, sicherheitshalber die Hände auf dem Rücken, was sie hier tue.

Sie starrte ihn nur an.

»Verstehen Sie Deutsch?«, fragte Moritz.

Sie nickte langsam.

»Passen Sie auf«, sagte Moritz. »Ich weiß, für wen Sie mich halten. Aber Sie irren sich: Ich bin es nicht. Ich sehe nur so aus. Mein Name ist Stefan Schmidt aus Darmstadt, und ich will hier meinen lang ersehnten Pauschalurlaub verbringen. Das ist alles. Sie können sich also ruhig wieder anziehen, verschwinden und bei Facebook schreiben, dass Sie widerrechtlich und verbotenerweise ins Zimmer eines Mannes eingedrungen sind, der einem gewissen Schauspieler sehr ähnlich sieht, aber mehr auch nicht. Und deswegen können Sie auch davon Abstand nehmen, Fotos zu machen oder Ähnliches. Ich bin es nicht, verstehen Sie, ICH BIN ES NICHT!!!«

SUSAN

Nein, das war kein Traum. Dieser Mann stand tatsächlich da und hielt einen seltsamen Monolog. Offenbar glaubte er,

NICHT Moritz Palmer zu sein, womit er sich definitiv irrte. Aber darum ging es im Augenblick gar nicht. Es ging um das viel Naheliegendere.

»Was«, herrschte sie ihn an, »was machen Sie Schwein in meinem Zimmer?«

»IHR ZIMMER?«, fragte er und näherte sich mit geweiteten Augen.

Es ist so weit, dachte sie, so würde sie also sterben, gekillt von einem durchgedrehten Star, der ihr in ihrem Hotelzimmer aufgelauert hatte. Eine Todesart, an die sie, zugegeben, noch nicht gedacht hatte.

Aber so wollte sie es nicht. Sie wollte selber entscheiden, wann es so weit war.

Susan federte vom Bett hoch, schlug ihm die Hand ins Gesicht, und als er mit einem erschrockenen Laut die Arme hochriss und nach hinten sprang, griff sie nach dem Kamm mit dem langen spitzen Dorn, der immer auf ihrem Nachttisch lag.

Der Kamm war nicht da!!!

Sondern Manschettenknöpfe. Und eine protzige Männeruhr. Auf ihrem Nachttisch!

Auch sonst lag überall fremdes Zeug herum, weiße Hemden, ein Stapel Schnellhefter, ein iPad, Lautsprecherboxen. Ihre Sachen dagegen, ihren Koffer, der neben dem Bett gestanden hatte, ihre Jacke, all das musste dieser wahnsinnige Schauspieler – beseitigt haben!

Aufbrüllend ging sie in Kickbox-Angriffshaltung und umkreiste ihn, bei der kleinsten falschen Bewegung seinerseits bereit zum finalen Doppeltritt auf die Nuss.

»Sind Sie irre?«, stammelte er und tastete mit den Fingern seine Wange ab. »Sie haben mich einfach – geschlagen! Sie sind komplett verrückt! Wissen Sie, was das kostet, wenn Sie mir auch nur einen einzigen Zahn locker geschlagen haben und ich nicht pünktlich anfangen kann zu drehen ...«

Er drehte sich zum Spiegel um, zog die Lippe herunter und betrachtete seine Zähne.

Sie wollte sich in Richtung Bad schieben; dort hatte sie einige Sprays, von denen jedes einzelne eine gnadenlose Selbstverteidigungswaffe war.

Aber: Nicht mal das Bad war mehr da, wo es mal gewesen war.

Und überhaupt: Das Zimmer sah anders aus! Es war – größer! Hatte einen Nebenraum mit Flügeltüren. Und der Blick aus dem Fenster auf das Meer …

Es war nicht ihr Zimmer.

Sie überlegte kurz – er war immer noch mit seinen Zähnen beschäftigt und sah im Moment nicht sehr gefährlich aus – und gab dann die Kickbox-Haltung auf.

»Glück gehabt«, sagte er zu sich und wandte sich ihr zu. »Trotzdem könnte ich Sie wegen Nötigung oder Körperverletzung verklagen, auf jeden Fall wegen unbefugten Eindringens.«

»Ich bin im falschen Zimmer gelandet«, sagte sie brüsk.

Er sah sie an, offenbar erstaunt, etwas Vernünftiges von ihr zu hören, und nickte dann, sich die knallrote Wange reibend. »Sieht so aus.«

»Ich gehe dann«, sagte sie. »Entschuldigung!« Sie sammelte ihre Badeschuhe auf.

Er ließ sie nicht aus den Augen, als sie zur Tür ging.

Sie lief zum Fahrstuhl. Auf der Anzeige sah sie, dass sie in den sechsten Stock gefahren war statt in den dritten.

Wie er ihr nachgeguckt hatte! Die Männer waren alle gleichermaßen triebfixiert, auch die prominenten.

MORITZ

Er presste zwei kalte Flaschen aus der Minibar gegen die Wange, damit er keine Schwellung bekam. Dass ihn ein Fan einfach so geohrfeigt hatte, das hatte er noch nie erlebt. Geküsst ja, manche hatten offenbar einen Wettbewerb im Promi-Küssen am Laufen, aber geohrfeigt? Es hatte neulich eine Stalkerin gegeben, die war bei jedem seiner Termine aufgetaucht und hatte immer behauptet, sie sei seine Geliebte. Zum Schluss hatte sie sich nachts kreischend mit Handschellen an seine Hotelzimmertür gekettet, was dann für die Polizei ganz praktisch war. Aber bei der hier passte alles nicht so zusammen: Die Frauen, die sich einem halbnackt aufs Bett legten, ohrfeigten nicht, außer man bat ausdrücklich darum. Und Moritz gehörte definitiv nicht zu dieser Sorte Männer.

Entweder also war sie nicht ganz dicht. Oder sie hatte tatsächlich gedacht, das hier sei ihr Zimmer. Vielleicht hatte sie die Suite nebenan und sich wirklich nur geirrt.

Moritz ging zur Tür. Sie schloss, wie eine Tür schließen sollte.

Nur der Vollständigkeit halber stieß er einen markerschütternden Schrei aus und riss alle sechs Schranktüren auf.

Kein Fotograf.

SUSAN

Sie brauchte etwas, um sich klarzumachen, dass alles real gewesen war. Sie brauchte etwas, damit das Adrenalin aus ihren Adern verschwand.

Sie fuhr ins Erdgeschoss und ging in die Bar. Natürlich glotzten wieder alle – auch die Frauen. Unter allgemeinem Gemurmel erkletterte Susan einen Barhocker, bestellte einen »Drink nach Art des Hauses« und fragte den Barmann in gebrochenem Spanisch, ob es sein könne, dass Moritz Palmer, DER Moritz Palmer, hier wohne, ausgerechnet in diesem Hotel.

Er antwortete in fließendem Deutsch mit mecklenburgischem Dialekt, er wisse leider von nichts. Und ob er ihr eine Decke holen dürfe, Badeanzüge im Haus, selbst so schicke, sähe die Hausordnung nicht vor.

Susan kämpfte gegen einen Lachanfall. Unglaublich. Sie hatte Moritz Palmer eine reingesemmelt. Nicht, dass er das nicht verdient hätte. Alle Typen, die sich seltsam benahmen, hatten so etwas verdient. Und die anderen sowieso. Trotzdem, ihre Freundin Christine wäre an ihrer Stelle vor Ehrfurcht längst ohnmächtig zu Boden gesunken. Bloß wegen so einem eitlen, selbstverliebten Kerl – alle Schauspieler waren schließlich eitel und selbstverliebt –, der mehrfach oberwichtig betont hatte, er sei es absolut nicht. Um auch den Dümmsten darauf aufmerksam zu machen, dass er es doch war.

Sie kippte den Drink runter, der furchtbar süß schmeckte.

Wie auch immer, wegen diesem Angeber hatte sie eine einmalige Gelegenheit verpasst. Die, wenn sie schon mal im sechsten Stock war, ihr Leben durch einen Sprung aus seinem Fenster zu beenden.

Aber sie hatte gerade überhaupt keine Lust, sich deswegen heulend aufs Bett zu werfen.

OLIVER

Um Punkt 19 Uhr waren sie mit den Schwiegereltern im Hotelrestaurant verabredet. Auf halbem Weg jammerte Carlotta, dass sie ganz dringend aufs Klo müsse. Und so wurde es eine Viertelstunde später.

Natürlich saßen die Schwiegereltern schon am Tisch. In Kostüm und Anzug, was sie zwischen all den T-Shirt-Trägern und Bauchfreien-Tops-Trägerinnen aussehen ließ, als seien sie auf der falschen Party gelandet. Sie merkten es nicht. Sie guckten so synchron auf die Uhr, als hätten sie das ihr Eheleben lang geübt. Und die Schwiegermutter fragte übertrieben-besorgt, ob alles in Ordnung sei.

»Ja! Natürlich!«, sagte Anna. »Carlotta musste noch auf die Toilette.«

Die Schwiegermutter lächelte milde. Das sollte etwa heißen: »Diese unorganisierten jungen Leute von heute schaffen es nicht mal, ihre Kinder rechtzeitig auf die Toilette zu setzen.«

Um abzulenken, fragte Oliver die Schwiegereltern schnell, ob ihr Zimmer auch so gewöhnungsbedürftig sei.

»Gewöhnungsbedürftig?«, rief seine Schwiegermutter. »Nein, es ist reizend, ganz wunderbar!« So war es immer, autsch, wie hatte Oliver das vergessen können: Die Schwiegereltern hatten niemals Probleme, Probleme hatten immer die anderen. Anna und Oliver zum Beispiel: »Aber ihr, ihr seid nicht zufrieden? Habt ihr auch wirklich die richtige Zimmerkategorie gebucht? Und wirklich drei Zimmer statt zwei? Oliver, schau doch besser noch einmal nach.«

Oliver schnappte nach Luft.

Die Schwiegermutter warf Anna einen Blick zu. »Kind, guck doch nicht so unglücklich. Mal ganz ehrlich: Habt ihr in einem solchen Hotel mehr erwartet? Immerhin: Es gibt ein, na ja: Büfett. Dass das Gemüse hoffnungslos verkocht, der Salat angewelkt und das Obst aus der Dose ist, das macht uns wirklich nichts. Überhaupt nicht. In vier Wochen, in Kanada, haben wir wieder unsere gewohnten fünf Sterne. Und wir wissen ja, dass ihr nicht so viel Geld ausgeben könnt, obwohl ihr alle zwei arbeiten müsst.«

Peng, und wieder ein Treffer! Seine Schwiegereltern hielten ihn ziemlich offen für einen Versager, weil Anna halbtags in der Buchhandlung arbeitete. Etwas, das für die Schwiegermutter als Architektengattin undenkbar gewesen wäre. Dass Anna aber arbeiten WOLLTE, na gut, auch des Geldes wegen, ging nicht in ihren Kopf. Solche Gespräche mündeten regelmäßig in die rhetorische Frage, was Oliver in diesem Unternehmen als stellvertretender Leiter der Tierfutterentwicklung eigentlich mache. Und dass sich mit Hilfe des Arbeitsamtes für ihn doch sicher ein besserer Job finden ließe, als Fleischstücke in Dosen zu füllen.

Oliver musste dringend ablenken.

»Was habt ihr denn schon gemacht?«, fragte er leichthin. »Wart ihr am Meer? Habt ihr euch den Pool angeguckt? Ich finde diese Poolbar total witzig. Habt ihr die gesehen? Man sitzt unter Wasser auf gemauerten Hockern …«

Schwiegermutter und Schwiegervater wechselten einen langen Blick.

»Das kann ich mir vorstellen Oliver«, seufzte die Schwiegermutter. »Wir waren ganz schön überrascht von dir heute Morgen im Flugzeug. Also, Ernst trinkt immer erst am Abend, sein Leben lang schon, richtig, Ernst?«

»Vollkommen«, sagte der Schwiegervater. »Das ist besser fürs Gehirn.«

»Verstehst du, Oliver?«, fragte die Schwiegermutter, milde lächelnd. »Besser fürs – Gehirn!«

O ja, das konnte Oliver, Trinker, der er war, trotz seiner schweren Hirnschädigung infolge eines halben, im Flugzeug minischluckweise getrunkenen Bieres gerade noch verstehen. Und Oliver merkte in diesem Augenblick, dass er schwer urlaubsreif war. Schwer urlaubsreif war man, wenn man ernsthaft überlegte, seinen Schwiegereltern ihre eigenen Teller über den Kopf zu leeren, um die kurze Phase des gemeinsamen Urlaubs mit einem Eklat zu beenden.

Da krächzte und knackte es aus den Lautsprechern an den Wänden.

»Liebe Freunde«, dröhnte mit rauchiger Stimme jemand, der ein Glitzerkostüm trug und aussah, als wäre er gerne Elvis-Imitator, »ich möchte nun die Auflösung der heutigen Poolwette bekanntgeben: Sieger des Tages ist Klaus aus Düren …« Der Rest ging in Johlen unter, ein paar Tische weiter sprang jemand in einem Muskelshirt auf und winkte in alle

Richtungen. »Das Wetter morgen wird wieder supergut«, fuhr der Elvis-Verschnitt fort, »über dreiunddreißig Grad, keine Wolke, Traumwetter, Traumurlaub, Traumlocation, traumhaft! Und morgen Mittag steigt am Pool der große Wet-T-Shirt-Wet-Slip-Contest FÜR MÄNNER – und übermorgen, Mädels, wer traut sich: FÜR FRAUEN!«

Gejohle und Applaus an einigen Tischen; die Schwiegereltern lächelten gequält. Oliver entschloss sich, mit seiner Familie zum Büfett zu fliehen.

Dort war es erstaunlich leer; die meisten drängten sich verbissen um den kleinen Tisch, der als Kinderbüfett diente. Dort gab es kein Gemüse, keinen Salat, nichts weiter als Berge von Schnitzeln und Pommes. Die Erwachsenen häuften ihre Teller voll, als hätte jeder von ihnen vier bis fünf Kinder am Tisch sitzen. Und so viele Kinder gab es hier dann doch nicht.

»Das gibt es doch nicht«, zischte Anna. »Die essen den Kindern alles weg!«

SUSAN

Sie hatte ihr kleines Schwarzes an. Eigentlich hatte sie es mitgenommen, damit man ihr etwas Ordentliches anziehen konnte, nachdem man sie gefunden hatte. Nun trug sie es ausnahmsweise schon vorher. Und es wirkte.

Der Angestellte am Restauranteingang, der die Zimmernummern überprüfte, strahlte verzückt und wollte für sie den allernettesten Singletisch herausfinden.

»Nein danke«, sagte sie spontan, »ich möchte gerne alleine sitzen!«

Das ging eigentlich nicht, denn alles war voll, überall lauerten Leute auf freie Plätze. Aber dann, dank ihres Kleids, ging es doch. Sie bekam einen Solo-Zweiertisch mit gutem Blick.

Was sie, kaum saß sie, wieder bereute. Denn nicht nur sie hatte einen guten Blick auf alle anderen, alle anderen hatten auch einen guten Blick auf sie. Überall, wohin sie auch sah, gab es nur Gruppen, Paare, Familien mit Kindern. Früher hätte Susan so gerne Kinder gehabt.

Ein Kellner fragte nach ihren Getränkewünschen.

Sie bestellte einen Crémant.

»Leider nicht inbegriffen«, sagte der Kellner.

»Einen Weißwein«, sagte sie automatisch. Worüber sie sich sofort wieder ärgerte, denn das konnte ihr nun wirklich schnurzpiepegal sein. Beim Eintreffen der Kreditkartenrechnung würde sie längst tot sein.

»Ist der Weißwein trocken?«, fügte sie noch schnell hinzu.

Er hob die Schultern. »Also das Glas ist nass, das kann ich garantieren.«

So ein Witzbold!

Irgendwo klingelte ein Handy. Roberts Klingelton, dieses gewollt dynamische Piano-Riff. Unwillkürlich drehte sie den Kopf. Der Mann war das Gegenteil von Robert, klein und kahl wie ein Ei. Robert war groß, schlank, bärtig, er sah ein bisschen aus wie »McSexy«, der Chirurg aus »Grey's Anatomy«. Als sie auf der Seite der Partnervermittlungsagentur sein Foto sah, haute es sie fast um. Achtundsiebzig Prozent Übereinstimmung errechnete der Computer bei ihren Profilen, das war nicht wenig. Robert war Ingenieur, nicht Mainstream, interessant. Er entwarf technische Apparate für den Umweltschutz und fuhr einen unökologischen Alfa Romeo Spider. Der im Endeffekt doch sehr umweltfreundlich war, er war nämlich ständig kaputt, und fast jedes Wochenende lag Robert ächzend darunter. Es wurde schnell eine leidenschaftliche Sache mit ihnen, auch wenn sein Bart nach einiger Zeit anfing zu kratzen und sie ein-, zweimal dazukam, als er vor dem Spiegel posierte. Er übte, zu gucken wie McSexy.

Nach dem zweiten Urlaub deutete sie vorsichtig an, sie wolle irgendwann eine Familie. Er sagte, er sei noch nicht ganz so weit, aber in ein, zwei Jahren. Sie hatte nicht mehr allzu viele Jahre zum Kinderkriegen, aber das ging noch. Und vielleicht, hoffte sie insgeheim, konnte sie Robert ja doch schneller überzeugen, denn nach allem, was er sagte, war sie seine große Liebe.

Ein paar Wochen später sagte Robert dann, er brauche eine kleine Auszeit. Nur, um sich allein über ein paar Dinge klarzuwerden.

OLIVER

Es war nicht einfach, die Kinder davon zu überzeugen, dass die Gemüsepfanne vom Erwachsenenbüfett besser schmeckte als die Schnitzel. Die Überzeugungsarbeit wurde dadurch erschwert, dass am Nebentisch ein hemmungsloser etwa 50-jähriger Fresssack vier Schnitzel hintereinander heruntermampfte.

Als Carlotta und Elias endlich aßen, erkundigte sich Oliver bei seinem Schwiegervater nach der Qualität des Tischweins.

»Ganz wunderbar«, sagte die Schwiegermutter. »Möchtest du ein Glas abhaben?«

Nachdem Oliver sich dreimal bedankt hatte, das war ungefähr das erwartete Maß, kostete er. Grausam.

Er versuchte bei mehreren Kellnern, Bier zu bestellen. Sie ignorierten ihn.

Dafür steuerte eine Rothaarige in knappem T-Shirt über dem üppigen Busen und mit strahlendem Lächeln genau auf ihn zu.

»Hi«, sagte sie und setzte sich sehr dicht neben Oliver. »Ich bin die Verena! Ihr seid heute angekommen, oder? Und, alles super hier, oder?«

»Jaaaa«, setzte Oliver an, aber Verena ignorierte das Langgezogene.

»Das dachte ich mir.« Sie sah ihm tief in seine Augen, ihre waren katzengrün. »Den Familys gefällt's besonders gut bei uns.«

»Ah«, sagte Anna, »Sie sind vom Haus ...«

»Du, bitte«, sagte Verena mit österreichischem Akzent, sah aber weiterhin nur Oliver an. »Wir sagen hier alle Du. Ja, ich gehöre zum Animationsteam. Wir schauen, dass es euch richtig gut geht. Ich glaube, das ist uns bei euch schon ganz gut gelungen ...«

Sie hörte nicht auf, ihm in die Augen zu sehen.

»Na ja«, begann Oliver, »unsere Zimmer ...«

»Oki doki.« Sie stand wieder auf, wie selbstverständlich eine Hand auf Olivers Nacken legend. »Ich muss leider weiter. Sehen wir uns zur Abendshow um halb neun? ›Tanz der Vampire‹, eine supergeile Show. Ihr müsst unbedingt kommen! Ich spiele auch mit.«

»Das ist mit den Kindern nicht ganz leicht«, sagte Oliver noch, »sie sind sehr früh aufgestanden ...«

Aber Verena zwinkerte ihm zu, nur ihm, und ging zum nächsten Tisch.

Die Kinder wollten Nachtisch. Nicht den gesunden Quark vom Erwachsenenbüfett. Sie wollten die grüne Götterspeise vom Kindertisch, die nach Farbe roch. Oliver ging mit und versuchte, unauffällig Schadensbegrenzung zu betreiben: Der kindliche Körper kann nur eine gewisse Menge Farbe vertragen, und was danach passiert, ist in der Wissenschaft umstritten.

Mittendrin schlug ihm jemand von hinten auf die Schulter. »Da seid ihr ja! Na, wie issses? Supi, was? Wo sitzt ihr?«

Es war dieser Vater aus dem Flugzeug, Sven. Krebsrot vom Sonnen, in der Hand ein Bier.

»Da hinten«, zeigte Oliver

»Cool, wir kommen rüber!«

»Du, tolle Idee«, begann Oliver, »aber wir wollen gerade die Kinder ins Bett ...«

»Ach komm«, rief Sven, »is doch Urlaub. Lasst die Kiddys doch noch ein paar Minuten Spaß haben! Michelle!!! Kinder!!! Camarero, vier Bier, nein sechs, aber dalli!«

Der Kerl benahm sich wie zu Hause an der Currywurstbude. Und selbst da hätte man ihm bei dieser Art von Bestellung den Mittelfinger gezeigt. Und tatsächlich blieb der Kellner stehen, als habe ihn der Schlag getroffen. Und machte kehrt. Um Bier zu holen!

Die Schwiegereltern hielten erkennbar die Luft an, als Svens Familie zu ihnen an den Tisch kam. Svens Frau Michelle hatte ein bauchfreies, tief dekolletiertes Nichts von Plastikoberteil an. Sie klimperte unaufhörlich mit den Armreifen, zupfte immer wieder ihre BH-Träger in Position und warf im Minutentakt ihr langes Haar zurück. So konnte sie natürlich nicht bemerken, dass ihre Kinder mit Schuhen auf die Sitzbänke kletterten. Dumm nur, dass Elias und Carlotta das auch gleich wollten.

»Lass sie doch, is doch Urlaub«, lachte Sven und hob das Bier zum Anstoßen.

Oliver suchte Annas Blick. Aber die quatschte mit Michelle über die Kinderkleidung bei H&M. Oliver musste eine einsame und dennoch richtungsweisende pädagogische Entscheidung treffen.

»Okay, Kinder«, sagte er, »ihr dürft auch mit den Füßen auf die Bank, ausnahmsweise. Aber zieht vorher eure Schuhe aus.« Er sprach so laut, dass für die Leute an den umliegenden Tischen ganz eindeutig war, dass seine Familie nicht zu den Is-doch-Urlaub-Typen gehörte, denen es scheißegal war, ob ihre Kinder anderen Leute die Hosen versauten.

Doch das Thema war schon nicht mehr aktuell. Die Kinder der anderen begannen am Büfett die große Wackelpuddingschüssel zu leeren. Mit den Händen.

Michelle warf ihr Haar zurück und rief ohne Hoffnung nach ihren Kindern. Die begannen, kreischend große Klumpen von dem grünen Zeug vor ihnen auf den Tisch zu klatschen.

Elias und Carlotta standen da wie zwei kleine Salzsäulen und warfen ihren Eltern ungläubige Blicke zu. Anna redete gerade jetzt unheimlich konzentriert mit Michelle über die Frauenkleidung bei H&M. Sven dagegen philosophierte über das Verschwinden des Bierschaums im Glas.

Es lag offenbar mal wieder an Oliver, einzuschreiten, um vor seinen Kindern ein Minimum an Glaubwürdigkeit zu wahren. Doch als er eben schon den Mund öffnete, klatschte Svens Sohn seinem Vater eine Handvoll Glibber in den Nacken.

»Ey!«, brüllte Sven. »Hast du einen an der Waffel, du Arsch? Komm her, du fängst eine! Komm her!«

Oliver gab sich Mühe, Sven nicht zu hämisch anzugrinsen. »Ach komm! Is doch Urlaub!«

SUSAN

Etwa zwei Wochen, nachdem er sie um eine kleine Bedenkzeit gebeten hatte, traf sie Robert dann zufälligerweise auf einer Party. Mit Julika, bis zu diesem Tag ihre beste Freundin, die fünf Jahre jünger war als sie. Sie seien zusammen, sagte Julika strahlend, sie und Robert, und sie bekämen ein Kind.

»Ich bin dir so dankbar, dass du ihn mir vorgestellt hast!«

»Vorgestellt?«, schnappte Susan. »Du freust dich doch für mich, oder?«, sagte Julika und nahm ihre Hand. »Robert hat mir erzählt, dass ihr nur noch gute Freunde gewesen seid und dass du es verstehen würdest, vor allem, weil du ja nie Kinder wolltest ...«

Robert stand daneben, tat, als habe er den Mund voll, und guckte treuherzig wie McSexy.

Susan merkte, dass ihr schon wieder zum Heulen war. Sie stand auf und wollte gehen. Plötzlich war der Kellner da, stellte ihr eine Karaffe hin und bat um eine Unterschrift für den Wein.

»Aber der ist doch inklusive«, sagte sie.

»Der Wein, der während der Mahlzeit getrunken wird, ist inklusive«, sagte der Kellner, »aber nicht der Wein, der außerhalb der Mahlzeiten getrunken wird. Und du bist fertig, richtig?«

»Ich habe diesen Wein doch vor Ewigkeiten bestellt«, sagte sie. »Vor dem Essen!«

»Auch Wein, der vor dem Essen getrunken wird, ist nicht inklusive!«

Auf dem Weg in ihr Zimmer rief sie Christine an. Nur die Mailbox. Sie rief Claudi an. Mailbox. Sie rief ein paar andere an – keiner erreichbar.

Und nachdem sie sich überzeugt hatte, dass sie auch wirklich in ihrem Zimmer war, warf sie sich endlich heulend aufs Bett.

MORITZ

Das Gourmetrestaurant im obersten Stock hatte Panoramafenster und schönen Meerblick. Aber kaum hatte Moritz es betreten, sahen die Leute an den Tischen nur noch ihn an und steckten die Köpfe zusammen. Es war wie immer.

Nein, keine Frage: Seines Publikums wegen konnte Moritz es sich erlauben, nur die Rollen anzunehmen, die er wollte, und dafür auch noch obszön viel Geld zu kassieren. Und dass er ständig Autogramme geben musste, gehörte einfach dazu. Auch dass man genauestens registrierte, welche Vorspeise er bestellte. Dass man schon vorher wusste, was er trinken würde: »Also, wir können uns das nicht leisten!« Gut, das war der Preis für ein öffentliches Leben. Das Unangenehme dabei aber war, dass Moritz in keinem Restaurant mehr sitzen konnte, ohne dass mindestens ein selbst ernannter Leserreporter eines Boulevardblatts mit gezückter Handykamera darauf wartete, dass er sich beim Austernschlürfen verschluckte oder beim Salatessen das Hemd bekleckerte. Und ärgerlicherweise passierte immer genau das. Allein in den letzten zwei Wochen hatte er vier seiner weißen Lieblingshemden ruiniert. Es war nur eine Frage der Zeit, bis irgendwo das erste Foto auftauchte mit der Schlagzeile: »Palmer frisst wie ein Schwein!«.

Es wurde höchste Zeit, sich auch hier als Stefan Schmidt einzuführen.

Wie aufs Stichwort kam der Oberkellner. Sagte lautstark, wie sehr er sich freue, Moritz Palmer hier zu haben, zückte eine Flasche Champagner. Und an den Tischen ringsum erhoben sich schon Gäste, um die Ersten in der Autogrammschlange zu sein.

»Ich möchte mich sehr herzlich für die Begrüßung und den Champagner bedanken«, erwiderte Moritz, mindestens so laut wie der Kellner. »Aber es tut mir leid: Ich bin es nicht! Ich bin nicht Moritz Palmer!«

Der Kellner zwang sich zu einem breiten Grinsen.

Moritz stellte sich als Stefan Schmidt vor. »Es tut mir leid, wenn ich Sie enttäuschen muss«, schloss er, »aber den Champagner nehme ich trotzdem gerne an.«

Gelächter um ihn herum und ein paar ungläubige Blicke. Die Autogrammjäger setzten sich wieder. Der Kellner packte den Champagner und zog beleidigt ab.

PETE

Pete war gerade mal Ende vierzig, aber er wusste schon jetzt: Es war der größte Fehler seines Lebens gewesen, in diesem Pauschalhotel Urlaub zu machen. Nicht wegen der Schmerzen, das ging, so lange er den anschwellenden Fuß nicht belastete. Nein, das Flugzeug. Es war nun definitiv weg, und beim nächsten Flug würde der Vulkan längst ausgebrochen sein. Zu spät, die kreuzweise verlaufenden Vorbeben aufzuzeichnen, die die einzige wirklich zuverlässige Prognose über Zeitpunkt, Dauer und Schwere der Eruption erlaubten. Die Chance, in der Fachwelt unsterblich zu werden – sie war vorbei. Wegen eines losen Türgriffs!

Pete hätte wieder gegen die Tür treten können, wie heute schon vier-, fünfmal; infolge seines gebrochenen Fußes war er jedes Mal fast ohnmächtig geworden. Er hätte weiter gegen die Tür trommeln können, aber seine Hände waren längst blutig. Also sackte er auf der Badmatte zusammen und wünschte, er wäre tot.

Irgendwann hörte er hinter der Wand die Zimmernachbarn vom Abendessen zurückkommen. Ein Toilettendeckel knallte, Kinder schrien auf Deutsch.

Die Wand war so dünn, er hätte rufen, klopfen können, aber es lohnte nicht. Nicht für ihn, den unverdient ruhmlos gebliebenen, ehemals aufstrebenden Wissenschaftler. Morgen früh würde ihn der Zimmerservice sowieso befreien.

JESSICA

Sie war nur kurz am Büfett gewesen, um den letzten einigermaßen frischen Salat zu bekommen. Sie hatte zwei Flaschen Mineralwasser gegluckert und Vitamine, Mineralien und Aminosäuren eingeworfen. Und jetzt saß sie am Schreibtisch in ihrem Zimmer, die Präsi war fertig, und sie schrieb den ersten Aufschlag der Strategie für die Spielzeugfirma. Sie war in Topform, wie immer in letzter Zeit, sie tippte fast, ohne nachzudenken. Und als sie zwischendrin den Kopf hob und sah, wie die Sonne sich feuerrot ins Meer senkte, durchströmte sie ein tiefes Glücksgefühl, und sie tippte noch schneller.

OLIVER

Die erste Nacht war eine Katastrophe. Die Kinder wollten nicht auf den Campingliegen, sondern unbedingt im großen Bett schlafen, und zwar allein. Und sie drohten mit großem Geschrei. In Anbetracht der dünnen Wände zogen Anna und Oliver sich zur Lagebesprechung ins Bad zurück.

»Lass uns genau das tun, was sie wollen«, sagte Anna. »Denk an die Nachbarn! Hier sind die Wände so dünn wie Pappe!«

»Möchtest du im Ernst auf lausigen Campingliegen schlafen?«, fragte Oliver.

»Oliver, hör auf damit. Mach uns mit deinem Frust nicht den Urlaub kaputt!«

»Ich«, sagte Oliver perplex, »ich mache uns den Urlaub kaputt?«

»Noch einmal«, zischte Anna, »ich bin völlig überarbeitet und am Ende, ich freue mich auf ein paar Tage Ruhe und Erholung ohne deine ständige Nörgelei!«

»Also ich bin auch überarbeitet, aber hallo! Die Entwicklung dieses Ökowelpenfutters hat mir den allerletzten Nerv geraubt, hat ewig gedauert, und jetzt schmeckt es genauso wie das lieblos zusammengekochte Geschnetzelte hier am Büfett. Natürlich, es ist viel gesünder ...«

Annas Mund war ein schmaler Strich.

»Lass uns schlafen«, sagte sie. »Ich will endlich RUHE!«

Es hatte keinen Sinn, mit ihr zu reden. Wie so oft in letzter Zeit nicht.

Als er auf seinem Feldbett lag, konnte Oliver nicht schlafen. Nicht nur der Hitze wegen: Vor der Tür tappten immer wieder Leute vorbei, deren Niveau ihnen nicht erlaubte, sich vorzustellen, dass es Menschen gab, die schlafen wollten. Irgendwo lief ein Fernseher auf Italienisch. Hinter der Zwischenwand begannen Bettfedern zu quietschen, und es stöhnte und grunzte.

Wütend warf Oliver sich herum. Es gab es einen Knall. Olivers Bett neigte sich quietschend und krachend zur Seite und schlug mit ihm auf dem Boden auf.

Und obwohl Oliver sich wirklich alle Mühe gab, nicht zu laut zu schreien: Erst hörte er Stimmen hinter der Wand, dann schrak seine Familie hoch.

Anna funkelte ihn wütend an. Die Kinder wollten aufstehen. »Es ist noch nicht Morgen«, sagte Anna, »es ist mitten in der Nacht!«

»Ich will auf den Spielplatz«, sagte Carlotta.

»Ich will auch!«, rief Elias.

»Es gibt hier keinen Spielplatz«, sagte Oliver unbedacht.

Beide Kinder schrien entsetzt auf.

Hinter der Wand polterte es, als sei jemand aus dem Bett gefallen.

MARIO

Er hatte jede Menge aufzuholen, so viel war schon mal klar. Nach dem Einchecken im Hotel, ein Superladen, besser als beim letzten Mal, hatte er den Rest des Tages im Bett verbracht, so scheißschlecht war ihm noch aus dem Flugzeug. Um wenigstens ein bisschen Kohle reinzuholen, würgte er zwischendurch das Willkommenswasser und die Willkommensnüsse runter – Zwischenstand 434,15 – und, so eine Scheiße!, kotzte alles wieder aus – Zwischenstand wieder 436,95. Also ließ er das Abendessen lieber ausfallen und zog auf dem Balkon ein paar Zigaretten durch. Ein paar dämlichen Nasen hatten nichts Besseres zu tun, als rumzuschimpfen und ihre Balkontüren zuzuschlagen. Scheiße, sein Kopf, Manno!

Sonntag

JESSICA
Fünf Minuten nach dem Klingeln ihres Handyweckers lag Jessica auf dem Holzfußboden und absolvierte ihr Bauch-Brust-Beine-Po-Programm. Während sie das erste Glas Wasser trank, checkte sie auf dem Smartphone Mails, SMS, ihre Mailbox und die Firmen-Mailbox. Sie streifte das Laufzeug über und jagte dabei die Mail mit der fertigen Präsentation an Julian los – er würde sie gleich nach dem Aufwachen haben, cool, sie war mal wieder perfekt! Sie clipste den MP3-Player an, steckte die Kopfhörer ins Ohr und lief die Treppen nach unten.

Am Pool war noch niemand, am Meer auch nicht. Sie lief der Sonne entgegen, immer kurz vor der Wasserlinie, wo die Füße im Sand kaum einsanken. Nach sieben Kilometern drehte sie um. Vor dem Hotel stand jetzt ein Mann am Strand. Typ Geschäftsmann, älter, Bauch, dunkelblaues Businesshemd, Kurzarm, senffarbene Jogginghose, nackte Füße. Mit sorgenvollem Gesicht versuchte er, einen kleinen blauen Drachen steigen zu lassen. Der kläglich abschmierte und ihm vor die Füße stürzte. Er sah ihr hilfesuchend entgegen.

Sie rannte vorbei, zum Spielen hatte sie keine Zeit.

OLIVER
Schon früh am Morgen schien ihm die Sonne so ins Gesicht, dass er nicht mehr schlafen konnte. Außerdem war es auf dem Badvorleger, den er sich als Bettersatz geholt hatte, lau-

sig hart. Leise, um Anna und die Kinder nicht zu wecken, suchte Oliver seine Badehose und zwängte sich hinein. Sehr behutsam, denn der Gummizug war gebrochen, das Band spröde, und seit Jahren wurde die Hose enger und wurden die Speckfalten um Olivers Bauch größer. Ehrlich gesagt, schon als er Anna kennengelernt hatte, war es Zeit für eine neue Badehose gewesen, nur kam Oliver nie dazu. Wenigstens hing im Bad ein Bademantel, den er überziehen konnte.

Keine Wolke stand am Himmel, es würde ein warmer Tag werden. Der ovale Pool, um den die Hotelgebäude im Halbkreis angeordnet waren, lag spiegelglatt da. Oliver warf den Bademantel auf eine Liege und wollte schnell ins Wasser steigen, bevor ihn jemand in der Badehose sah. Da krächzte es.

»He da! He, Sie da!«

Über ihm auf einem Balkon stand eine Frau. Eine Tonne in quietschgelbem Nachthemd. »Nehmen Sie sofort Ihren Bademantel da weg! Sehen Sie nicht, dass ICH da liege?«

Oliver verstand nicht.

»Tun Sie doch nicht so!«, rief sie. »Haben Sie keine Augen im Kopf?«

Oliver begriff: Am andere Ende der Liege lag ein quietschgelbes Handtuch.

Er wollte sich entschuldigen, sagen, dass er so etwas zum ersten Mal mache …

»Weg da, sofort!«, keifte die Frau. »Weg da, das ist mein Handtuch!«

Ihre Stimme hallte als Echo von den gegenüberliegenden Wänden. Oliver nahm schnell seinen Bademantel an sich. Die Frau knallte die Balkontür zu. Erst jetzt bemerkte Oliver: Auf fast jeder Liege lag ein Handtuch.

Über ihm öffneten sich weitere Balkontüren, halb bekleidete Gestalten tappten heraus, blickten stumm auf ihn herab.

Oliver warf den Bademantel über und ging.

Der Schreibtisch des Reiseleiters war nach wie vor leer. Oliver bat an der Rezeption um einen Zettel und hinterließ die Bitte um dringenden, sofortigen, notfallmäßigen Rückruf.

MARIO

Heute früh war er wieder fit im Schritt, und bingo: Das Frühstücksbüfett war super. Wurst, Käse, Marmelade, Fischhappen, Salate, süße Teilchen, Brötchen. Es gab auch frischen O-Saft und sogar Sekt. Der Kühler war umlagert, die Kellner brauchten arschlange für Nachschub, Absicht, klar, aber er kriegte trotzdem drei volle Gläser ab. Als er nicht mehr konnte – Zwischenstand 425,15 Euronen –, bestellte er noch einen Kaffee, ließ seine Weste über der Stuhllehne hängen und huschte nach draußen. Am Pool waren fast alle Liegen reserviert. Die noch freien standen in der prallen Sonne. Morgen würde es anders laufen.

Schnell zog er die Überklamotten aus, nahm in der Badehose zwei Bier an der Poolbar – Zwischenstand 419,55 –, trocknete die Hose auf einer Sonnenliege, soweit es ging, quarzte eine und zog die Klamotten wieder über. Es war easy, sich an dem Typen vorbeizudrücken, der vor dem Speisesaal die Zimmernummern kontrollierte. Mario setzte sich auf seinen alten Platz und monierte bei der Kellnerin den kalten Kaffee. Dass seine Hose noch ein bisschen tropfte, merkte keine Sau.

OLIVER

Zuerst war alles wie befürchtet: Als sie nach unten kamen, waren die Schwiegereltern längst da, schick und sorglos, als säßen sie beim Frühschoppen im Lion's Club. Und als Anna erzählte, was in dieser Nacht mit Olivers Bett geschehen war, betrachteten sie ihren Schwiegersohn wie ein ungeschicktes Tier. Oliver wollte gerade verkünden, dass wenigstens ER sich freue, sich nicht das Genick gebrochen zu haben. Da sagte seine Schwiegermutter etwas völlig Unerwartetes.

»Wie bitte?«, sagte Anna.

»Dieses Geschnarche ist unerträglich!«, wiederholte die Schwiegermutter.

»Ihr hört die Nachbarn?«, fragte Anna ungläubig, denn auch sie kannte ihre stets problemlosen Eltern.

»Das Geschnarche deines Vaters! Es ist entsetzlich! IT'S ANNOYING!«

So hatte Oliver seine Schwiegermutter noch nie reden gehört. Der Schwiegervater verschluckte sich und begann furchtbar zu husten.

Oliver stand auf, vom Erste-Hilfe-Kurs für ahnungslose Kindseltern wusste er, was zu tun war. »Bleib sitzen«, zischte Anna, sie hatte mal wieder die Befürchtung, er könne sich daneben benehmen.

Der Schwiegervater hustete weiter und lief langsam blau an.

Oliver packte ihn, zog ihn über sein Knie und schlug ihm kräftig fünf-, sechsmal zwischen die Schulterblätter. Er tat das ganz gerne, auch wenn die Schwiegermutter eine solche Behandlung noch viel eher verdient hatte.

Der Schwiegervater schüttelte seinen Griff ab, bäumte sich auf und katapultierte mit einem letzten Huster ein Stück Brötchen aus seinem Rachen auf den Nachbartisch. Die zwei Pärchen dort aßen mit leerem Blick weiter.

Ohne seinem Lebensretter zu danken, wandte sich der Schwiegervater seiner Frau zu: »Inge, was soll das bedeuten? Noch nie in all den Jahren hast du ...«

»Du schläfst ja auch nicht ohne Grund seit zwanzig Jahren in deinem Atelier.«

»Das wusste ich ja gar nicht«, warf Anna ein.

55

»Kind, das spielt doch nun wirklich keine Rolle«, sagte die Schwiegermutter. »Was meinst du, warum wir hier getrennte Zimmer wollten? Dein Vater, er schnarcht. Aber dass es so schlimm ist, konnte kein Mensch ahnen. Heute Nacht habe ich kein Auge zugetan. Alle zwanzig Sekunden grunzte er wie zehn brünstige Eber!«

»Das kann nicht sein«, sagte der Schwiegervater.

»Oh doch!«, rief sie. »Du hast mich die ganze Nacht vom Schlafen abgehalten!«

»Das klingt, als ob ich das absichtlich gemacht hätte!«

»Möglicherweise!«, entgegnete sie spitz.

Kaum zu glauben: Zwischen seinen stets harmonischen, immer nur ihren Schwiegersohn mobbenden Schwiegereltern hatte sich ein Graben aufgetan.

»Es tut mir leid, Kleines«, sagte die Schwiegermutter im Bühnenflüsterton zu Anna; dem Tonfall nach tat es ihr kein bisschen leid. »Seit seiner Prostataoperation ist er – so anders.«

»Wenn jemand anders ist, dann du!«, empörte sich der Schwiegervater. »Überall lässt du deine Haare herumliegen. Deine Zähne. Und diese ekligen Puderreste ...«

»Was fällt dir ein!«, rief seine Frau. »Das stimmt nicht! Und das ist alles nichts gegen – dein furchtbares Gerät!«

Einen Moment herrschte Schweigen. Selbst die Kinder, hocherstaunlich, waren mucksmäuschenstill.

»Mein Gerääääät ...«, japste der Schwiegervater, viel zu laut für die Gegenwart Minderjähriger.

Anna nahm den Notausgang. Sie beugte sich vor: »Elias, Carlotta, wollt ihr ein leckeres Schokoladeneis mit Sahne?«

»Ja!«, jubelten die zwei. »Ja bitte!«

»Papi geht mit euch!«, bestimmte Anna.

»Anna«, ächzte Oliver, »es ist Frühstückszeit. Viel zu früh für Süßes. Außerdem: Woher soll ich ...«

»Egal, Oliver, ganz egal«, lächelte Anna verkrampft.

SUSAN

Sie hatte eine Nacht hinter sich, in der sie kaum hatte schlafen können. In der sie viermal am Fenster stand und überlegte, doch zu springen. Kopfüber und auf den gefliesten Boden des Poolbereichs. Wenn es ihr gelänge, mit dem Kopf zuerst aufzukommen, ohne die Hände schützend zu heben, reichte es vielleicht doch für Schädelbruch, Genickbruch, Exitus. Aber würde sie es wirklich schaffen, die Hände unten zu lassen? Zwei Testsprünge von der Minibar aufs Bett säten Zweifel. Einen dritten wagte sie nicht; das Bett hatte schon beim zweiten gekracht.

Ihr Handy rappelte. Sie hatte ein paar Rückrufe auf der Mailbox, Christine, Claudi, Yvonne – zu spät, Leute, zu spät für echte Freunde!

Susan setzte ihren MP3-Player auf, drehte Kurt Cobain und Nirvana laut auf und ging aus dem Hotel und am Pool vorbei. Die vierspurige Straße, die man auf dem Weg zum Strand überqueren musste, war dicht befahren.

Gleich jetzt, ein schnelles Ende, ohne nachzudenken. Es machte ihr keine Angst. Sie würde es tun, solange das so blieb.

Sie marschierte auf die Straße und die fahrenden Todesmaschinen zu. Spürte ihren vorbeifetzenden Luftzug. Ging an der Fahrspur entlang, so dicht wie möglich. Drehte Nirvana noch lauter, bis sie vom Verkehr nichts mehr hörte.

Sollte man in einer solchen Situation beten? Wenn ja, was? Ihr fiel nichts ein. Aber galt Selbstmord für die Kirche nicht als Sünde? Vielleicht war es dann sowieso besser, wenn sie nicht groß drauf aufmerksam machte.

Sie drehte um, schloss die Augen und ging entlang der Fahrspur wieder zurück. Nach ein paar Metern geriet sie mit dem Fuß auf harten Asphalt, eine Hupe dröhnte dicht neben ihr durch die Musik. Sobald sie sich traute, würde sie einfach drei Schritte zur Seite machen. Drei Schritte zur Seite, und es war vorbei.

Sie drehte sich zur Straße, fühlte den Luftzug der vorbeirasenden Wagen, zählte bis zehn. Dann spürte sie nichts mehr, eine Schutzreaktion des Körpers in seinen letzten Sekunden? Würde sie wohl ein Licht sehen?

Hoffentlich zog man ihr nicht statt dem kleinen Schwarzen das gelbe Sommerkleid an, das sie so blass machte.

MORITZ

Er ließ sich das Frühstück in die Suite bringen und frühstückte auf der Terrasse mit herrlichem Blick auf das grünblaue Meer. So würde er künftig öfter frühstücken; irgendwo oberhalb an der Küste wartete ein Haus auf ihn. Als er wieder reinging, blinkte am Telefon eine Nachricht. Die Rezeption bat »Herrn Schmidt«, er möge bitte seinen Ausweis noch abgeben. Diese Spanier waren ja richtige Bürokraten! Das Telefon klingelte. Wieder die Rezeption. Ein Herr Fernandez ließe ausrichten, er sei unterwegs, aber es könne noch dauern, eine Frau sei dazwischengekommen. Fernandez, das musste dieser allürenhafte Makler sein.

SUSAN

Jede Faser ihres Körpers war gespannt, sie wartete darauf, wie eine Puppe durch die Luft zu fliegen. »Neeevermiiind!«, dröhnten Nirvana in ihren Ohren. »With the lights out it's less dangerous!«

Sie ging weiter, immer weiter. Sie konnte die Augen nicht öffnen, sie stolperte, fing sich mit den Händen ab, rappelte sich wieder hoch, hörte sich schreien, taumelte weiter.

Und dann, der Aufprall!

Da war etwas Weiches, Wabbelndes, Federndes.

Alles, aber kein Kotflügel.

Sie riss die Augen auf. Vor ihr stand ein älteres Paar, beide mit dicken Bauchairbags unter den T-Shirts. Sie guckten wie empörte Leguane.

Susan riss die Kopfhörer aus den Ohren.

Hinter ihr war die Ampel. Die Ampel, über die sie gegangen sein musste. Als sie für Fußgänger grün war. Gerade fuhren die Autos wieder an.

OLIVER

Es gab kein Eis. Es gab nur ein eiskaltes Lächeln vom Oberkellner: »Und die Sahne wird für Piña Colada gebraucht.« Elias und Carlotta hörten erst auf zu heulen, als Oliver ihnen die Gummibärchen aus der Minibar versprach, obwohl das mindestens so unpädagogisch war wie die Sache mit dem Eis.

Kurz nach ihnen kam Anna ins Zimmer. Sie hatte rote Augen.

»Beide sind in unterschiedliche Richtungen abgehauen. So was gab es noch nie! Sie haben im Urlaub IMMER alles zusammen gemacht, jeden Gang ans Meer, jeden Halstuchkauf im Shop!«

»Sie streiten sich«, sagte Oliver, »das kommt mal vor.«

»Bei meinen Eltern nicht!«

»Sie werden sich wieder vertragen«, sagte Oliver.

Anna schniefte. »Du klingst ja fast, als fändest du das gut!«

Oliver musste insgeheim vor sich selber zugeben, dass das sein allererster Gedanke gewesen war. Als Privatmann, nicht als Familienvater.

»Ich finde das überhaupt nicht gut«, sagte Oliver. »Denn deine Eltern sind nicht mitgekommen, um sich hier wegen Banalitäten herumzustreiten. Sie sind mitgekommen, um uns mal die Kinder abzunehmen! Übrigens: Hast wenigstens du bemerkt, dass ich deinem Vater beim Frühstück so ganz nebenbei das Leben gerettet habe?«

»Elias«, antwortete Anna, »was hast du da in der Hand?«

»Ameisen«, sagte Elias.

»Woher hast du die?«, fragte Anna.

»Aus der Dusche«, sagte Elias. »Da sind noch viel mehr!«

Noch bevor Annas Kreischer seinen Höhepunkt erreichte, griff Oliver zum Telefon und wählte mal wieder die Nummer der Rezeption.

SUSAN

Sie saß am Strand. Das Meer sah trübe aus. Ihre Beine zitterten noch immer. Sie wollte mit ein paar Freundinnen telefonieren, kurz und belanglos: »Es geht mir gut, es ist heiß, die Cocktails sind toll, ich lebe noch.« Aber sie erwischte niemanden.

Dafür kam ein Super-gut-drauf-Animateur im weißen T-Shirt mit Hotellogo-Print des Weges. Und fragte, ob sie denn auch gut drauf sei. Er heiße Javier. Und sei es nicht paradiesisch hier?!

Sie versuchte nicht zu reagieren, aber der Gute-Laune-Bär ließ nicht locker. Sie drehte sich zur Seite.

Er wollte sich mit Abklatschen verabschieden. Und ob er sie vielleicht eincremen solle?

Sie dankte.

Das sei inklusive, beeilte er sich zu versichern.

Trotzdem, sagte sie.

Gratis, sagte er, kostet nix.

Grauenhaft, dachte sie.

OLIVER

»Ameisen«, sagte der Mann von der Rezeption, als er – leider wieder er! – endlich in ihrem Zimmer stand. »Ach hier, die paar, ach, dann nehmen Sie einfach die Brause, so, und spülen sie runter, und fertig – sehen Sie!«

»Und wenn sie wiederkommen?«, fragte Anna.

»Wer?«, fragte der Rezeptionist. Jäher Gedächtnisverlust war offenbar seine Spezialität.

»DIE AMEISEN«, sagte Oliver. »Und falls Sie gleich: Welche Ameisen? fragen: Die Ameisen, die Sie eben die Dusche runtergespült haben!«

»Welche Ameisen?«, fragte der Rezeptionist.

Oliver hätte ihn am liebsten durch das geschlossene Fenster geworfen.

»Kann ich Ihnen sonst noch helfen?«, heuchelte er.

Oliver erwähnte das Klappbett.

»Unter Ihnen zusammengebrochen? Aber nicht unter Ihnen allein!«

»Was soll das heißen«, fragte Oliver.

Der Rezeptionist zuckte die Schultern. »Wir erleben hier vieles, und Mobiliar ist in der All-inclusive-Rate nicht inbegriffen. Ich setze Ihnen das Bett auf Ihre Rechnung.«

»Darüber sprechen wir noch«, meinte Oliver verblüfft, mehr fiel ihm nicht ein. »Und so oder so: Wir brauchen ein neues!«

Als sie ans Meer gingen, warf Oliver schnell einen Blick in die Hotelhalle. Der Tisch des Reiseleiters war noch immer verwaist. In seiner Firma hätte sich das niemand leisten können.

MORITZ

»Lieber Herr ...« – bedeutungsvolle Pause – »Schmidt!«. Fernandez, klein, glatzköpfig, kugelförmig, begrüßte ihn in Hörweite der Rezeption mit ausgestreckter Hand. Auf Ilka war Verlass, sie hatte den Makler auch in dieser Hinsicht gebrieft. Dann raunte der allerdings: »Ist das nötig? SIE erkennt man doch sowieso!«

Moritz sagte, es sei nötig, leider.

Ilka hatte auch ihn gebrieft. Fernandez war der wichtigste Makler der Insel und hatte quasi ein Monopol auf den Küstenstreifen mit den schönsten Häusern in den besten Lagen. Ilka hatte noch geschrieben, er, Moritz, solle ja freundlich zu Señor Fernandez sein, denn der sehe es als Ehre, dass er höchstpersönlich ihn betreue. So etwas Unnötiges. Moritz war immer freundlich, außer er konnte jemanden wegen übertriebener Allürenhaftigkeit nicht leiden.

Fernandez erkundigte sich, ob sie noch auf »die Señora« warten sollten. »Señora?«, fragte Moritz. »Nein, ich bin allein.«

Bis sie vor dem Hotel waren hatte Fernandez drei weiblichen Hotelangestellten schöne Augen gemacht und einer Animateurin hinterhergepfiffen. Er zwängte sich in einen knallroten Scuderia Spider 16M. Kaum hatte Moritz Platz genommen, ließ Fernandez den Motor aufröhren; der Ferrari schoss davon und fädelte sich reifenquietschend auf der Hauptstraße ein. Um ein Haar hätten sie die Abfahrt zur Bergstraße verpasst, um ein zweites Haar beim Herumreißen des Steuers einen Touristenbus geschrammt. Erst als Moritz begann, das Auto in höchsten Tönen zu loben, reduzierte Fernandez das Irrsinnstempo. Und verlegte sich darauf, mit jeder, wirklich jeder cabriofahrenden Frau zu flirten.

OLIVER

Der Strand war voll. Unglaublich voll. Massen von Menschen. Endlich fanden sie eine Stelle, an der genug Platz für sie alle war.

»Papi«, sagte Elias. »Guck mal, ist das eine Qualle?«

Es war ein benutztes Kondom. Ein Stück weiter lagen Glasscherben. Wieder ein Stück weiter etwas, das aussah wie ein mit Currywurstresten gefüllter Herrenschlüpfer.

»Nein«, sagte Oliver, »das ist keine Qualle, kommt, wir gehen noch ein Stück!«

Es wurde nicht besser. Es sah aus, als ob jemand am Strand den Inhalt mehrerer Müllsäcke verteilt hätte, von Zigarettenkippen und halb leeren Sangriaflaschen bis zu Schuhen und vom Wind zerfetzten Illustrierten.

»Es ist nicht zu glauben«, empörte sich Anna. »Da vorne hat gerade ein Mädchen hingemacht, und ihr Vater, das Schwein, hat einfach mit dem Fuß Sand drübergescharrt.«

»Wo ist ein Schwein?«, wollte Elias wissen.

»Es reicht«, sagte Anna. »Da vorne werden Liegestühle und Sonnenschirme vermietet. Da muss es, wird es sauberer sein!«

Eine Liege kostete 12 Euro pro Tag, ein Schirm weitere sieben Euro. Und das war noch nicht mal das Problem. Das Problem waren ihre künftigen Liegennachbarn, deren Durchschnittsalter bei geschätzten siebzig lag und die ihnen mit bösen Gesichtern entgegensahen. Einer riss seine Bildzeitung hoch, so schnell, als könne sie ihn schützen. Andere starrten die Kinder an, als wünschten sie deren Tod herbei. Anna grüßte.

»Woanders ist auch noch was frei«, sagte eine Frau barsch, ohne sie anzusehen.

»Wo denn?«, fragte Oliver.

Er bekam keine Antwort. Anna bat Elias und Carlotta im Flüsterton, bitte leise zu sein, um die Erwachsenen nicht zu stören. Und Elias machte, was Kinder immer tun, wenn sie nervös sind: das Gegenteil. Er rannte quiekend zwischen den Liegen herum. Carlotta hinterher, um ihn zu fangen.

»Carlotta, Elias, kommt sofort her!«, rief Oliver.

Die Kinder hörten nicht. Auch nicht auf Anna.

»Entschuldigung«, sagte Oliver in die verbiesterte Runde. Er versuchte Elias festzuhalten, aber Elias war schnell. Er schnappte Carlotta, aber die fing an zu weinen.

»Das ist doch unerträglich!«, schimpfte der Mann hinter seiner Zeitung. »An diesem Strand kann man keine einzige Zeile lesen! Ruhe!«

»Moment«, sagte Oliver. »Wir waren doch alle mal klein.«

»Niemals!«, donnerte der Zeitungsleser.

»Typisch«, keifte die erste Frau. »Keine Ahnung von Erziehung. Aber Kinder werfen, das können sie! Der Staat zahlt denen ja alles! Von unserem Geld!«

Von den Liegen rundum kam zustimmendes Gemurmel.

Erst beim Gehen fiel Oliver auf, dass der Mann die Bildzeitung verkehrt herum hielt.

MORITZ

Trotz Fernandez' Fahrweise und selbstmörderischen Flirtversuchen waren sie heil oben auf der Kammstraße angekommen. Sie fuhren an hohen Mauern und schweren Gittertoren vorbei. Ab und zu blitzte zwischen Hecken und Dächern das Meer. Dann riss Fernandez den Scuderia in eine kiesbestreute Einfahrt und bremste scharf vor einem cremefarbenen Koloss aus den Achtzigerjahren, der fast das gesamte Grundstück einnahm.

»Kommen Sie«, rief er, als Moritz an die hüfthohe Grundstücksmauer treten wollte, hinter der ein Streifen Meer in der Sonne glitzerte, »kommen Sie, der Blick von der Terrasse ist schöner!«

Der Blick von den Terrasse war phantastisch. »Ihre Señora wird begeistert sein«, sagte Fernandez.

Wen meinte er?

Leider stellte sich heraus, dass das von außen so beeindruckende Gebäude innen für Zwerge gebaut worden war:

Sämtliche Räume, darunter zwei Wohnzimmer, sechs Schlafzimmer, acht Badezimmer und das große Masterschlafzimmer mit zwei Masterbädern, hatten viel zu niedrige Decken. Dazu kam, dass die Garage dort war, wo der Innenpool hingehört hätte, nämlich in einem lichtdurchfluteten Raum mit Fenstern und Meerblick. Der Pool hingegen befand sich in einem fensterlosen klaustrophobischen Gelass, kurz: in der Garage. Die übliche internationale Komplettmöblierung unterstrich die drückende Atmosphäre: meterlange Sofas mit Spitzen und Bändchen, phantasielos zusammengeschoben zu quadratischen Sitzgruppen für Dutzende auf Erlösung harrende Zwerge. Zu viele Nippesvitrinen für Zwergenzeug, zu wenig Bücherschränke.

»Nun«, sagte Fernandez. »Ich sehe, Sie könnten begeisterter sein.«

Er taxierte Moritz mit überraschendem Interesse. »Keine Sorge. Ich habe Schöneres für Sie.« Er warf einen Blick auf die Uhr. »Morgen. Vielleicht kann Ihre Señora ja mitkommen?«

Vermutlich war das nichts weiter als eine typische Maklerfloskel. Fernandez konnte keinesfalls seine Ex meinen. Seit über sechs Jahren lebten sie getrennt, und obwohl er seine Tochter oft sah, fand die Kommunikation mit ihrer Mutter fast nur dann statt, wenn diese ein neues Pferd brauchte. Oder ein neues Auto. Oder einen neuen Fitnessraum. In ihrem ehemals gemeinsamen Haus am Chiemsee hatte sie sich einen bauen lassen, mit großen Fenstern, um Blick auf den Garten zu haben. Dann bekam sie Angst, es könne ihr jemand beim Trainieren zugucken. Sie ließ einen neuen Fitnessraum im ersten Stock einrichten. Und den ersten Fitness- zum Panikraum umbauen: ohne Fenster, mit meterdicken Wänden, Alarmzentrale, Nasszelle, Whirlpool und Notvorräten für acht Tage. Vermutlich war so was in Aspen hip, wo sie neuerdings ständig rumhing.

OLIVER

Irgendwann hatten sie doch einen Fleck am Strand gefunden, der nicht so verdreckt war. Sie breiteten ihre Handtücher aus. Die Kinder bauten eine Sandburg, Oliver lag neben Anna, die das neueste Werwolfbuch in der Hand hielt. Über sich den blauen Himmel, vor sich das rauschende Meer. Endlich war es wie im Urlaub!

Oliver merkte auf einmal, wie müde er war. Fast wäre er in der Sonne weggedämmert, ohne mit Anna auszumachen, wer schlafen und wer nach den Kindern sehen sollte.

Da zogen Rauchschwaden über sein Gesicht. Sie kamen von rechts.

Dort saßen zwei krebsrot gebrannte Leute in Badezeug, ein Mann und eine Frau. Sie starrten aufs Wasser, tranken Sangria aus einer Zweiliterflasche und rauchten synchron.

»Das kann doch nicht sein«, fauchte Anna und warf ihr Buch hin.

MARIO

Mittagsbüfett-Zeit war von 13.00 bis 14.30 Uhr. Pflicht, weil inklusive. Obwohl er nach dem Frühstück – Zwischenstand 425,15 Euro – noch keinen so richtigen Hunger hatte und obwohl er den Top-Platz an der Poolbar – zwei Bier, Zwischenstand 419,55 Euro – aufgeben musste. Aber er hatte wirklich keinen Bock, dem Reiseveranstalter auch nur eine Mahlzeit zu schenken.

Um knacke Viertel vor eins klemmte er zwischen anderen Typen, darunter ein Veteran mit mehr als zwanzig Pauschalreisen auf dem Konto, an der knirschenden Tür der Tagesbar. Um Punkt eins schloss eine Kellnerin von innen auf und konnte gerade noch zur Seite springen. Nach kaum einer Minute war das Büfett bis auf ein paar welke Salatblätter leer.

Marios Magen war prallvoll mit Eiern, Salat und Kuchen. Zwischenstand 406,15 Euronen.

Er ging wieder raus zur Poolbar. Mit dem Instinkt des Jägers wartete er, bis einer der Typen so viel gesoffen hatte, dass er Weihnachtslieder lallend in den Pool kippte. Okay, Mario hatte mit einem Griff an die Badehose nachgeholfen. Er kassierte den Platz und das Bier des Typen (403,35 Euro) und machte Pupillensafari bei den Puppen auf den Liegestühlen ringsum. Und dann, Hammer!, bekam er noch eine Castingshow. Die Mucke wurde hochgedreht, ein Animateur rief zum Aquafitness, und zwei Dutzend Weiber standen da. Die Schnecken bogen sich in den Hüften, reckten Arme und Brüste nach oben. Hey, und er saß in der ersten Reihe! Auf seiner Liste im Kopf notierte er drei Kandidatinnen: eine kleine gut geformte Braunhaarige, eine sexy Kurzhaarblonde und eine dünne Brünette mit Schlafzimmerblick. Und dann kam noch eine, wow! Blond, lange Haare, durchtrainiert, megasexy. Sie kam ihm bekannt vor. Sah aus wie eine von denen, die immer vorne auf den Frauenzeitschriften waren.

Als der Animateur die letzte Übung ankündigte, raunte Mario seinen beiden Nachbarn zu, er käme gleich wieder, rutschte von seinem Poolhocker, nahm ein Handtuch von einer Liege und wartete am Beckenrand, bis die Aqua-Göttin aus den Fluten stieg. »Schöne Frau!«, sagte er und breitete das Handtuch mit großer Geste aus, um es ihr um die Schultern zu legen. Sie nahm das Handtuch lieber selber.

»Du bist ja 'ne richtige Wasserratte. Mensch, toll, und ich hab mich noch nicht mal vorgestellt! Das muss ich jetzt mal dringend nachholen ...«

»Nein danke«, lächelte sie, gab ihm das Handtuch zurück, als sei er der Poolboy, und weg war sie.

Auf seinem Platz an der Poolbar saß jetzt ein fetter Kasper und trank das Bier, das Mario eben noch bestellt hatte – Korrektur Zwischensumme: 406,15 Euro.

JESSICA

Nach drei Stunden Konzeptarbeit hatte sie sich auf die Runde Aquafitness gefreut. Zu früh: Alle waren doppelt so alt wie sie, die Wasserverdrängung durch Wampen und Schenkel enorm, die Übungen auf Reha-Niveau. Sie nahm noch eine Einheit Tennis. Der Lehrer war nicht schlecht, sie machte ihn trotzdem fertig. Hechelnd saß er auf dem Boden und sah sie an wie ein Cockerspaniel ein Würstchen.

Als sie an den Schreibtisch zurückwollte, rief Kolja auf dem Sporthandy an. Er war gerade in Hongkong und traf sich mit Programmierern, die von dort für eine Zürcher Firma arbeiteten. Kolja beriet derzeit die Firma, hot stuff, er schlief jede Nacht kaum vier Stunden und nahm jede Menge Wachmacher, um in den Konferenzen souverän zu bleiben. Seit drei Jahren war sie mit ihm zusammen. Sie hatten sich in Paris auf einem Kongress für Mobilfunkfrequenzen kennengelernt, als ihr Fahrstuhl steckenblieb. Sechs Stunden lang, so viel Zeit hatte sie noch nie mit einem Mann verbracht, und danach war die Sache klar. Und so sehr andere Leute über Fernbeziehungen ächzten, sie beide wuppten das ganz locker. Schafften es, sich alle vier, fünf Wochen zu treffen, mal bei ihr in München, mal bei ihm in Frankfurt, mal in seiner Zweitwohnung in Genf. Hatten in jeder Wohnung ein Kleiderdepot, in jedem Auto einen gepackten Dreitageskoffer, gar kein Problem, Jessica kaufte jedes Kostüm, jeden Blazer einfach drei- oder vierfach.

Kolja hatte good news: Es konnte sein, dass er in ein paar Tagen auch auf der Insel war, ein dringendes Gespräch mit einem Luftfahrtmanager, vielleicht reichte die Zeit für ein kurzes Treffen, einen schnellen Lunch zu zweit. »Lass uns nachher skypen«, sagte sie; sie wollte unbedingt mal wieder sein Gesicht sehen. Dann kam ein Anruf aus der Firma, und sie musste ihn leider wegdrücken, es konnte ja wichtig sein.

MARIO

Kaum lag er auf seiner Liege und quarzte, kam einer angehuscht. Der Poolboy. Er redete herum, die guten Liegen seien knapp, aber wenn man zu den wenigen Glücklichen gehören wolle, die schon frühmorgens ihre Reservierung sicher hätten, müsse man nur zahlen: 12 Euro am Tag für einen Platz in der ersten oder zweiten Reihe Pool mit Schatten, 10 Euro mit Sonne. Hammer, das waren ja 84 oder 70 Euronen in sieben Tagen. Pure Abzocke! Er sagte dem Boy, er solle sich verpfeifen.

Dann sah er die Blonde wieder. Sie trug jetzt T-Shirt, Hose und Sportschuhe und kam von den Tennisplätzen, Tennis kostete extra, die ließ es aber krachen! Er wollte gerade hinlaufen und sie fragen, ob sie nicht Lust auf einen Drink habe. Aber da klingelte ihr Handy, das sie – Hammer! – am Arm in einem Halfter trug so wie Angelina Jolie in »Tomb Raider« ihre Pistolen!

Sie ging lange auf und ab und quatschte. Dann war sie auf einmal weg.

Scheiße, heute Abend war diese Sexgöttin aber fällig!

PETE

Als seine Nachbarn in ihr Zimmer polterten und ihre Kinder etwas von »Abendessen« quengelten, war Pete endgültig klar, dass heute niemand mehr vom Housekeeping kommen würde. Er fühlte sich erbärmlich. Die erste Hälfte der letzten Nacht hatte er versucht, auf der Toilette sitzend zu schlafen, denn das Bad war zu klein, um sich ausgestreckt auf den Boden zu legen. Die zweite Hälfte der Nacht hatte er sich doch auf den Boden gelegt und die Beine um Toilette und Waschbeckenfuß gezwängt. Tagsüber war er damit beschäftigt gewesen, das Blut in seinem gesunden Bein wieder zirkulieren zu lassen, auf seine Befreiung zu warten und seinen bohrenden Hunger mit Wasser aus dem Hahn zu betäuben. Glück im Unglück: Seit dem Nachmittag waren seine Sinne so weit abgestumpft, dass er die dümmliche Gute-Laune-Musik und die grundlos fröhlichen Durchsagen der Animateure am Pool nicht mehr bewusst wahrnahm.

Doch plötzlich war etwas anders.

Die Musik. Die Musik war aus! Pete riss das Fenster auf.

Unter ihm drängten die Leute mit ihren Taschen und Tüchern zum Abendessen ins Hotel, so eilig, als brenne der Pool. Es war DIE Gelegenheit.

Pete pumpte Luft in seine Lungen. »Help!«, schrie er. »Help! Help! Hälfe, Hälfe! Help me!«

JESSICA

Sie lehnte sich zurück. Cool! Wow! Der erste Aufschlag der Strategie war komplett fertig. Wording: Der Spielzeughersteller stellt sich international auf, um gegen China zu bestehen, und plant eine Kooperation mit Belgien – kein Wort davon, dass die Deutschen längst den Belgiern und die Belgier längst den Chinesen gehören. Sie bat den deutschen Nichtmehreigentümer, ein altmodischer Typ, der keine Ahnung hatte, dass die Belgier ihn feuern und sicherheitshalber verklagen würden, all das genau so zu erzählen. Dann verschickte sie die Pressemitteilung. O ja, sie war top im Training.

Sie aß zwei Eiweißriegel gegen den Hunger, scrollte zur Entspannung durch die neuen Geschäftsmails. Schrieb schnell noch eine Mail an Kolja: »Bin verrückt nach dir und kann es kaum erwarten!«

Als sie am Schluss in den Posteingang guckte, sah sie, dass die Mail zurückgekommen war, »aus Sicherheitsgründen nicht versandt«. Oh, das lag an der ach so tollen Firmen-Sicherheitssoftware, die offenbar auch Worte wie »verrückt«

für moralgefährdenden Spam hielt und nicht mal weiterverbreiten wollte.

Sie kopierte die Mail und rief ihre Privatmails auf, um sie noch mal zu schicken.

Da hatte sie auch schon wieder eine Nachricht von diesem Perlinger. Ein Großaktienhändler, der ihr seit einem Auftrag vor einem Jahr ständig hinterhermailte. Diesmal lud er zum rauschenden Fest nach Kreta. Zeitverschwendung für sie, aber, Perlinger würde gucken, sie würde das Julian weiterleiten.

Sie war noch dabei, da klingelte das Handy. Assistentin Johanna hatte den Ablauf der Vanderförde-Sache immer noch nicht kapiert, o Manno, diese Frau würde niemals weiterkommen! Bis es bei Johanna endlich klickte, hatte Jessica erstens die zwei Mails an Kolja und an Julian verschickt. Zweitens den Urgent-Posteingang der Firma gecheckt. Drittens drei Routineanfragen beantwortet. Viertens schon mal einen kurzen Blick auf die Zahlen des Spielzeugherstellers geworfen. Und fünftens eine Top-Idee. Sie würde sich belohnen und den zweiten, detaillierteren Spielzeughersteller-Aufschlag vor dem Essen am Meer anfertigen.

SUSAN

Zur Abendessenszeit hatte sie wider Erwarten Hunger. Beharrlichen Hunger. Also gut, sie würde sich schnell am Büfett bedienen und dann wieder verschwinden. Damit diejenigen unter den Gästen, die sie am Nachmittag hatten über die Straße kriechen sehen, sie nicht wiedererkannten, setzte sie ihre Sonnenbrille auf und öffnete ihr Haar.

Der Mann am Restauranteingang hatte eine Kochmütze auf und eine Luftschlange um den Hals. Euphorisch begrüßte er sie zu »Pomp Duck and Circumstance«. Susan wäre am liebsten umgekehrt, aber hinter ihr drängelte eine spaßwillige Gruppe aus Oberhausen.

Auf dem Büfett stand heute nur ein Schild: »Essen am Platz!«. Auch das noch!

Susan setzte sich an einen der Singletische. Eine ältere Frau mit sehr aufgeknöpfter Bluse begrüßte sie mit Handschlag. »I bin die Uschi, hallöle!« Neben ihr saß ein schweigsamer Kahlkopf, der sich so entrückt umsah, als sei er nach zwanzig Jahren Gefängnis frisch entlassen worden. Dazu kam noch eine Blonde mit Pferdeschwanz, das Handy am Ohr, Typ termingestresstes Model.

Und schon stand ein Kellner an ihrem Tisch, in der Hand eine Platte mit Oliven, Chorizo und Crostini. »Hallo, buenos días!«, rief er. »Sie haben jede Menge Eintritt bezahlt, um bei Pomp Duck and Circumstance dabei zu sein, dem besten Gourmetessen in diesem Teil der Zirkuswelt. Wir bieten Ihnen erlesene Köstlichkeiten aus aller Herren Länder – bitte sehr!«

Er hielt die Platte dieser Uschi vor die Nase, und als sie nach einer Olive greifen wollte, zog er sie wieder weg.

»Oh, hoppala, ich habe einen Fehler gemacht«, rief er, »Gentlemen first, sorry!«

Er hielt die Platte dem Entrückten vor. Und als der die Hand hob, zog er sie wieder weg.

»Nein, so ein Unsinn!«, rief der Kellner. »Wo habe ich nur meinen Kopf – ach da, auf den Schultern, na gut – ich erinnere mich gerade: Ich habe doch auf der Kellnerschule, Note fünfplus, eindeutig gelernt: Ladies first. Ich bitte sehr um Verzeihung!«

Sehr lustig, das sollten wohl die Circumstances sein. Und Witzchen hin oder her, der schwäbischen Uschi wurde es offenbar zu bunt. Als er ihr erneut die Platte vor der Nase wegziehen wollte, hielt sie eisern fest und begann zu zetern.

O Graus.

JESSICA

Heute Abend gaben sie sich ja Mühe: Themenessen. Und ein Ansager mit Mikro, der aussah wie ein gealterter Popstar: »Liebe Freunde, willkommen zu unserem einzigartigen Flying Zircus mit Pomp Duck and Circumstance. Duck wird serviert, der Rest wird sich ergeben! Nein, nicht der Polizei! Uns natürlich!« Harharhar.

Am Nachbartisch jonglierte ein angeblicher Kellner kreischend mit Kartoffeln, die angeblich kochend heiß waren. Ein angeblicher Küchenchef jagte einen weiteren angeblichen Kellner mit einer großen Pappbratpfanne zwischen den Tischen in Richtung Ausgang, Heinz Erhardt wäre entzückt gewesen. Und an ihrem Tisch kämpfte ein dritter angeblicher Kellner mit einer angeblichen Urlauberin um eine Häppchenplatte. Dann sprang noch ein weiterer Scheinkellner bei, der versuchte, die Hände der angeblichen Urlauberin festzuhalten. Das war jetzt aber too much. Das merkte selbst die Pseudo-Urlauberin, ließ die Vorspeisenplatte so überraschend los, dass der eine Kellner stürzte, packte ihr Glas und goß dem anderen das Bier über den Kopf. Er wischte sich die Haare so übertrieben beiseite wie der Nudelmann im Abspann von »Väter der Klamotte« und markierte den Entsetzten. Sie markierte die entrüstete Schwäbin.

Alles viel zu angestrengt, kein Vergleich zu dem, was sie vor Jahren einmal bei Wodarz gesehen hatte.

Zeit, auf dem Smartphone Anrufe, SMS und Mails zu checken.

Zum Glück kamen dann die echten Kellner mit echten Vorspeisenplatten. Wurde auch Zeit, sie hatte Riesenhunger. Die Frau mit der coolen Sonnenbrille neben ihr auch. Als beide die Gabel in dieselbe Paprika stießen, grinsten sie sich an.

Die Frau hieß Susan, war Coach und seit Jahren nicht mehr in einem All-inclusive-Hotel gewesen.

»Bei mir ischs auch eine Premiere«, mischte sich die Ältere

ein, die mit dem falschen Kellner gestritten hatte. »I bin zum erschden Mal seit fünfundzwanzig Jahren in einem Tekschdil-Club! Und des isch fai ganz schön irritierend.«

»Ah! Wirklich?«, fragte der Kahlkopf neben ihr auf einmal interessiert.

»Ha denked se!«, sagte sie. »I wär faschd splitternackt zum Obendessa komma!«

Jessica musste kichern. Die war also echt!

Sie sah Susan an. Die kicherte mit.

MARIO

Bingo! Bei diesem Entenessen hatten sie alle nicht so den Überblick, und der Typ am Eingang erst recht nicht. Also war er rotzfrech zweimal futtern gegangen, einmal um sechs – und jetzt kam er um halb neun wieder zum Nachtmahl. Beim ersten Mal waren die Weiber an den Singletischen so lala gewesen. Aber, whoha!, jetzt saß sie da, die Blonde mit dem Pferdeschwanz und dem Handyhalfter. Im Moment ohne Handyhalfter, aber das würde seine Pläne nicht durchkreuzen. Bingo! An ihrem Tisch war noch was frei. Und Doppelbingo: Diese Frau mit den dunklen Locken und der coolen Sonnenbrille auf der Nase daneben, die war auch ziemlich lecker!

SUSAN

Nicht zu glauben: Auf einmal stand Schweinebacke an ihrem Tisch. Der Kerl aus dem Flugzeug, den sie mit Parfüm eingesprüht hatte! Er erkannte sie offenbar nicht, kein Wunder bei seinem IQ, setzte sich neben ihre Sitznachbarin Jessica und fing an, ohne Punkt und Komma auf sie beide einzulabern. Als ihm kein Spruch mehr einfiel, gockelte er zur Bar und besorgte ihnen eine Karaffe Wein.

Susan überlegte kurz, zu fliehen, aber das Hauptgericht war noch nicht da.

MARIO

Zwischenstand nach der Vorpeise 402,65 Euro. An diesem Tisch war er der Chef, keine Frage, der Glatzkopf gegenüber zählte nicht. Der war auf diese labernde Alte aus Tübingen scharf, die ständig ihren Busen zeigte. Nacktsein war überhaupt ihr Thema. Sie war sonst immer in einem strengen FKK-Dorf in der Provence, wo alle schon beim Anreisen nackt aus dem Auto steigen mussten. Jahrelang hatte sie sich auf dem letzten Autobahnparkplatz davor immer die Klamotten ausgezogen, aber in neuerer Zeit lauerte dort die Autobahnpolizei. Und so fing sie an, schon von daheim nackt loszufahren und sich jedes Mal die Blase zu verkühlen. Klar, da war sie diesmal lieber hierhergekommen.

Mario konnte das Gequatsche nicht mehr hören. Er holte den beiden Schönen von seinem Tisch eine Karaffe Wein. Tat so, als sei es Zuzahlungswein, nicht das Inklusivzeugs. Machte bei ihnen schon mal guten Eindruck.

»Kein Thema«, sagte er, »organisieren, das bin ich gewöhnt. Hey, ich bin froh, dass ich mal Urlaub habe von dem ganzen Stress, der ganzen Verantwortung!«

Leider sprang die Dunkelhaarige nicht ganz so drauf an. Bei der musste man wohl deutlicher werden. Und die Blonde fummelte immer mit dem Handy rum. Hatte sie vielleicht doch einen Freund? Obwohl – würde ein Typ so eine Frau alleine Urlaub machen lassen? Neee!

Aber dafür interessierte sich die FKK-Alte dafür, was genau er managte.

»Nich' so wild«, sagte er, »ich sorge dafür, dass in drei großen Häusern mit über tausend Angestellten alles rund läuft.«

Jetzt guckte auch die Blonde. Ah, sie stand auf Leute mit Verantwortung.

»In welchem Bereich«, fragte die Alte. »Controlling, Einkauf, Verkauf, Vertrieb, Personal?«

Sie wollte es wissen, bingo. Mario tat erst mal, als wolle er nicht drüber reden. »Ach komm! Wir wollen hier doch nicht immer an den Job denken! Prösterchen!«

Pech war, dass die Alte tatsächlich die Klappe hielt. Sie war ihm ja wurscht, aber die Blonde tippte schon wieder auf ihrem Handy herum. Und so superinteressiert schien die Dunkelhaarige auch nicht. Also tat Mario, als habe er es sich doch noch überlegt.

»Okay, du hast gewonnen«, sagte er generös zur Alten. »Ich bin Facility-Manager.«

SUSAN

Es war ganz gut, dass sie zum Essen gegangen war, statt im Zimmer herumzuhocken. Denn obwohl Jessica dieses unheimliche supersichere Mir-gehört-die-Welt-Selbstbewusstsein hatte wie viele erfolgreiche Frauen unter dreißig: Man konnte sich mit ihr gut amüsieren. Selbst über diesen Scheißmacho, dessen Anwesenheit sonst unerträglich gewesen wäre. Die ganze Zeit ließ er den Supertypen raushängen. Und diese Uschi fiel auf den Begriff »Facility-Manager« auch noch rein.

»Hasch du denn au Personaalverantwortung?«, fragte sie Schweinebacke.

Der wiegte bedeutungsvoll den Kopf hin und her. »Also, eigentlich darf ich nicht drüber sprechen ...«

Jessica kam ihm zuvor.

»In gewisser Weise«, sagte sie. »Wenn im Winter die Türen zugefroren sind.«

»Oder im Sommer«, sagte Susan schnell. »Wenn die Klimaanlage ausfällt.«

»Oder auch sonst«, sagte Jessica wieder schnell, »wenn das Wasser in den Toiletten nicht läuft.«

»Ach so?«, fragte Uschi enttäuscht. »En Fässiliti-Manager, isch des dann so was wie ein ...«

»... Hausmeister«, sagte Jessica.

»Also, nein: Hausverwalter«, eiferte sich Schweinebacke. »In einem Haus, wisst ihr, da muss alles einwandfrei laufen: Klima, Jalousien, Heizung, Elektrik, Wasser, Schließanlage. Ein Haus, das ist heute so kompliziert wie ein ...« Er überlegte fieberhaft, wie der tolle Vergleich lautete, den er neulich in der Stellenanzeige gelesen hatte, auf die er sich beworben hatte – leider vergeblich, denn für diese Firma arbeitete er bereits. »Ein Haus, das ist heute so kompliziert wie ein ... wie ein Orgasmus!«

Er hatte es ja gewusst, es war wirklich ein toller Vergleich: Der ganze Tisch lachte.

OLIVER

Als sie nach dem Essen in ihr Zimmer kamen, lehnte das zusammengebrochene Campingbett immer noch in der Ecke.

Anna ging ins Bad, um zu kreischen, als sei es das erste Mal. Oliver spülte die Ameisen herunter, die zurückgekehrt waren und sich vermehrt hatten. Dann rief er stinksauer die Rezeption an und fragte nach dem neuen Bett.

Jemand sagte, man könne nicht helfen, man sei nur der Nachtdienst, und auf der anderen Leitung käme ein wichtiger Anruf, gute Nacht.

Oliver dachte kurz darüber nach, wie es wäre, für die ganze Familie die vorzeitige Rückreise in ihre ameisenlose, bettmäßig luxuriös ausgestattete Wohnung zu buchen. Er zog seine Schuhe wieder an. Zuerst würde er zur Rezeption gehen und nicht ohne Bett zurückkehren.

»Bitte lass das Theater«, sagte Anna ungeduldig.

»Theater?«, fragte Oliver.

»Theater«, sagte Anna. »Jetzt müssen die Kinder ins Bett gebracht werden. Und wenigstens im Urlaub wollten wir das ja mal zusammen machen.«

»Ach so«, erwiderte Oliver, »ich habe nur kein Bett zum Schlafen!«

»Dann legen wir uns eben alle zusammen ins große Bett«, sagte Anna. »Los, Elias, Carlotta, ausziehen, Zähne putzen! Hopp hopp!«

»Nein!«, fuhr Carlotta auf. »Ich will alleine im großen Bett schlafen. Ohne euch!«

»ICH will alleine im großen Bett schlafen!«, rief Elias.

»Nein!« Carlotta schlug mit den Fäusten nach ihm.

»Du blöde Kuh!«, rief Elias und trat nach ihr.

»Elias, Carlotta, hört auf«, sagte Anna.

»NEIIIN!«, heulte Carlotta und prügelte auf Elias ein.

Der nahm Anlauf und warf sie um.

Carlotta schrie beleidigt, gellend und wie am Spieß.

»Elias, Carlotta«, rief Oliver laut, »hört sofort auf. Schluss!«

Nebenan, hinter der Wand, rief der Mann noch lauter: »Das kotzt mich an. Ich habe keine Lust mehr!«

»Denkst du, ich?«, kreischte die Frau schrill. »Hau bloß ab, du blöder Arsch!«

Oliver und Anna registrierten erschrocken, dass ihre Kinder auf einmal still vor der Wand standen und fasziniert zuhörten.

»Ja«, brüllte es auf der anderen Seite, »ich haue AB, DU BLÖDE, DRECKIGE ...«

Gerade noch rechtzeitig fing Anna an, das Kinderlied »Der Mond ist aufgegangen« gegen die Wand zu schmettern.

Nebenan wurde es still.

»Papi«, krähte Elias, »was ist ein blöder Arsch?«

»Ein Schimpfwort«, raunte Oliver. »Sei leiser!«

»Selber blöder Arsch«, krähte Elias laut zur Wand hin, »selber blöder Arsch! Selber!«
Oliver hielt seinem Sohn den Mund zu.
Zu spät. Nebenan wurde eine Tür aufgerissen und mit aller Wucht wieder zugeknallt. Oliver sah sich hektisch nach etwas um, mit dem er seine Familie verteidigen konnte.

Draußen waren Schritte zu hören. Dann, nach einer Pause, klopfte es an ihre Tür.

Anna begriff viel zu spät und zog entsetzt die Kinder an sich.

Das einzige Waffenähnliche in diesem erbärmlich ausgestatteten Raum war der Holzkleiderbügel, auf dem Annas Kleid für abends hing. Oliver ließ es zu Boden fallen, schwang den Bügel und riss die Tür auf, entschlossen, bis zum Letzten zu kämpfen.

Vor der Tür stand ein Mann in Hoteluniform. Er hatte ein Klappbett dabei.

SUSAN

Nach dem Hauptgericht – Ente mit Kartoffeln – griff der Elvis-Verschnitt wieder zum Mikrofon. »Liebe Freunde von Circumstance«, rief er, »denkt ja nicht, dass wir keine Aufgabe für EUCH haben! Im Gegenteil: Gleich könnt ihr zeigen, was ihr draufhabt! Wer will der Erste sein? Das erste Opfer?«

Niemand wollte.

Elvis erklärte einen schwammigen Mittdreißiger zum Freiwilligen, der zwei Tische weiter saß und aussah, als könne er sich nicht wehren. Zwei komische Kellner installierten auf der Tischseite ihm gegenüber eine kleine Wippe und legten eine gekochte Kartoffel auf ihr eines Ende.

»Nun brauchen wir noch einen Freiwilligen!«, rief Elvis. »Wer von euch will diesen leidenschaftlichen Kartoffelliebhaber füttern? Du hast doch keine Erdapfelallergie, nein? Hahahaha!«

Diesmal gab es viele Meldungen. Eine Frau im knallroten Top durfte sich neben die Wippe setzen. Elvis wies sie an, so auf das freie Ende zu schlagen, dass die Kartoffel im Mund des Opfers landen würde und machte den Countdown. Die Kartoffel kollerte über das Tischtuch.

Aufstöhnen an den Tischen.

Eine neue Kartoffel wurde aufgelegt.

»Frauen und Technik, nur Mut!«, rief Elvis. »Du musst fester schlagen. Trau dich! Sonst müsste einer der Gentlemen neben dir gebeten werden ...«

Weiter kam er nicht. Die Rotgekleidete war aufgesprungen und hieb beide Fäuste mit aller Kraft auf die Wippe. Mit Erfolg: Die Kartoffel flog über den Freiwilligen hinweg. Schlug ein im üppigen Brusthaar, das Elvis sich perfekt in den XXL-V-Ausschnitt seines Glitzerfummels gestylt hatte, und zerbröselte dort.

Gelächter an den Tischen.

JESSICA

»Elvis has left the Building. Kommst du noch mit an die Bar?«, fragte Susan, als sich der Moderator geknickt zurückgezogen hatte.

Eigentlich war das pure Zeitverschwendung. Sie wollte noch an der Feinkonzeption weiterarbeiten, die Stunden vor Mitternacht waren meist die besten. Andererseits war sie am Meer gut vorangekommen – trotz all dieser Typen, die ihr Wasser oder Kinderschaufeln zu Phantasiepreisen verkaufen oder sie unbedingt eincremen wollten. Und mit Susan war es so lustig wie lange nicht mehr.

Jessica hatte das letzte Mal an Weihnachten einen freien Abend gehabt. Reiner Zufall, der Firmenserver war abgeschmiert und der Wartungstechniker bildete sich ein, er könne zu Hause erst noch den Weihnachtsmann zu Ende machen.

Okay, ein Stündchen würde sie noch mitgehen. FKK-Uschi wollte auch. Der Entrückte schloss sich an. Und dieser labernde Lockige mit der Kassenkombisonnenbrille leider auch.

MARIO

Es ging nach Plan weiter. Nach dem Hauptgang (394,85) hatte er ganz lässig vorgeschlagen, zusammen noch an die Bar zu gehen, und – Hammer! – alle zwei Mädels kamen mit. Die andere auch, na ja, war wurscht. An der Bar war es voll und eng. Nicht mal hier nahm die Dunkelhaarige die Sonnenbrille ab. Er musste das ja nicht, er hatte selbsttönende Gläser und sah immer gut, aber für sie musste es ganz schön duster sein. Umso besser. Er zwängte sich auf Körperkontakt neben sie. Was für ein Körper!

»Übrigens, was ich sagen wollte: Ich bin Mario! Und du heißt Susan, oder?«

Sie nickte.

Komisch, es kam ihm die ganze Zeit vor, als habe er sie schon mal gesehen. »Sag mal«, fragte er, »bist du auch aus Köln?«

Sie schüttelte den Kopf. Also, sehr gesprächig war die Schnecke ja nicht. Wurscht, bei einer solchen Braut war das ganz egal.

»Auch nicht aus der Nähe von Köln?«, fragte er. »Oder warst du in letzter Zeit mal in Köln? Du kommst mir so bekannt vor.«

Sie schüttelte den Kopf. Wahrscheinlich war sie schüchtern, deshalb die Brille. Aber schüchterne Weiber sehnten sich nach nichts mehr, als von einem Mann beachtet zu werden. Und so quatschte er schnell weiter: »Was bist du für ein Sternzeichen? Ich wette: Zwilling. Oder, nein: Stier. Oder, nein, besser: Jungfrau! Bist du Jungfrau?«

Trotz ihrer Sonnenbrille war deutlich zu sehen, dass sie sich nach einem anderen Platz umsah.

»Nein, nein, bitte«, sagte er schnell. »So war es nicht gemeint. Ich meine wirklich das Sternzeichen. Es ist nämlich so: Ich denke – das habe ich gleich gemerkt, das spüre ich schon den ganzen Abend –, da ist was zwischen uns. So eine – Nähe. Als ob wir uns schon lange kennen, findest du nicht? Honey, da ist irgendetwas – in der Luft …«

Gleich würde er ihre Hand nehmen, und sie würde es zulassen. Dann würde er ihr die Brille abnehmen, das ging sonst nicht gut, denn er hatte ja auch eine auf, und sie küssen.

Aber sie prustete los.

Das hatte er so nicht erwartet. Er würde sich erst mal auf die Blonde konzentrieren, auf diese Jessica.

MORITZ

Im Maria Magdalena war es noch genauso wie früher. Kaum saß er auf der Terrasse mit Blick auf den kleinen Fischerhafen, stürzte Diego, der Wirt, freudestrahlend heraus und begrüßte ihn. Diego servierte kühlen, leicht perlenden Weißwein, frische Meeresfrüchte mit scharfer Knoblauchsauce und noch warmes Brot – ein einfaches Essen im Vergleich zu gestern im Hotel, aber sehr gut; genau deswegen war er hergekommen. In einer Ecke der Terrasse saßen drei braun gebrannte Frauen, die sich angeregt, aber leise unterhielten. Deutsche, die ein paar Monate im Jahr hier lebten. Sie beachteten ihn nicht. Einer der großen Vorteile der Insel: Hier gab es so viele Promis, dass das Erregungsniveau darüber deutlich niedriger war als in Deutschland. Oder in einem Pauschalhotel.

Moritz hatte lange nicht mehr so genossen, irgendwo draußen zu sitzen und zu essen.

Als er zufrieden seinen Teller zurückschob, hatten ihm die drei Frauen immer noch keinen einzigen Blick zugeworfen.

Moritz bestellte Käse und Rotwein zum Nachtisch. Auch der Rotwein war kühl und moussierte. Moritz hob das Weinglas gegen das Windlicht auf seinem Tisch und prüfte die Weinfarbe. Für einen einfachen Tropfen gar nicht übel.

Die Frauen am Ecktisch ignorierten ihn immer noch.

Was jetzt fast etwas übertrieben war. Immerhin war er der einzige Gast außer ihnen. Und berühmter Schauspieler hin oder her: War es nicht ganz normal, jemanden wahrzunehmen, der gerade mal fünf, sechs Meter entfernt gut erkennbar im Schein ziemlich vieler Windlichter saß? Ihn wenigstens kurz anzusehen, ein Lächeln oder Nicken musste gar nicht sein. Obwohl, auch das hätte zumindest gezeigt, dass man diesen jemanden nicht für den Kleiderständer hielt.

Moritz räusperte sich einige Male vernehmlich. Eine der Frauen sah zur Seite. Na also! Die Frau öffnete ihre Handtasche und zog ein surrendes Handy heraus. Sie sprach ein paar Sätze hinein und wandte sich wieder den zwei anderen zu. Es musste schlimm sein, mit solch großen Scheuklappen durchs Leben zu laufen.

Moritz rief nach Diego. »Der Wein ist gut. Könnte ich mal die Flasche sehen?«

»Lieber nicht«, grinste Diego, »du bist Besseres gewöhnt. Ich habe einen Roten von einem neuen Weinmacher aus dem Rioja. Reiner Stoff! Ich bringe dir schnell ein Glas.«

Die drei Frauen mussten alles mitbekommen haben, Moritz hatte eine volltönende Stimme, definitiv lauter als das Schnarren eines Handys. Aber sie dachten nicht daran, sich auch nur einmal kurz umzusehen. Schon fast provokant.

Moritz widmete sich also mit Leidenschaft dem Wein. Kennerhaft sog er den Geruch ein. »Mhhhmmmmm!« Und als er den ersten Schluck auf der Zunge hin und her schlotzte, begann er genießerisch zu summen.

Das war zu viel.

Er verschluckte sich. Hustete, prustete. Der Wein spritzte auf sein Hemd.

Sein weißes Hemd Nummer fünf.

JESSICA

Irgendwann hielt sie es an der Bar nicht mehr aus. Es gab keinen einzigen ordentlichen Saft. Also hatte sie an Susans Weißwein genippt, sogar ein paarmal genippt, ohne daran zu denken, dass sie keinen Alkohol gewöhnt war. Und jetzt war es doch besser, sie arbeitete nicht mehr. Anders gesagt: Sie fühlte sich ziemlich balla in der Birne. Aber etwas Bewegung konnte nicht schaden, die letzte Sporteinheit war schon ein paar Stunden her. Hier gab es eine Disco, vielleicht lief da tanzbare Musik? Eine Stunde nur, dann würde sie morgen zwei Stunden früher mit der Arbeit loslegen und den faulen Abend wieder reinarbeiten. Und Susan kam mit, cool.

MARIO

Geil, die zwei Bräute wollten noch in die Disco! Was Disco hieß, war arschklar: Ein bisschen Gequatsche, ein bisschen Gehampel, ein paar heiße Engtänze, viel Alk, dann würde er bei einer landen. Bei welcher, war ihm egal, er würde auch beide zugleich nehmen. Hammer! Der Urlaub – Zwischenstand 394,85 Euro – begann sich zu rechnen! Und die neidischen Blicke der anderen Typen waren gratis!

SUSAN

Die Disco lag im Untergeschoss, durch den Flur dröhnte »Relax« von Frankie goes to Hollywood, und zuerst sah es aus, als seien sie auf einer Kinderfreizeit gelandet: Der kleine Raum, der fast nur aus einer viel zu hell ausgeleuchteten Tanzfläche bestand, war voll mit wippenden Acht- bis Elfjährigen, Colaflaschen in der Hand.

Susan überlegte sich, ob es nicht besser war, wieder zu gehen. Aber am Mischpult, jetzt im Rollkragenpullover, stand Elvis und gestikulierte ihnen zu, ja zu bleiben. Offenbar wollte er dringend Erwachsene auf die Tanzfläche holen. Und dann legte er auf – Billy Idol – »Rebel Yell«, INXS – »The Devil Inside«, Nena – »99 Luftballons«, Michael Jackson – »Thriller«, Dire Straits – »Sultans of Swing«. Genau die Musik, die die Kids nicht hören wollten; vielleicht war es auch nur höchste Schlafenszeit. Die Tanzfläche war frei. Susan machte sich keinen Kopf, wie es sein konnte, dass sie heute Nachmittag noch versucht hatte, sich umzubringen, und nun mit Jessica tanzte wie vor zwanzig Jahren in der Disco. Sie fühlte sich angenehm beschwipst vom Weißwein. Und endlich war einmal wieder alles ganz leicht.

MARIO

Das war ein Kindergarten. So hell, dass kein Schwanz tanzen konnte, ohne sich zu blamieren. Und, das Allerletzte, an der Theke in der Ecke gab es aufs Inclusive-Ticket nicht mal Bier! Er lief schnell wieder hoch in die Bar, trank ein Bier auf ex und nahm das zweite hinter seinem Rücken mit runter. Beim Gehen fiel ihm ein, warum Susan ihm bekannt vorkam: Sie war vom Fernsehen. Big Brother. Nein, sie moderierte eines von diesen Nachmittagsmagazinen, das mit den Gästen, die immer diese perversen Alltagsprobleme hatten, Sex mit Lokomotiven und so. Deshalb hatte sie auch die Sonnenbrille auf: Damit sie keiner erkannte. Diese Schnecke war ein super Schuss. Die andere auch. Gleich würde Mario seinen größten Trumpf aus der Gesäßtasche ziehen: die Visitenkarte Nummer eins – Stichwort: »… lächeln Sie jetzt /… gucken Sie jetzt richtig böse«.

JESSICA

Sie hatte schon gedacht, Mr Kassenkombisonnenbrille sei abgezogen. Aber auf einmal war er wieder da und versuchte zu tanzen. Mit Susan. Nein, mit ihr.

O ja, er versuchte! Sie musste lachen.

Dann kapierte sie, dass er ihr nur etwas geben wollte: Sah aus wie eine Visitenkarte. So was von vorgestern! Sie kannte niemanden, der seine Daten nicht per Smartphone austauschte, ihre Eltern gerade mal ausgenommen.

Sie schob die Karte schnell in ihre Gesäßtasche, denn der DJ legte »Hyper Hyper« von Scooter auf.

MARIO

Okay, Jessica würde seine Karte wohl erst später lesen. Kein Thema. Jetzt noch Susan! Als er vor ihr stand, die Karte schon in der Hand, hob sie beide Hände hinter den Kopf und machte ihr Haar zusammen. Dann schob sie endlich auch ihre coole Sonnenbrille hoch. Ja, auch ohne sah sie heiß aus, er würde ihr das ins Ohr flüstern, wenn sie die Karte … – nein.

Ne jetzt. Nein!

Auf einmal wusste er, woher er sie kannte. SCHEISSE!

Er kannte sie AUS DEM FLUGZEUG! Sie war die Tusse, die ihn mit diesem Parfüm vollgenebelt hatte!

Ihm war schlecht. Fast so schlecht wie im Flugzeug.

Er sah zu Jessica. Die drehte sich so schnell in der Hocke,

dass ihm schwindelig wurde. Um sie tanzten mit gierigen Blicken drei durchtrainierte Latin Lover.

Mario verließ die Disco, um sich in der Bar zu betrinken und als Sieger wiederzukommen.

PETE

Er hatte vor dem Abendessen so lange geschrien, bis seine Stimme brach. Keiner derer, die sich unter ihm zum Essen drängten, hatte ihn bemerkt. Warum zum Teufel? Und warum zum Teufel war den ganzen fucking Tag keiner vom fucking Housekeeping gekommen?

Als die Nachbarn vom Abendessen zurückkehrten und stritten, verlor er keine Zeit.

»Hello«, rief Pete, so laut er konnte. »Sorry! I am locked in my bathroom. Please help me!«

Sie stritten einfach weiter.

Pete klopfte gegen die Wand. »Hello!«, rief er. »Help me, please! Hülfe! Hülfe!«

Hinter der Wand rief der Vater, die Mutter habe nicht genug Süßkram eingepackt. Die Mutter rief, die Kids hätten alles schon weggefressen. Die Kinder schrien, das sei nicht wahr, die Eltern lögen. Pete rief: »Hello! Hülfe! Please help me! Help! HELP!«

Die Kinder brüllten, sie wollten keine Zähne putzen. Die Mutter keifte, dann gebe es nie wieder Süßigkeiten. Der Vater rief, er halte sich da raus, er habe Urlaub. Pete überlegte verzweifelt, was er noch rufen sollte.

Dann ging der Fernseher an.

SUSAN

Es war spät geworden. Susan nahm sich von der Bar noch eine Flasche Rioja mit und setzte sich auf ihren Balkon.

Draußen war es ruhig, nur irgendwo grölte ein Betrunkener gegen einen Fernseher an.

Susan störte das nicht groß. Sie hatte die Musik noch im Ohr, sie schaute in den schönen Sternenhimmel und zwang sich, an nichts zu denken. Aber sie musste sich eigentlich gar nicht zwingen.

Und zum ersten Mal seit längerer Zeit konnte sie, ziemlich abgefüllt, gut einschlafen.

MARIO

Er war in der Bar geblieben. Er hatte noch eine Bedienung angebaggert, eine Spanierin, die ihn kein bisschen verstand und auch nicht wusste, was ein Facility-Manager war. Er ließ sich drei Bier bringen – Zwischenstand 380,85 Euro, nicht schlecht für den ersten vollen Tag. Als er sich auf sein Bett fallen ließ, drehte sich alles, aber es war okay: Er hatte den maximalen Pegel ausgeschöpft und musste trotzdem nicht kotzen.

Montag

MARIO

Es gab Urlaubshotels, da genügte es, um acht, halb neun mit dem Handtuch rauszuschlurfen, um Liegenkönig zu werden. Das waren Hotels, wo fast nur Leute zwischen zwanzig und dreißig waren, die nächtens Party machten und bis mittags pennten. Dann gab es aber auch Hotels wie dieses. Mit gemischtem Publikum. Das heißt, mit vielen alten Knackern, die heiß drauf waren, frühmorgens rauszuschleichen und sich die allerbeste Liege für den ganzen Tag zu reservieren. Am besten zwei: eine mit Sonne, eine mit Schatten.

Also musste man noch früher dran sein.

Um halb sieben war Sonnenaufgang. Um kurz vor sieben stand Mario mit verquollenen Augen und seinem Handtuch unterm Arm im Fahrstuhl. Neben ihm drei andere Typen. Jeder hatte ein Handtuch, jeder schaute woanders hin. Als die Aufzugtüren sich im Erdgeschoss öffneten, hasteten alle los. Wurden immer schneller. Begannen fast zu rennen. Mario lag an guter zweiter Stelle, aber der fiese Möpp vor ihm knallte ihm die Tür nach draußen fast in die Brille, und er fiel auf den dritten Platz zurück.

Es war eh egal. Überall Handtücher! Mario hörte sein Schwein pfeifen: Arschfrüh, und so gut wie alle Liegen waren reserviert! Kein einziger Schattenplatz mehr, nur noch ein paar lumpige Sonnenliegen in C- und D-Lage. Nein, auf die letzte C-Liege schleuderte der Typ, der jetzt an zweiter Stelle hinter dem Möpp rannte, aus fünf Metern Entfernung gerade sein knallrotes Handtuch mit der Aufschrift »Reserviert!«.

So eine Scheiße.

OLIVER

Auch wenn es nur ein Klappbett war, auf dem er schlief: Oliver erwachte ziemlich erholt schon kurz nach sieben. So früh würde er hier selbst mit seiner Badehose ungestört schwimmen können.

Am Pool war es ruhig. Auf keinem Balkon war jemand zu sehen.

Sicherheitshalber schlug Oliver einen großen Bogen um die Liegen, ließ den Bademantel auf den Boden fallen und stieg ins Wasser. Es war herrlich.

Nur seine Hose, kaum hatte sie sich vollgesogen, wurde immer lockerer. Drohte haltlos, ihm über den Po nach unten abzuhauen. Zweimal musste er sich im Becken hinstellen und das Band enger zurren. Er wollte gerade zur dritten Badehosenpause ansetzen, da begann ein furchtbarer Krach. Harte Beats hämmerten aus den großen Standlautsprechern an den Poolecken.

PETE

Pete hatte das Fenster offen gelassen, um das Badezimmer über Nacht etwas abzukühlen. Die Mückenstiche hatten ihm nichts ausgemacht, er hatte sie verdient für seine Dummheit, sich in diese Lage zu bringen, aber nun erwachte er von einem Lärm, der klang wie ein explodierender Vulkan. Pete fuhr hoch, und sein Kopf knallte heftig gegen etwas Hartes unter dem Waschbecken. Ihm fiel noch ein, dass es sich um den Siphon handeln musste. Dann verlor er das Bewusstsein.

OLIVER

Wie hingezaubert standen ein Dutzend Gestalten am Poolrand. Gestalten, die in den Händen Knüppel schwangen. Olivers Herz setzte kurz aus. Beanspruchten diese Irren nicht nur die Liegen, sondern auch noch den Pool für sich – und waren sie hier, um an ihm ein Exempel zu statuieren?

Noch bevor er zu Ende gedacht hatte, stiegen sie schon ins Wasser, ohne ihn zu beachten. Erst jetzt erkannte Oliver, dass die Männer und Frauen keine Knüppel trugen. Sondern Schwimmnudeln aus Styropor.

»Guten Morgen, liebe Sportsfreunde, good morning, buenos días ... lets get started für aquafitness!«, dröhnte eine Stimme aus den Lautsprechern. Ein junger Animateur mit Headset wippte in den Knien am Beckenrand, als sei er in der Disco. »A one, a two, a one, a two, a three«, begann er, und alle um Oliver wippten mit.

In diesem Moment fing seine Badehose an, langsam zu rutschen. Sie hier zu öffnen und enger zu schnüren, verbat sich von selbst. Er musste raus.

Oliver hielt mit einer Hand die Hose fest und bewegte sich zwischen den wippenden Busen und Bäuchen auf den Beckenrand zu.

»Und jetzt aufgepasst«, rief der Animateur, »wir heben das rechte Bein und den linken Arm, und jetzt andersrum, ooohh, wie ist das schööööööön – hey du da! In der blauen Badehose! Bitte mitmachen!« Damit war Oliver gemeint.

Er tat, als höre er nichts.

»Und hopp, hopp, hopp«, rief der Animateur, »wir machen den Sancho Pansa, wir lassen die Arme kreisen, und die Schwimmnudeln tauchen wie Windmühlenflügel ins Wasser, und eins, und zwei, ja, so, ja, so, o Mann, wie ist das schöööööööön!«

Etwas klatschte Oliver von hinten an den Rücken. Er verlor das Gleichgewicht und taumelte auf eine rundliche Frau im knallgoldenen Badeanzug zu. Die riss ihre Schwimmnudel hoch, um ihn abzuwehren. Oliver griff im Fallen nach ihrem Styroporwedel. Die Knallgoldene hielt verbissen fest und stürzte mit ihm ins Wasser.

»Bitte entschuldigen Sie«, sagte Oliver, nachdem er ihr aufgeholfen hatte, »es war keine Absicht ...«

Aber die Knallgoldene starrte wortlos ins Wasser. Auf seine Hüften. Und auf die Badehose, die um seine Fußknöchel hing.

Oliver warf ihr die Nudel zu, riss die Hose nach oben, watete hastig zum Beckenrand und kletterte die Leiter hoch. Sie war rutschiger als gedacht. Auf der vorletzten Stufe verlor er das Gleichgewicht und stürzte ächzend ins Becken zurück.

»Plumps!«, rief der Animateur, als Oliver prustend und spuckend wieder auftauchte. »Aber hallo! Quax der Bruchpilot ist unter uns! Und hallo! Immer schön die Hand an der Hose, hahaha!«

SUSAN

So gut sie eingeschlafen war, so erbärmlich fühlte sie sich beim Aufwachen. Grauenhaft. Zu Tode betrübt. Sie hatte wieder mal von Robert geträumt, er hatte sie lachend in einer Umkleidekabine sitzen gelassen, mit unmöglichen Kleidern aus Nesselstoff am Leib.

Robert, dem sie so wenig bedeutet hatte, dass er es nicht mal nötig fand, ihr zu sagen, dass es aus war. Nicht mal per Mail oder SMS. Als sei sie gar nichts wert.

Sie versuchte, Christine zu erreichen. Mailbox, na klar. Claudi ebenso.

Sie ging ins Bad und sah sich im Spiegel an. Vielleicht war es ja so.

Jessica war jung, tough, erfolgreich, begehrenswert. All das war sie nicht mehr. Sie, Susan, war ein Auslaufmodell.

Sie kramte das Parfüm aus ihrer Handtasche, das Robert, der Heuchler, ihr geschenkt hatte, bevor er sich die angebliche Auszeit nahm. »Everlasting Dream« – was für eine absurde Idee von ihr, das Zeug mitzunehmen wie eine Reliquie!

Susan riss die Balkontür auf und warf das Scheißparfüm nach unten.

MORITZ

Gerade hatte er sein Frühstück bekommen, da rief die Rezeption an.

»Herr Schmidt«, sagte der Näselnde, »ich möchte Sie bitten, uns noch Ihren Ausweis vorbeizubringen.«

»Ja, ja«, sagte Moritz und linste auf die Mails, die er gerade auf dem iPad durchging, »und dafür rufen Sie mich extra an?«

Der Näselnde stieß die Luft aus. »Herr Schmidt, wir sind verpflichtet, die Personalien unserer Gäste der Polizei vorzulegen. Und Ihr Ausweis fehlt uns trotz wiederholter Bitte immer noch.«

Die meinten es ernst.

»Das verstehe ich nicht«, sagte Moritz, »den müsste Ihnen doch längst meine Assistentin …«

Leider sei das nicht passiert, sagte der Näselnde. Und außerdem: Die Personalien lege jeder Gast selber vor.

Moritz rief Ilka an und erwischte nur ihre Mailbox. Er sprach ihr drauf, dass er nun dringend einen Ausweis auf den Namen Stefan Schmidt brauche, langsam würden die Leute hier nervig.

OLIVER

Beim Frühstück saßen die Schwiegereltern nicht mehr nebeneinander am Tisch. Sie saßen einander gegenüber wie im Kampfring.

»Heute Nacht«, eröffnete die Schwiegermutter, »habe ich wieder kein Auge zugetan. Das eklige Grunzen dieses Mannes war unerträglich!«

»Da redet gerade die Richtige«, erwiderte er empört. »Die ganze Nacht hast du geschmatzt! Du schmatzt immer. Auch beim Essen.«

»Eine Lüge!«, rief sie voll Empörung. »Eine widerliche Lüge!«

»Das werden wir noch sehen!« Der Schwiegervater griff unter den Tisch und nestelte herum.

»Lass das!«, zeterte die Schwiegermutter aufgeregt. »Lass dein Gerät drin. Ich warne dich! Lass dein GERÄT drin!«

Anna überzeugte sich mit einem hastigen Blick, dass die Kinder noch am Büfett waren, um diese kleinen süßen Kuchen zu holen. »Papi!«, warnte sie dann. »Ich weiß nicht, ob das eine gute Idee ist!«

Oliver rutschte mit angehaltenem Atem ans entfernteste Ende der Bank. Bis jetzt hätte er niemals angenommen, dass sein anzutragender Schwiegervater zur Gattung der Grundlos-Gliedvorzeiger gehörte. Aber nach dem, was ihm heute früh am Pool passiert war, wollte er lieber kein neues Risiko eingehen.

Der Schwiegervater holte eine kleine silberfarbene Digicam hervor und filmte seine essende Frau. Sie hörte auf zu essen und drehte sich weg.

»Ist die neu?«, fragte Oliver erleichtert.

Sein Schwiegervater sagte, ihn filmend, er habe die Kamera vor ein paar Wochen gekauft, nachdem – er warf einen vielsagenden Blick zu seiner Frau – Robby gestorben sei.

»Robby?«, fragte Oliver.

»Mein Koi-Karpfen«, sagte der Schwiegervater durch die Kamera. »Der prächtigste von allen. Unheimlich wertvoll. Nur leider ist er in der Blüte seiner Jahre, im besten Alter von einunddreißig, viel zu früh und unerwartet verschieden. Fragt Inge, warum.« Er schwenkte die Kamera auf Annas Mutter.

»Was soll das heißen?«, giftete die.

»Du weißt genau, was ich meine. Ist doch merkwürdig, dass Robby starb, nachdem ich mich geweigert hab, schon wieder einen meiner Schränke für deine überflüssigen Handtaschen leerzuräumen, oder?«

Die Schwiegermutter bestellte bei einem vorbeikommenden Kellner einen Sherry.

»Einen Whiskey«, sagte der Schwiegervater, ohne die Kamera vom Auge zu nehmen.

»Mit diesem Trinker«, schwor die Schwiegermutter, »mit diesem Trinker verbringe ich heute keine Stunde mehr!«

Da fiel Oliver etwas Wichtiges ein.

»Sagt mal«, begann er, »könntet ihr euch heute Nachmittag nicht mal kurz um die Kinder kümmern? Wir würden uns gerne an den Strand legen, wir müssen dringend ein paar Stunden Schlaf nachholen.«

»Oder morgen?«, besserte Anna schnell nach. In das eisige Schweigen hinein.

JESSICA

Auch heute lief alles top, wie immer. Nach dem Frühstück hatte sie am Meer eine Liege unter einem Schirm gemietet, um frisch an der Konzeption weiterzuarbeiten. Bloß, dass sie zwischendrin immer wieder fast wegdöste; sie brauchte einen Guarana-Kaugummi nach dem anderen, und wahrscheinlich sollte sie morgen früh ein paar Koffeinpillen oder Jetlag-Blocker mehr einwerfen. Am besten beides, sie konnte sich keinen schwachen Tag leisten.

Mittlerweile kamen die ersten Anrufe wegen ihrer Presseaussendung für die Spielzeugfirma. Kein Problem at all: Mit den meisten Journalisten hatte sie schon zu tun gehabt. Auch bei den anderen war es immer das Gleiche: Jessica war supercharmant, lachte viel. Erzählte wie zufällig eine kleine erfundene Geschichte angeblich aus ihrem Single-Privatleben, um emotionale Nähe zu schaffen. Und spätestens nach der ersten Mail – neben der Firmenadresse war ihr kleines Foto eingescannt – fraßen sie ihr aus der Hand.

Zwischendrin checkte sie die Mails auf Feedback von Julian wegen der Präsentation. Noch nichts, ungewöhnlich für Julian.

OLIVER

Der Raum, der als Kinderhort diente, lag neben dem Heizungskeller. Er war ziemlich leer, bis auf einen Haufen zusammengekehrtes Spielzeug und einen großen Fernseher in einer Ecke. Auf einem der Kinderstühle saß ein Mädchen und las Kaugummi kauend ein Bilderbuch, für das sie entschieden zu alt aussah.

Anna fragte sie in drei Sprachen, ob sie wisse, wann eine Betreuerin käme. Bei Spanisch hob sie den Kopf. Sie war die Betreuerin.

Anna war anzusehen, dass sie sich überlegte, Elias und Carlotta wieder mitzunehmen, aber die beiden hatten schon zu spielen begonnen.

»Ob es ihnen gut geht?«, fragte Anna, etwa zehn Sekunden nachdem sie den Raum verlassen hatten.

»Warum denn nicht«, fragte Oliver zurück. »Die Betreuerin ist jung, aber ein absoluter Profi, sie weiß, wie man mit Kindern umgeht. Und jetzt setzen wir uns endlich in Ruhe eine Stunde ans Meer. Was meinst du?«

»Ich habe kein gutes Gefühl«, sagte Anna.

Oliver hatte auch kein gutes Gefühl, aber das sagte er nicht.

Als sie am Pool vorbeigingen, versuchten der Elvis-Imitator in glitzerndem Männerbadeanzug und zwei weitere Animateure die Anwesenden zu etwas zu bewegen, das aussah wie Wassertauziehen. Mittendrin: der schreckliche Sven und seine Michelle. Zu spät, Sven hatte sie schon gesehen.

»Ey!«, brüllte er und winkte. »Wo sind eure Kiddys?«

Anna sagte es ihnen.

»Unsere spielen da hinten am Kinderbecken!« Sven deutete mit dem Daumen in eine Ecke.

»Allein?«, fragte Anna.

»Logisch. Kann nix passieren, wir haben ja zwei davon!« Sven lachte dröhnend und rief dem Barmann zu, er solle vier Bier fertig machen.

»So, Freunde«, rief Elvis ins Mikro, »es geht wieder looooooos, herrreinspaziert ins Schwimmbecken, an das Tau! Die Gewinnermannschaft bekommt pro Nase einen Liter 43er mit Milch, jawohl! Einen Liter pro Nase – egal, wie groß die Nase ist! Hallo, ihr da, am Tau ist noch Platz!«

Oliver zog das Handy aus der Badetasche, um so zu tun als ob gerade jemand Wichtiges anriefe. Tatsächlich: Es hatte jemand angerufen. Das Display zeigte eine unbekannte Nummer. Spanische Vorwahl. Der Hoteldirektor!? Der Reiseleiter!?

Oliver drückte auf Rückruf.

Eine Frau war dran und rief etwas auf Spanisch. Im Hintergrund war eine Schießerei zu hören.

Oliver sagte, dies sei sein Rückruf. Die Frau schoss einen Wortschwall auf Spanisch ab und unterbrach die Verbindung.

»Wer war das?«, fragte Anna.

»Woher soll ich das wissen, eine Spanierin, eine Schießerei, sicher falsch verbunden«, sagte Oliver.

»Carlotta! Elias!« Anna schoss zurück zum Hotel.

Die Betreuerin machte ihnen mit Hilfe vieler Gesten klar,

dass die Kinder sofort abgeholt werden müssten: Sie hätten geschrien und geweint, und das störe gewaltig.

Hinter ihr lief der Fernseher: Ein Actioncomic; Spanisch sprechende Schildkröten schossen Spanisch sprechende Monster in blutige Stücke, bevor diese ihnen die Köpfe in Slow Motion zermalmten. Davor kauerten mit offenen Mündern drei Kinder. Fremde Kinder. Ihre zwei kauerten im Flur hinter der Ecke.

Anna, die viel besser Spanisch sprach, fragte die Betreuerin, ob sie sich denn nicht vorstellen könne, dass das Verhalten ihrer Kinder mit dem hoch gewalttätigen Film zusammenhänge. Die Betreuerin hielt das für ausgeschlossen: Alle Kinder liebten diese geilen Filme. Und sie selber auch.

»Wollen wir deine Eltern nicht doch noch mal fragen«, begann Oliver, als sie mit Elias und Carlotta zurück zum Pool gingen, »vielleicht wenn man sie in einem günstigeren Moment anspricht ...?«

Anna stieß genervt die Luft aus. »Du siehst doch, was mit meinen Eltern los ist!«

»Na und«, sagte Oliver, »sie streiten sich. Können sie nicht trotzdem zwischendurch mal auf die beiden Kleinen aufpassen, meinetwegen abwechselnd? Danach können sie sich ja in Ruhe weiterstreiten! Und davor auch!«

Sie funkelte ihn wütend an und murmelte, er sei wirklich furchtbar verbohrt. Sie wollte noch etwas sagen, aber dann erstarrte sie und sah zum Pool hin.

»Da ist Opa!«, rief Elias und zeigte zur Poolbar.

Tatsächlich, dort, mitten im Gedränge, stand sein ehemals so distinguierter Schwiegervater, nackt bis auf eine scheußliche, aber offensichtlich brandneue Hawaii-Badehose. In der einen Hand hielt er seine Kamera, in der anderen einen großen Bierbecher.

»Opa!«, rief Elias. »Opa!«

Der Schwiegervater winkte.

Elias rief, er wolle zu ihm.

»Das ist nicht dein Opa!«, sagte Anna schnell und zog ihn weiter.

SUSAN

Es war nicht leicht, an diesem Strand allein Abschied von der Welt zu nehmen.

»Hola!«, vor ihr stand ein Spanier mit einem Bauchladen voller Schokoriegel. Danach kam ein Brezenverkäufer, der nicht nur bayerische Tracht trug, obwohl er Spanier war. In sehr gebrochenem Deutsch behauptete er auch noch, er käme aus dem Schwarzwald. Vermutlich machte er die ganze Show nur, um davon abzulenken, dass seine Brezen vor Salz starrten. Der Nächste war dann ein Getränkeverkäufer, der sagte, seine sauteuren Getränke hülfen gegen die Salzbrezen seines skrupellosen Vorgängers.

Dann klingelte auch noch ihr Handy. Christine. Ob sie den Urlaub genieße? Eher nein, sagte sie, sie müsse immer an Robert denken. Ja, schade, sagte Christine, aber sie müsse auch mal die andere Seite sehen: Habe sie Robert nicht auch in die Ecke getrieben, ihm die Pistole auf die Brust gesetzt, was Kinder angehe?

So etwas nennt sich Freundin! Susan beendete das Gespräch mit »Adieu!«.

Das Wasser war kalt; sie zwang sich, nicht zurückzusehen. Die Wellen waren höher als gestern, es war schwer, so zu schwimmen, dass sie ihr nicht ins Gesicht klatschten. Sie versuchte, sich den Wellen zu überlassen wie ein Stück Treibholz, aber ein Schwall Wasser traf sie ins Gesicht. Sie schluckte Wasser, hustete, würgte, bekam Panik, spuckte und strampelte. Eine letzte große Welle warf sie an den Strand. Nicht einmal das Meer wollte sie.

Sie blieb liegen und schlug den Kopf in den Sand.

»Gebbe Se net auf«, sagte eine beruhigende Frauenstimme über ihr. »Des klappt scho irchendwann, Medle! Bei mir hat's erscht nach siebe Kurse klappt!«

Susan drehte sich herum. Eine füllige Frau in geblümtem Badeanzug, in der Hand ein Eis. Susan reagierte nicht.

»I hab siebe Kurse gmacht, bis es mit de Bewechunga highaue hat. Dabei ischs ganz aifach, wenn mrs weiß! Halte Se mal!«

Sie beugte sich zu Susan runter, drückte ihr das Eis in die Hand, stellte sich breitbeinig hin und machte Schwimmbewegungen mit den Händen.

»So geht des: Anziehe, stoße, schlage. Anziehe, stoße, schlage! Anziehe, stoße, schlage! – Sehe Se's? Ja? Und jetzt Sie! Sie müsse kai Angscht habbe.«

Mittlerweile hatte sich um sie ein Kreis von Strandgängern gebildet, die ermunternd lächelten.

»Und vor dem Wassr müsse Se au kai Angscht habbe!«, fuhr die Geblümte eifrig fort. »I hab en subber Trick: Wenn Se reingehe, müsset Se sich aifach umdreh'! Gugge Se, so!«

Rückwärts, die Hände hocherhoben, schritt sie ins Wasser. »Sehe Se's? Sehe Se's?«, rief sie und ging weiter. »I hab kai Angscht! Kai Angscht, sehe Se's?«

Dann rollte von hinten eine Welle an. Eine Welle, mit der sie offenbar nicht gerechnet hatte.

»Aber Sie kenne jo doch schwimma!«, rief sie vorwurfsvoll, als Susan sie aus dem Wasser zog. »Und wo habe Se jetzt mei Eis glasse?«

MARIO

Die Poolbar war saugeil. Ein paar der Poolspiele, die die Animateure abzogen, waren auch ganz lustig. Reiterspiele, Seilziehen, Wasserball. Jede Menge Körperkontakt. Wenn die blonde Jessica dabei gewesen wäre, hätte Mario sofort mitgemacht. Hey, da war auf einmal die dünne Brünette mit dem Schmollmund. Sie lachte viel und laut, so lachen Weibsen, die auf sich aufmerksam machen wollen. Unter ihrem Badeanzug waren ihre großen Brustwarzen deutlich zu sehen. Alles klar. Mario gab seinen kostbaren Platz auf und reihte sich in ihre Wasserballmannschaft ein.

SUSAN

Ein Stück weiter am Strand spielten drei kleine Kinder mit einem Schlauchboot. Schoben es kreischend ins Wasser, kletterten rein, fielen raus, bespritzten sich. Diesmal dachte Susan nicht das, was sie immer dachte, wenn sie Kinder sah: wie gerne sie welche gehabt hätte. Sie fixierte das Schlauchboot! Mit so einem Teil konnte sie rausrudern, so weit, dass sie es nicht mehr zurückschaffen würde, wenn sie sich ins Wasser fallen ließ.

Bei den Kindern stand ein Mann. Sie ging zu ihm und fragte, wo er das Boot herhabe.

»Aus Gelsenkirchen, wieso?«, fragte er misstrauisch.

»Kann man so etwas auch hier kaufen?«, fragte sie.

»Woher soll ich das wissen?«, sagte er. »Eigentlich müsste es im Hotelshop so was geben, oder im Ort, im Aquasupermarkt ...«

Sie marschierte zurück, vorbei am Brezenverkäufer und dem Getränkemann, die zusammensaßen und lachend mit Bier anstießen.

MORITZ

Der Makler war zu spät, vermutlich war wieder eine Frau schuld. Moritz wollte sich gerade ärgern, dass er unnötigerweise zu früh runtergegangen war und sich jetzt in der Halle herumtreiben musste statt Text zu lernen. Da hörte er Quietschen. Das entschlossene Quietschen von Badelatschen auf dem Marmorfußboden, die schnell näher kamen und jäh in seiner Nähe bremsten. Er drehte sich um.

Es war die Frau von gestern. Die, die in seinem Bett gelegen hatte.

Sie war diesmal nicht hinter ihm her. Sie stand wie angewurzelt ein paar Meter von ihm entfernt und sah zur Rezeption. In ziemlich dramatischer Pose, aber das stand ihr gut. Diese Frau wusste aufzutreten.

SUSAN

Sie blieb stehen, als sei sie vor eine Wand gelaufen. Das konnte nicht sein! Sie war in die Lobby gekommen und gerade vorbei an der Rezeption in Richtung Shop gegangen, als sie aus den Augenwinkeln etwas sah, das sie erstarren ließ.

Da, an der Rezeption.

Das rotgelbbraun karierte Poloshirt!

Roberts Poloshirt! Robert!

Sie sah ihn nur von hinten, er beugte sich nach vorn und füllte gerade etwas aus, aber sie war sich sicher. Robert trug das Horror-Shirt, sein uraltes Lieblingspolo, das sie ihm ständig aussortiert und das seine Mutter ihm immer wieder gebügelt hatte. ER war hier! Und sicher war diese falsche Schlange Julika auch dabei. Die beiden wollten ihr das glückliche schwangere Paar vorspielen. Oder war er alleine hier, um auf die Knie zu fallen, zu wimmern, er wolle zurück zu ihr?

Zu spät, Robert! Sie wunderte sich selber, wie ruhig sie blieb. Aber das Kapitel Robert war abgeschlossen. Er bedeutete ihr nichts mehr. Er war Geschichte. Aus! Vorbei! Für immer!

Plötzlich merkte sie, dass vor ihr jemand stand und mit ihr sprach. Jemand, der ihr bekannt vorkam.

Dieser Moritz Palmer.

MORITZ

Sie wirkte etwas durch den Wind, aber das waren die Frauen in seiner Gegenwart öfter. Man musste freundlich und ruhig mit ihnen reden, so als spräche man mit einem nervösen Pferd, dann gab sich das wieder. »Hallo«, sagte er lächelnd, ihm fiel auf die Schnelle nichts Geistreicheres ein, »wollen wir uns wieder vertragen?!«

SUSAN

Sie starrte ihn an, starrte dann wieder zu Robert. Der sich in diesem Moment langsam aufrichtete und zu ihr umdrehte. Und auf einmal, reflexartig, schlang sie beide Arme um Moritz Palmer und küsste ihn.

Und als sie ihn losließ und er sie nach Luft ringend mit verwunderten, langsam begreifenden Augen ansah – schlurfte hinter ihm ein fremder Mann zum Fahrstuhl. Nein! Nein!

Es war nicht Robert. Er trug nur das gleiche Polo!!!

Was dann kam, geschah ebenfalls ganz automatisch. Ihre rechte Hand zuckte nach vorne und klatschte Moritz Palmer ins Gesicht.

Er stand da wie ein Fragezeichen.

Sie drehte sich um und rannte zum Fahrstuhl.

MORITZ

Er ging in die Bar und ließ sich ein paar Eiswürfel in einer Serviette geben, um seine Wange zu kühlen.

Was zum Teufel sollte das alles? Sie musste wirklich durchgeknallt sein. Nicht ganz dicht. Trotzdem: Der Kuss war nicht schlecht gewesen.

Als er in die Halle zurückkam, stand dort Fernandez. Und lächelte übers ganze Gesicht.

»Ich weiß, ich weiß«, sagte der Makler und hob die Hände. »Sie will nicht mitkommen. Frauen! Sie sind wundervoll und die Hölle!«

»Wie bitte?«, fragte Moritz und versuchte so auszusehen, als sei der Eisbeutel ein modisches Accessoire.

»Ich meine«, sagte Fernandez, »Streit kommt in den besten Beziehungen vor. Ich kenne die Frauen. Eben noch ein feuriger Kuss, und im nächsten Moment haut sie Ihnen schon eine runter. Machen Sie sich keine Gedanken, mein Freund. Von mir erfährt niemand etwas. Sollen wir noch ein bisschen warten, ob sie es sich vielleicht doch noch anders überlegt und mitkommt?«

»Das glaube ich nicht«, sagte Moritz, »ich kenne diese Wahnsinnige gar nicht!«

Fernandez begann herzhaft zu lachen, als habe Moritz einen Scherz gemacht.

»Wie auch immer, Sie haben Geschmack«, sagte er dann. »Vielleicht hat sie ja morgen Lust? Ich komme dann wieder mit meiner Katze, die Rückbank ist bequemer.«

Tatsächlich, Fernandez fuhr heute einen Jaguar, aber sie brauchten trotzdem kaum mehr Zeit als gestern, bis sie die Küstenstraße hochgejagt waren.

OLIVER

Als sie mit den hungrigen Kindern vom Strand zurückkamen und Oliver den Tisch des Reiseleiters immer noch leer sah, ging er zur Rezeption.

»Ich möchte den Direktor sprechen!«, sagte er.

Der Rezeptionist verzog spöttisch die Lippen.

»Den Direktor«, wiederholte Oliver, er verwendete nun den Tonfall, den er in der Firma gebrauchte, wenn ein Lieferant ihm abgelaufenes Supermarktschweinefleisch als frische Bio-Schlachtung andrehen wollte.

Der Mann an der Rezeption zuckte zusammen. Hinter ihm setzte sich ein hagerer Weißhaariger mit Schnauzer und im Anzug mit langsamen Schritten in Bewegung. Weg von der Rezeption, weg von Oliver.

»Ist er das?«, fragte Oliver. »Ist das der Direktor?«

Der Rezeptionist antwortete nicht. Der andere ging schneller.

»Herr Direktor«, rief Oliver laut, »Herr Direktor!«

PETE

Sobald er wieder bei Sinnen war, hielt Pete den Kopf unter den Wasserhahn, schloss das Fenster, um den Lärm zu mildern, und suchte nach etwas, mit dem sich die Tür aufhebeln ließ. Er fand nur die Nagelschere aus seinem Necessaire. Beim dritten Versuch brach sie ab.

Pete musste an die Zeitungsberichte von Alleinstehenden denken, die man Jahre nach ihrem Tod mumifiziert in ihrer Wohnung aufgefunden hatte. Wenn der Zimmerservice weiterhin nicht kam, drohte ihm womöglich ein ähnliches Schicksal. Zumindest bis zum Ende seiner ursprünglichen Buchung würde niemand das Zimmer betreten, und das waren noch etwa anderthalb Wochen. Vielleicht auch länger: Pete fiel jetzt voller Schrecken ein, dass er das »Bitte-nicht-stören-Schild« von außen an die Klinke gehängt hatte. Um etwas Praktisches gegen seine aufsteigende Panik zu tun, packte er ein Handtuch, schwenkte es aus dem Fenster und brüllte, so laut er konnte.

MARIO

Zuerst war es super gelaufen. Er war dreimal mit der Brünetten zusammengestoßen, als er nach dem Ball sprang, und die hatte sich einmal kichernd an ihn geklammert, Hammer!

Ihre gemeinsame Mannschaft hatte zwar haushoch verloren, aber die anderen waren selber schuld, wenn sie ihm den Ball so dumm zupassten, dass er gar nicht hinkam. Die Brünette war mit ihm zur Poolbar gegangen. Und als er eben erzählen wollte, was er so beruflich mache, hatte sie ihn einfach stehen gelassen und war zu einem Typen gegangen, der zwei Hocker weiter saß. So ein fetter Grinser, der die ganze Zeit hier gesessen und sich keinen Zentimeter wegbewegt hatte. Aber Zigarillos paffte, am helllichten Tag Rotwein auf Zuzahlung soff und mit seinem Porscheschlüssel im Schwimmetui angab wie ein Oberaffe! Mario wäre am liebsten gegangen, aber er hatte sein Inclusive-Pensum für heute längst noch nicht erreicht.

SUSAN
Sie lag mal wieder auf dem Bett und wollte heulen, aber diesmal klappte es nicht.

Sie hatte einen berühmten Wichtigtuer und Schnösel, mit dem sie nicht das Geringste zu tun haben wollte, erst geküsst. GEKÜSST! Und ihm dann – wieder – eine reingehauen.

Er musste sie für irre halten. Für völlig wahnsinnig.

Er würde sie anzeigen. Oder verklagen. Oder beides. Vermutlich würde bald die Polizei an ihre Zimmertür klopfen.

Aber das konnte ihr egal sein bei dem, was sie mit ihrem Leben noch so vorhatte.

Ihr Handy piepte. Eine SMS. Sie öffnete sie, ohne nachzudenken. Erst dann sah sie, dass sie von Julika war: Sie seien beim Wandern, sie und ROBERT; und warum sie sich ewig nicht mehr gemeldet habe, ob alles in Ordnung sei? Angehängt ein Foto, sie und Robert Arm in Arm. Robert trug DAS Poloshirt, Julika schien wohl nichts dagegen zu haben.

Susan löschte die SMS und schickte eine an Christine, sie sei entschlossen, ES jetzt zu tun, und sie wolle sich bei ihr verabschieden. Denn auch wenn Christine beim letzten Telefonat so blöd gewesen war: Sie war ihre beste Freundin.

Sie ging nicht ran, als Christine anrief. Sie fuhr wieder nach unten.

Im Shop gab es jede Menge überflüssigen Luxuskram. Weiter gab es eine doofe Verkäuferin, die nicht verstehen wollte, warum Susan sich über den eklatanten Mangel an Schlauchbooten, Kajaks und Paddelbooten so aufregte. Und ihr stattdessen eine Schwimmlernente für Kleinkinder anbot.

»Ich sagte, ich brauche etwas Großes«, fauchte Susan, »etwas ganz Großes, das schwimmt!«

»Kleinen Augenblick«, sagte die Verkäuferin auf einmal und ging nach hinten. »Wusste ich's doch«, sagte sie, als sie wiederkam, »ganz unten war es.«

PETE

Pete wollte gerade aufhören, brüllend sein Handtuch zu schwenken, weil das die Leute in und am Pool genauso wenig interessierte wie früher sein Hilferufen, da sah er einen Engel.

Der Engel sah aus wie ein kleiner blonder Junge. Der nach oben sah, genau in seine Richtung. Und dann winkte. Zurückwinkte. Ihm zuwinkte!

Er hatte ihn gesehen! Pete lachte und johlte.

Der kleine Junge griff sich auch ein Handtuch, um ihm zu winken.

Pete gestikulierte aus dem Fenster, machte mit der freien Hand eine Schließbewegung.

Der Junge lachte und machte schnappende Breakdance-Bewegungen mit beiden Händen. Er verstand ihn nicht!

Pete machte wieder die Geste des Schüsselumdrehens, zeigte zur Seite, riss hilflos die Arme hoch, das musste der Kleine doch verstehen?!

Der Junge streckte ihm die Zunge heraus.
Hektisch intensivierte Pete die Schließbewegungen.
Der Junge zeigte ihm den Mittelfinger, drehte sich weg und sprang in den Pool.
Pete begann zu schluchzen.

SUSAN

Es dauerte etwas, bis sie einen Platz am Strand gefunden hatte, der groß genug war für sie beide, sie und das Krokodil. Sie öffnete die Packung und breitete das Ding aus. Es war schlammgrün und ganz schön lang. 2,50 Meter, um genau zu sein. Sonst war nichts in der Packung. Keine Pumpe, nichts!

Sie machte das Ventil auf, kniete sich hin und versuchte es mündlich. Nach sechs bis sieben Pustversuchen war ihr schwindelig.

»Oh, das ist Hingabe!«, rief jemand hinter ihr. Einer von diesen gebräunten, aufgepumpten Kerlen. Er machte noch den anzüglichen Spruch, das Krokodil müsse sich doch sehr wohlfühlen, so aufgeblasen zu werden, harharhar.

Susan hätte dem Knaben am liebsten das Gummitier über beide Ohren gehauen, aber sie tat einfach, als sei sie eine dumme Schnepfe: »Kannst du mir helfen?«, fragte sie zuckersüß lächelnd.

Das zog. Der Muskelmann strengte sich wirklich nach Leibeskräften an, aber als er japsend auf dem Boden kauerte, war gerade mal der halbe Schwanz des Krokodils voller Luft.

»Du brauchst eine Pumpe«, keuchte er, »eine Pumpe! Aber sag mal: Hast du heute noch was anderes vor?«

Susan knipste ihr Dummchenlächeln aus. »War das schon alles?«

»Wie jetzt?«, fragte er.

»Du willst ein richtiger Kerl sein?« Susan schulterte das Krokodil.

Im Shop gab es keine Luftpumpen, weder für Krokodile noch für andere Zwecke.

Sie fragte die Verkäuferin, ob es in der Nähe Geschäfte gebe, in denen man Luftpumpen verkaufe.

Die sah sie an, als habe sie nach einem Laden für Voodoo-Zauberbedarf gefragt.

Der Aquasupermarkt, sagte der Mann an der Rezeption, sei nur ein kleines Stück die Straße runter. Sie deponierte das Krokodil bei sich im Zimmer.

Unter dem »kleinem Stück« war sicherlich ein kleines Stück mit dem Auto des hirnlosen Rezeptionisten gemeint. Nicht das große Stück zu Fuß, vorbei an einem Hotel nach dem anderen, an einem Apartmenthaus nach dem anderen, bis sie endlich den Laden sah. Aber in den Schaufenstern gab es alles, von der Kite-Ausrüstung bis zur Sandschaufel. Hier würde es auch eine Pumpe geben.

Als sie die Stufen zur Glastür hochging, kam ihr von drinnen ein junger Mann mit Basecap entgegen, drehte den Schlüssel im Türschloss und wandte sich ab.

Die Tür war zu. Es war zwanzig vor drei, eine völlig irrelevante Zeit.

Das konnte nicht wahr sein!

Susan trat wütend gegen die Tür. Irgendwo begann eine Sirene zu schrillen.

JESSICA

Sie kam wieder super voran mit dem Konzept, die Journalisten gaben Ruhe, und sie überlegte gerade, ob sie eine Runde Tennis einschieben sollte, da – ping! – hatte sie eine urgent Mail. Nicht von Julian, nein, von Kolja. Wusste er jetzt, wann er auf der Insel war?

Komisch. Die Mail hatte die Betreffzeile der Mail, die sie Julian geschickt hatte.

»Lecker Essen mit Perlinger auf Kreta? Lieber Julian???«, schrieb Kolja. »Sag mal, das war doch wohl Post für deinen Chef!«

Etwas in ihrem Kopf setzte aus. O no! Hatte sie dann auch Julian die Mail für Kolja gesendet?

Sie hielt die Luft an. Rief über Browser ihre privaten Mails auf. Da war sie, die Mail an Kolja, die an Julian hatte gehen sollen.

Und gleich darunter war die Mail an Julian, die an Kolja hatte gehen sollen. Betreff: »Bin verrückt nach dir und kann es kaum erwarten!«

Als sie gestern mit Johanna telefonierte, hatte sie die zwei Mailadressen verwechselt!

Ihr wurde kurz schwarz vor Augen.

MORITZ

Ganz offenkundig hatte Fernandez sich vorgenommen, Moritz heute das Gegenprogramm zu gestern zu bieten. Der Jaguar hielt vor einer mittelalterlichen Burg mit Wassergraben.

»Das?«, fragte Moritz überrascht. »Jemand verkauft eine Burg?«

»Eines unserer Highlights. Etwas für ganz besondere Ansprüche!« Fernandez angelte einen Transponder aus dem Handschuhfach. Vor ihnen senkte sich kettenrasselnd eine Zugbrücke.

Fernandez warf Moritz einen kurzen Blick zu. »Ich sehe, Sie könnten begeisterter sein«, sagte er. »Das dachte ich mir.«

»Das dachten Sie sich?«, fragte Moritz, als sie zum Jaguar zurückgingen. »Warum haben Sie mir dann das hier gezeigt?«

»So haben wir mehr Zeit für die anderen Objekte, wenn die Señora dabei ist«, sagte Fernandez.

Moritz spielte kurz mit dem Gedanken, die von Ilka verordnete strikte Höflichkeit gegenüber diesem Mann einfach fallen zu lassen und sich dann ein Haus am Comer See zu kaufen.

Fernandez schien das zu spüren. »Nun, wie soll ich es sagen: Ich habe eine Erfahrung gemacht: Männer, die wirklich etwas kaufen wollen, bringen ihre Frau mit. Ich hatte mal Elton John als Kunden, da war es anders«, er räusperte sich, »aber genauso. Wenn jemand bereit ist, Millionen auszugeben, dann kommt er nicht allein. Ich würde nicht mal einen lausigen BMW kaufen, ohne dass er wenigstens einer meiner Frauen gefällt. Wissen Sie, was ich meine?«

Doch. Er verstand. Voll und ganz. Dieser komplett frauenfixierte Makler vermakelte nicht an Männer ohne Begleitung!

Fernandez lachte. »Ich kann Ihnen nur empfehlen: Bringen Sie Ihre Señora mit. Eine so schöne Frau zu verstecken hat sowieso keinen Sinn!« Er sah auf seine Rolex. »Entschuldigen Sie, ich habe in einer Stunde einen Termin mit Phil Collins!«

OLIVER

Dass ihm der Hoteldirektor vorhin einfach weggelaufen war, wurmte Oliver immer noch, als sie längst wieder im Zimmer waren. Er versuchte, sich auf dem Feldbett zu entspannen. Anna versuchte, ihr Buch zu lesen. Carlotta und Elias hörten eins ihrer Hörbücher, es handelte von diesem dämlichen, nervig trötenden Elefanten namens Benjamin Blümchen. Und obwohl sie hart um jeden halben Dezibel Lautstärke verhandelt hatten, war es immer noch viel zu laut, um sich entspannen zu können.

Oliver beschloss, noch einmal nach dem Direktor zu suchen.

Die Hotelbüros lagen hinter einer gläsernen Schwingtür in der Lobby, auf der in fünf Sprachen stand: »Privat – kein

Eintritt«. Als sich Oliver der Tür näherte, kam ihm eine rothaarige Frau entgegen. Verena, die Animateurin! Auch sie erkannte ihn sofort.

»Hi«, sagte sie und strahlte ihn an. »Alles cool? Hast du Spaß?«

»Alles cool«, sagte Oliver und versuchte auszusehen, als habe er mächtig Spaß in seinem verschwitzten T-Shirt. »Ich habe eine Verabredung mit dem Direktor.«

»Der ist da drin«, lächelte sie und zeigte mit dem Daumen hinter sich. »Er kommt sicher gleich!« Sie schenkte ihm einen sehr intensiven Blick.

»Okay, vielen Dank, cool!«, sagte Oliver.

»Wo ist deine Family?«, fragte sie.

»Am Meer«, sagte Oliver. »Nein, äh, im Zimmer. Also oben.«

Sie lachte. Wann hatte ihm zuletzt eine Frau so lange so in die Augen gesehen?

»In zehn Minuten steigt am Pool der Wet-T-Shirt-Wet-Slip-Contest«, sagte sie und legte ihm ihre Hand auf die Schulter. »Ich bin auch dabei. Und der erste Drink kostet nur die Hälfte. Komm doch mit.«

»Vielleicht gleich«, lächelte Oliver.

»Okay«, sagte sie. »Ich muss leider jetzt los. Enttäusch mich nicht!«

Wenn sie mit jedem Mann so sprach, war am Pool sowieso kein Platz mehr frei. Aber Oliver glaubte eben nicht, dass sie mit jedem so sprach.

Kaum war Verena weg, stieß er die Pendeltür auf. Dahinter lag ein kurzer Gang mit Büros zu beiden Seiten; die meisten Türen standen offen.

Der Weißhaarige stand hinter einer jungen Frau und diktierte ihr einen Text auf Deutsch: »… bin ich so begeistert, dass ich die in diesem Portal mögliche Höchstpunktzahl gebe. Alles war perfekt: die wunderschön-luxuriösen Zimmer, das hervorragende Essen, der einfühlsame Service, die Erste-Klasse-Animation ...«

»... erstklassige Animation«, warf Oliver ein.

»... erstklassige Animation ...« Der Direktor sah ihn irritiert an. »Was machen SIE hier?«

»Ich habe ein dringendes Problem«, sagte Oliver. »Wir haben in Ihrem Hotel die falschen Zimmer bekommen.«

»Dafür ist der Repräsentant Ihres Reiseveranstalters zuständig. Bitte wenden Sie sich an ihn. Er sitzt in der Lobby ...«

»Er sitzt NICHT in der Lobby«, sagte Oliver bestimmt. »Er sitzt niemals in der Lobby. Also werde ich mit Ihnen sprechen.«

Der Direktor bat ihn in sein Büro. Dort sagte er sehr freundlich, die Probleme mit den Zimmern täten ihm leid. Und bot an, persönlich den Reiseleiter zu kontaktieren. »Ich melde mich, sobald ich ihn erreicht habe. Bitte machen Sie sich keine Sorgen. Ach: Wie lange sind Sie da?«

»Bis Samstag«, sagte Oliver.

Auf dem Rückweg überlegte er, ob er doch noch kurz zum Pool schauen sollte. Er entschied sich dagegen: Er musste wieder zurück ins Zimmer, schon als er ging, hatte Anna die Stirn gerunzelt.

Jetzt war sie am Rande des Nervenzusammenbruchs. Schuld war Benjamin Blümchen.

»Es reicht!«, schnaufte sie. »Es reicht endgültig! Ich will dieses Zeug nie wieder hören. Und die ganze Zeit dieses falsche Törööö! Elefanten machen nicht Törööö! Ich habe noch nie einen Elefanten gehört, der Törööö gemacht hat! Und wo warst du die ganze Zeit?«

»Wie gesagt: beim Hoteldirektor«, sagte Oliver. »Wegen unserer Zimmer. Reg dich doch wegen dieser dummen CD nicht auf. Ich habe eine Idee: Wollen wir nachher noch mal an den Strand gehen und Boule spielen?«

»Boule spielen?«, rief Anna fassungslos. »Wie wäre es, wenn du dich auch mal um die Kinder kümmerst? Wie wäre es, wenn wenigstens DU mal im Urlaub deiner Verantwortung als Vater nachkommen würdest, statt ständig wohin auch immer zu verschwinden?«

»Ja, natürlich«, sagte Oliver und dachte an Verenas Augen.

JESSICA

Sie musste cool bleiben. Ganz cool. Zuerst zwang sie sich, ruhig zu atmen, bis ihr Puls zumindest wieder auf Laufniveau war. Dann sah sie in sämtlichen Maileingängen nach, ob Julian auf die Mail, die für Kolja gewesen war, schon geantwortet hatte. Noch nicht. Sie hatte auch keine Nachricht von ihm per SMS oder auf ihrer Mailbox.

Julian war im Urlaub, wobei sie ihm nicht abnahm, dass er wirklich Urlaub machte. Jedenfalls war er irgendwo auf einer Yacht unterwegs, und wo Yachten herumfuhren, waren die Funknetze dünn. Er hatte auch noch nicht auf die Präsentation geantwortet, die sie gestern früh losgeschickt hatte. Das gab es sonst bei Julian nicht. Mit viel Glück hatte er die Mail also noch gar nicht gelesen.

Sie rief den EDV-Mann von *in verba veritas* an, diesen teigigen Werner, der nie erreichbar war. Der amtierende Mr Servicewüste, der immer über seinem Rechner hing und hektisch zu klicken begann, wenn man reinkam. Mit Sicherheit hatte er mehrere Pornoabos am Laufen.

Klar. Er war nicht erreichbar.

Zehn Minuten später immer noch nicht.

Nach einer halben Stunde immer noch nicht. »Memo an Johanna: Kamera auf dem Herrenklo installieren lassen«, zischte Jessica in ihr Smartphone.

Endlich! Er rief zurück.

Sie musste ihm dreimal sagen, dass versehentlich eine

Mail von ihrem privaten Account zu früh an einen Kunden rausgegangen sei und ob man sie zurückrufen könne, bis er kapierte.

»Nö«, sagte er, »dit jeht nich', dit kannste vajess'n!«

»Und«, fragte sie, »und ... was kann man da machen?«

»Nix!« Werner lachte. »Da musste den Typi wohl enfach ma janz analog anrufen, wa! Allet senkrecht bei dia?«

»Jaja, senkrecht«, sagte sie angewidert.

Bevor sie für einen solch peinlichen, unprofessionellen Akt bei Julian zu Kreuze kroch, gab es sicher noch eine andere Möglichkeit.

Sie würde ein paar Schritte gehen, zum Meer und zurück, da war das Telefonieren leichter.

MARIO

Sein Körper hatte sich schnell auf den Urlaub eingestellt: Obwohl er am Mittagsbüfett abgeräumt hatte, was ging – Zwischenstand 367,45 – und Bier ja auch satt machte, knurrte ihm schon wieder der Magen. Zum Glück gab der Barmann an der Poolbar ein Glas Erdnüsse aus, wenn man besonders viel trank. Mit dem zweiten Erdnussglas –365,45 Euro – kamen allerdings auch die Blähungen. Und was für welche! Mario strengte sich gerade scheiße an, so vorsichtig zu furzen, dass das Wasser hinter ihm nicht sprudelte.

Da kam Jessica. Sie ging mit großen Schritten am Pool vorbei.

Mario hastete aus dem Wasser.

Jessica tat beschäftigt, sie hielt ihr Handy in der Hand. Wahrscheinlich hatte sie die Karte gelesen, und es war ihr peinlich, dass sie insgeheim dasselbe wollte wie Mario.

»Hey, Jessica!«, sagte Mario. »War schön gestern Abend! Wie geht's dir? Du tanzt super!«

»Ja, danke«, lächelte sie. »Bis später.«

Mario war nicht ganz sicher: War das schon das Antwortlächeln gewesen, das »JA!, heute Abend kannst du mich aufbocken« – oder nur ein höflicher Reflex?

Sie wollte um ihn rumgehen.

»Hey«, sagte er. »Wie wär's, wenn ich dich zu einem Drink einlade? Cool, was?«

Er hatte sich das vorher in Ruhe durchgerechnet: Wenn er ihr einen der Drinks stiftete, die Weiber gerne tranken, schlug das zwar mit vielleicht sieben oder acht Euro zu Buche. Aber andererseits sparte er sich den ganzen üblichen teuren Anbahnungsschnickschnack: Telefonate, Kino, Blumen, Taxi, schlimmstenfalls eine Essenseinladung.

»Danke, nein, ich kann nicht«, sagte sie.

»Hey, kein Thema: Das kann auch ein alkoholfreier Drink sein!« Sie sollte ruhig wissen, dass er respektierte, was sie trank. Außerdem: Ohne Alk war es billiger.

»Danke nein«, sagte sie, »ich muss weiter!«

»Du musst zum Tennis?«, rief er hinter ihr her. »Wie wär's, wenn ich dich bewundere und dich einfach einlade, wenn du fertig bist? Jessica?«

Sie drehte sich nicht mehr um, sie hatte schon wieder ihr Handy am Ohr. Oh, er kannte diese Art Frauen: Gaben sich beschäftigt, in Wirklichkeit waren sie einfach nur völlig untervögelt.

JESSICA

Sie wählte die Nummer von Sara, Julians Assistentin.

»Hi«, sagte sie, »ich habe eine ganz große Bitte.«

»Was kann ich für dich tun?« Früher hatte sie diesen Spruch hochprofessionell gefunden, jetzt kam er ihr furchtbar aufgesetzt vor.

»Hör mal, es kann sein, dass ein Kunde aus Versehen eine Mail an Julians Mailadresse statt an meine geschickt hat ...«

»Aus Versehen?«

»Ja, richtig«, sagte Jessica, »und einerseits ist es dringend, andererseits möchte ich Julian keine unnötige Arbeit machen. Wenn du mir kurz das Passwort gibst, kann ich schnell nachsehen, ob die Mail da ist und kann ...«

»Sein Passwort? Julians Passwort? Nein, das geht nicht. Aber ich kann schnell reingucken. Wie heißt der Kunde? Welchen Betreff hat die Mail?«

»Hör mal«, sagte Jessica schnell, »das ist furchtbar nett von dir, aber das geht auch nicht. Es ist eine Top-Secret-Sache, nur Julian und Connie wissen davon, und ich natürlich. Strengster Geheimhaltungskreis. Schwarze Akte ohne Durchschlag, ich habe alle Originalunterlagen bei mir. Wenn irgendwas rauskommt, rollen auf höchster Ebene die Köpfe. Sorry, aber du darfst nicht, keiner darf.«

»Doch. Ich darf. Also: Wie heißt der geheimnisvolle Absender?«

»Nein«, schrie Jessica, »nein, das darfst du NICHT!«

Sie kappte die Verbindung.

Konnte es sein, dass sie ihre Kollegin gerade wirklich angeschrien hatte? Wie daneben. »Emotions out!«, predigte Julian immer fürs Business.

Jessica musste ihn selber sprechen. Sie musste ihn schnell anrufen. Noch bevor ihm Sara erzählte, dass sie an seinen Postkasten wollte.

MORITZ

Kaum war er im Hotel, rief Ilka zurück.

Sie hatte zwei Anfragen von Regisseuren und eine Anfrage von Haribo.

»Hast du dich um den Ausweis gekümmert?«, fragte Moritz.

»Ja, nein, das ist schwer. Ich weiß auch nicht, warum die

auf einmal so etwas sehen wollen. Wir können doch keinen Passfälscher beauftragen!«

»Kennst du einen?«, fragte Moritz. Ilka kannte fast jeden.

»Ich denke nach«, sagte sie, und er hörte ihre Computertastatur klackern. »Mir fällt schon etwas ein. Zuerst rede ich mit dem Hotel. Sonst noch einen unmöglichen Wunsch?«

»Ich brauche schnell eine Frau«, sagte Moritz.

»Eine Frau?«, fragte Ilka mit erhobener Stimme.

»Der Makler«, sagte Moritz. »Er will mir kein Haus verkaufen, es sei denn, ich habe eine Frau dabei.«

»Ach so?« Ilka klang süffisant. »Ich hoffe, er will nicht tauschen. Haus gegen Frau?«

»Nein, das war die Kurzfassung«, sagte Moritz ungeduldig.

Ilka überlegte. »Ich kann dir eine Anwältin schicken, die kann gleich den Preis verhandeln. Oder eine Immobiliengutachterin.«

»Sieht eine von beiden gut aus?«, fragte Moritz. »Dunkle Locken? Tolle Augen? Große Brüste?«

»Ach sooo!«, sagte Ilka. »Wahrscheinlich soll sie auch noch unbefleckt sein? Nein, sorry, das ist doch zu schwer. Aber reicht es, wenn sie Deutsch mit Akzent spricht und beim Kaugummikauen den Mund offen lässt? Das erhöht deine Chancen, wenn ich die Escortservices durchtelefoniere.«

»Hör auf damit«, sagte Moritz, »dieser Fernandez nimmt mich einfach nicht für voll, wenn ich ohne Begleiterin komme. Und im Grunde gibt es schon eine Frau, die er dabeihaben will.«

»ER?«

»Ja, er denkt nämlich, das sei meine Frau«, sagte Moritz. »Sie wohnt hier im Hotel.«

Ilka schwieg kurz. »Na, ist doch toll! Glückwunsch! Hat euch schon jemand zusammen fotografiert, der nicht an Stefan Schmidt glaubt?«

»Natürlich nicht«, sagte Moritz. »Ich kenne sie gar nicht.«
»Verstehe. Wieder so eine Stalkerin. Ich schicke jemanden von der Detektei.«
»Nein, nicht nötig.«
»Was tut sie? Verfolgt sie dich?«
»Ja. Nein. Eigentlich nicht.«
»Sie ist aber nicht handgreiflich geworden?«
»Wahrscheinlich nur aus Versehen.«
»Sie hat dich angegriffen?« Ilkas Stimme war plötzlich wie Stahl.
»Halb so wild! Sie hat mich auch geküsst ...«
»Oh«, sagte Ilka leicht aus der Fassung. »Egal: Du musst zum Arzt. Du hast vertragliche Verpflichtungen. In sechs Wochen ...«
»Ich BIN drehfähig«, sagte Moritz. »Man sieht nichts. Gar nichts. Alles in Ordnung.«
»Ich schicke dir jemanden, der sich das anguckt und auf dich aufpasst!« Ilkas Tastatur klackerte wieder. »Was für eine blöde, kindische Idee von dir, alleine loszufahren!«
»NEIN«, rief Moritz, »keinesfalls! Sie ist nicht gefährlich. Im Gegenteil. Ich will keinen hier haben. Wie sähe das aus? Ich bin Stefan Schmidt! Aus Darmstadt!«
Ilka seufzte. »Hat sie Fotos gemacht? Gefilmt?«
»Nein«, sagte Moritz, »und nein: Im Schrank war niemand. Und nein: Es gibt keine verdächtigen Glasscheiben, keine Löcher, hinter denen man eine Kamera verstecken kann: nichts! Gut?«
Am anderen Ende dachte Ilka nach und pfiff dabei leise vor sich hin.
»Okay«, sagte sie. »Versprich mir, dass du dich von dieser Person fernhältst. Und sofort Bescheid sagst, wenn sie ...«
»Jaha!«
»Und dann brauchst du eine vorzeigbare Frau, mit der du Häuser besichtigen kannst. Das kann nicht irgendjemand

sein, wir müssen auch überlegen, wie das in der Presse aussieht, falls es doch jemand merkt ... Ich hab's: Ich rufe Jasmin an. Ja, Jasmin ist gut. Wenn sie nicht gerade im Studio irgendwas aufnimmt. Und sie ist dunkelhaarig, dann ist dein Makler zufrieden.«

»DEIN Makler«, sagte Moritz. »Du hast ihn mir empfohlen.«

JESSICA

Mit klopfendem Puls ging sie in ihrem Zimmer auf und ab, das Handy am Ohr. Seit Stunden versuchte sie, Julian zu erreichen, aber auf allen drei Handynummern ging immer nur die Mailbox an.

Es war schon fast Abendessenszeit, aber sie hatte absolut keinen Appetit. Nach einer Sondereinheit Sport würde sie sich besser fühlen. Sie ging nach draußen zum Tennisplatz.

Der Tennislehrer spielte mit einer hageren, bei jedem Fehlschlag aufkreischenden Frau. Als er sie sah, straffte sich sein Körper, und er kam sofort an den Zaun.

Jessica fragte, ob sie ihn danach noch für eine Stunde buchen könne.

Er sagte, er müsse erst klären, ob der Platz später frei sei.

Jessica bat ihn, sie anzurufen. Schnell kritzelte sie ihre Nummer auf eine ihrer »Buddha in the Pocket«-Karten, die ihr die Kollegen zum Geburtstag geschenkt hatten und die seitdem in jeder ihrer Gesäßtaschen auftauchten. Der Tennislehrer hob männlich-salopp Mittel- und Zeigefinger zum Gruß an die Schläfe. Blickte danach auf die Karte, die lässig zwischen seinen Fingern steckte. Und sah sie mit aufgerissenem Mund an.

»Nein«, rief er, »nein, Entschuldigung, das geht nicht.«

»Nein?«, fragte sie und blieb stehen.

»Wenn ich, also wenn ich beim Tennis gegen jemanden verliere, dann kann ich nicht, dann geht das nicht …«

»Was?«, unterbrach sie.

»Ich kann dir nicht so zur Verfügung stehen, wie … wie … wie du möchtest«, stotterte er puterrot.

»Nicht so zur Verfügung stehen?«

»Nein … leider … ich kann nicht mit dir schlafen, obwohl du … Sie … eine tolle Frau sind«, japste der Tennislehrer.

Der hatte wohl ein Rad ab!

Jessica ging noch mal laufen.

OLIVER

Das Abendessen mit den Schwiegereltern war wieder eine einzige Nervenprobe gewesen. Sie tauchten eine halbe Stunde NACH ihnen auf und begannen sofort zu streiten. Schließlich verzog sich die Schwiegermutter an einen anderen Tisch, und der Schwiegervater spielte ihnen auf dem Monitor seiner Kamera stolz eine Vielzahl unerträglich langsamer, wackliger Schwenks über Hauswände und Poollieger vor.

Zurück im Zimmer war Annas Laune noch mieser als sonst. Das liege an ihren Bauchschmerzen, sagte sie.

Auch Oliver war etwas auf den Magen geschlagen. Zumal die Kinder den allabendlichen Ich-will-nicht-ins-Bett-Kampf um eine neue Variante bereicherten: den Dauertoilettengang: Kaum war Elias fertig – Durchfall –, musste Carlotta noch mal – Durchfall –, während Elias schon wieder dringend musste: Durchfall. Dann kletterte Elias in die Dusche zu den Ameisen und brach. Mittlerweile hatte auch Anna drei-, viermal die Toilette aufgesucht. Und dann fiel Oliver die Paella vom Büfett ein. Nur ganz kurz, dann wurde auch ihm übel – das sicherste Zeichen dafür, dass es an der Paella lag.

Während er noch im Bad herumwürgte, hämmerte es entschieden gegen ihre Zimmertür.

»Die Nachbarn«, sagte Anna, »die Nachbarn. Ich mache nicht auf.«

»Ich mache auf!«, krähte Elias.

»Nein, Elias, nein!« Anna versuchte, ihren Sohn zu packen. Sie kam zu spät.

»Na endlich«, rief Annas Mutter. »Ich muss euch sagen: Dieser Mann ist ein Teufel. Bringt mich in unmögliche Situationen. Versteckt das Toilettenpapier! Filmt dann, wie ich danach suche. Und lacht sich schief. Und spricht unverschämte Kommentare. Denkt er, er ist Michael Moore? Ich muss heute Nacht bei euch schlafen!«

»Au ja, Omi!«, sagte Carlotta.

»Wir haben leider keinen Platz!« Oliver trat aus dem Bad.

»Aber ihr werdet doch noch irgendwo ein Bett für mich haben!« Die Schwiegermutter riss die Augen in theatralischem Entsetzen auf.

»Vielleicht kannst du dich zu den Kindern legen«, schlug Anna vor.

Wie zu erwarten gab es empörtes Gekreische.

»Also nein, das möchte ich auch nicht«, sagte die Schwiegermutter etepetete. »Ein eigenes Bett wäre schon gut.«

»Das wird schwierig«, sagte Oliver, »wir haben keins übrig.«

»Oliver, bitte rede nicht immer dazwischen. Ich habe einen furchtbaren Abend hinter mir …« Die Schwiegermutter hielt inne und schnupperte in seine Richtung. »Was riecht denn hier so?«

»Erbrochenes«, sagte Oliver hoffnungsvoll. »Wir müssen ständig kotzen! Wir sind sehr krank. Es wird keine ruhige Nacht werden, im Gegenteil.«

»Ach komm«, Anna spielte die Sache herunter, klar, es ging ja auch um IHRE Mutter, »es ist doch schon wieder vorbei! Eine kleine Magenverstimmung, nichts Ernstes!«

»Da bin ich beruhigt«, sagte die Schwiegermutter. »Oliver, du solltest dir gründlicher die Zähne putzen. Oder ein Mundwasser nehmen, das sage ich Ernst auch immer.«

Ohne Vorwarnung erhob sich im Nebenzimmer lautes Gebrüll. Dann wurde die Tür zugeschlagen, und jemand trat von außen mehrfach dagegen.

»Pfui, was habt ihr euch für Nachbarn ausgesucht«, sagte die Schwiegermutter, als sie sich von dem Schreck erholt hatte.

»Nachbarn?«, wiederholte Oliver. »Das sind unberechenbare Tiere. Es wäre besser, wenn du doch bei Ernst schläfst. Nur zu deiner eigenen Sicherheit! Wir können für nichts garantieren. Außerdem haben wir fleischfressende Ameisen im Bad ...«

»Oliver«, sagte Anna, »du kannst doch meine Mutter nicht einfach wieder wegschicken!«

Die Schwiegermutter stieß einen kleinen Schrei aus. »Ich hab's! Oliver kann doch bei Ernst schlafen. Der stinkt selber so, dass ihn dein Mundgeruch sicher nicht stört, Oliver!«

Der Schwiegervater schnarchte tatsächlich. Und wenn er nicht schnarchte, verließ die Luft seinen Körper auf anderem Wege. Und wenn auch das gerade nicht der Fall war, murmelte er etwas von Robby. Oliver fand erst Schlaf, nachdem er beschlossen hatte, sich gleich morgen um die vorzeitige Rückreise zu kümmern.

SUSAN

Sie hatte keine Lust auf Singletisch. Zu sehen, wie die selbstbewusste Jessica von Männern umschwärmte wurde. Und dieser Scheißkerl von Schweinebacke sich an alles heranschmiss, was Brüste hatte. Dies war wohl nun endgültig ihr letzter Abend, denn morgen würde sie irgendwo eine Pumpe für das Kroko herbekommen. Und diesen letzten Abend würde sie in angenehmer Gesellschaft verbringen. Alleine.

Sie bestellte sich aus dem Gourmetrestaurant etwas aufs Zimmer, dazu zwei Flaschen Rotwein. Bis das Essen kam, zappte sie durchs Fernsehprogramm. Es lief ein Film mit Moritz Palmer. Schon seltsam, dachte Susan, dass sie, kurz bevor alles zu Ende war, einen Star geküsst und verwirrt hatte. Wie absurd. Wie aussichtslos. Aber das passte zu ihr. Zu ihrem ganzen Leben.

Christine rief ein paarmal an, sie ging nicht ran.

Später rief sie ein paarmal bei Christine an, legte aber immer wieder gleich auf.

Es hatte sowieso keinen Sinn.

MARIO

Er war dreimal zum Abendessen gegangen, und beim letzten Mal hatte der Typ an der Tür gesagt, er käme ihm bekannt vor, und hatte nach seiner Zimmernummer gefragt. Mario hatte geblafft, er sei nur auf dem Klo gewesen, das im Restaurant sei unbenutzbar, weil voller spielender und kotzender Kinder, Scheiße so was!

Dass er ausgerechnet da einen fahren ließ, war ganz schön hilfreich: Der Typ entschuldigte sich fast und ließ ihn durch.

Leider war Jessica nicht beim Essen. Zum Glück diese Susan auch nicht.

Dafür saß in der Bar die Kurzhaarblonde, die ihm schon beim Aquafitness aufgefallen war.

»Hallo«, sagte er und schwang sich locker und lächelnd auf einen Hocker.

»Na?«, sagte sie. »Bist du der Ritter, der mir einen ausgibt?«

Er bestellte White Russian, das war gerade im Angebot, nur drei Euro.

Sie kamen sofort zum Wesentlichen: Sie fand Big Brother total unterschätzt und hatte großen Respekt vor Facility-Management. Sie mochte seine Selbstgedrehten. Und sie hatte echt Durst.

Mario bestellte ihr noch einen Gin Tonic. Einen Wodka Martini. Und zwei von diesen grünen Kräuterlikören. Dann hatte sie Hunger auf ein großes Steak.

Okay, ein kleines Schnitzel tat es auch.

Irgendwann kletterte sie vom Hocker und legte ihm die Hand auf den Oberschenkel.

»Ich komme gleich wieder«, hauchte sie. Mario lächelte ihr breit hinterher und überlegte schnell, ob in seinem Zimmer alles einigermaßen ordentlich war, ob auch keine schmutzige Unterhose herumlag. Nein, die hatte er zum Glück noch an.

Sie brauchte lange, bis sie zurückkam. Echt lange. Sie räumte wohl erst noch IHR Zimmer auf.

Und duschte dann.

Und schminkte sich neu.

Und frisierte und parfümierte sich.

PETE

Sobald er nebenan wieder Geräusche hörte, begann er zu klopfen und zu rufen. Er sang »O Tannenbaum«, das einzige deutsche Lied, das ihm einfiel, und schloss ein achtfaches »Hülfe!« an.

Nichts. Das Gehör dieser Leute musste kaputt sein von dem Krach am Pool. Pete konnte sich keine Zurückhaltung mehr leisten. Er ging aufs Ganze. Mit beiden Händen drosch er den Türhohlgriff gegen die Badfliesen. Hinter der Wand dröhnte der Fernseher los.

Pete schlug weiter, diesmal auf die Heizung, er machte einen Höllenlärm, so lange, bis er nicht mehr konnte. Dann riss er das Fenster auf und schrie.

MORITZ
Es war ein schöner Abend. Über der Terrasse funkelte der Sternenhimmel. In der Ferne zogen die Lichter von Schiffen vorbei, rechts und links flimmerten die Lampen der nächsten Küstenorte in der Nachtluft. Das Meer rauschte, die Zikaden zirpten. Nur irgendwo im Hotel verstieg sich ein Besoffener zu einer ziemlich eigenwilligen Interpretation von »Help!« von den Beatles.

Jasmin hatte sich noch nicht gemeldet. Moritz griff nach seinem Handy. Nur die Mailbox. Er bat um ein sofortiges Lebenszeichen und ein tendenzielles Ja oder Nein.

MARIO
Er stürzte sich auf die Kurzhaarblonde wie ein Tier. Riss ihr mit einer einzigen Bewegung die weiße Bluse samt BH vom Körper und warf sie aufs Bett.

Sie war aber auch nicht schlecht. Leckte sich über die Lippen, packte sein Gerät.

Und sagte: »Hallo! Wir schließen!«

Mario fuhr hoch. Der Barmann. Sie war immer noch nicht da. Dafür standen auf der Rechnung, die Mario unterschreiben musste, noch Kaffee und Kuchen, ein großes Steak und zwei Glas Sauvignon blanc.

Sein Kontostand lag jetzt wieder bei 375,05 Euro.

Er ging in sein Zimmer. Irgendwo klopfte so ein Arsch jetzt noch an der Heizung herum. Scheiß-Handwerker, nicht mal im Urlaub hatte man seine Ruhe! Seine Blähungen waren stärker geworden. Um sich abzulenken, zappte er durchs Fernsehprogramm und entdeckte, dass es einen Pornokanal gab. Machte 12 Euronen pro Tag, wenn man einmal länger als zehn Sekunden reinguckte. Hatten die nicht mehr alle? Die pure Abzocke! Aber Mario trickste sie aus: Er guckte immer nur acht Sekunden und schaltete dann schnell zurück.

Dienstag

PETE
Während er noch versuchte, seine eingeschlafenen Beine von der Toilette zu lösen, hörte er durch das gekippte Fenster Geräusche: das Schaben von Plastik auf Fliesen.

Pete hechtete zum Fenster. Ein Mann mit Basecap und weißem T-Shirt, auf einem Arm Handtücher, rückte unter ihm die Sonnenliegen zurecht. Ein Hotelangestellter!

Pete schrie.

Der Mann wackelte mit dem Kopf.

Er hatte offenbar Stöpsel im Ohr und hörte Musik.

Es musste anders gehen. Pete hatte schon länger darüber nachgedacht, wie. Mit einem gellenden Schrei rammte er seine abgebrochene Nagelschere in seinen linken kleinen Finger. Das Blut reichte genau, um ein großes »Help!« auf eines der zwei weißen Handtücher zu schreiben. Und gerade als der Mann unter ihm wippend wieder gehen wollte, schleuderte Pete das Handtuch. Ihm genau vor die Füße.

Er sah zu ihm hoch.

Pete winkte.

Der Mann winkte zurück. Sein Martyrium, es war zu Ende!

Der Mann hob das Handtuch auf und hielt es hoch.

Pete gestikulierte, er solle es sich ansehen.

Der Poolmann dachte nicht dran. Er machte eine Bewegung mit Daumen und Zeigefinger. Er wollte – Geld?! War dieser Typ völlig irre?!

Pete war nackt und hatte kein Geld. Fassungslos schüttelte er den Kopf.

Der Poolmann hob bedauernd die Arme, warf sein Handtuch auf den Boden und wollte gehen.

Im letzten Moment fiel Pete sein trojanischer Silberring ein, den er als Glücksbringer immer am Finger trug. Er zog ihn ab, es ging schon erstaunlich leicht, und warf ihn hinunter.

Der Poolmann stoppte den kollernden Ring geschickt mit dem Fuß, hob ihn auf. Sah zu Pete hoch. Strahlte über das ganze Gesicht.

Dann ging er zu einer Liege direkt am Pool, nahm das Handtuch weg, das dort schon lag. Und platzierte Petes Handtuch, das »Help« nach unten, mit großer Geste exakt in ihrer Mitte.

JESSICA

Sie wachte ganz ohne Wecker auf, keine Hexerei, sie hatte in der Nacht sowieso kaum geschlafen. Bevor sie richtig wach war, wählte sie alle drei Nummern von Julian. Mailbox, Mailbox. Mailbox.

OLIVER

Am frühen Morgen fuhr der Schwiegervater hoch, packte Oliver mit beiden Händen am Hals und schrie: »Keine Bewegung! Was tun Sie hier? Was machen Sie in meinem Haus!!! Ach – Oliver, du bist es!«

Oliver beschloss, lieber zum Pool zu gehen. Kaum näherte er sich dem Beckenrand, trat aus den Büschen hinter dem Pool ein Mann und fixierte ihn feindselig, die Oberlippe hochgezogen, die Hände in speckrollenlose Hüften gestützt. Schräg hinter sich sah Oliver eine geduckte Gestalt heranhuschen, eine Gestalt, die ein zusammengerolltes Handtuch schwang wie das indisches Würgetuch aus diesem Edgar-Wallace-Film.

Oliver machte eine beschwichtigende Geste. »Ich möchte nur schwimmen!«

Höhnisches Gelächter brach sich an den Hauswänden. Oliver zog sich zurück.

JESSICA

Beim Frühstück hätte sie sich fast am Hüttenkäse verschluckt, als ihr Handy klingelte. Julian!

Nein, nur einer dieser Journalisten, die sonst nie Fragen hatten. Er hatte jetzt aber eine: Warum der Chef des deutschen Spielzeugherstellers, anders als von ihr behauptet, keine Interviews gebe und nicht mal zurückrufe? Shit!

Auch sie erwischte den Nicht-mehr-Eigentümer nicht. Er sei weggefahren, sagte eine Frau mit verheulter Stimme in seinem Büro. Auch auf dem Handy ging er nicht dran. Shit!

Dafür meldete sich aus der Firma Johanna. In einer englischen Zeitung stand ein Bericht über einen chinesischen Spielzeug-Billigzulieferer, bei dem unzumutbare Arbeitsbedingungen herrschten: Die Leute wurden schlecht bezahlt, arbeiteten dicht gedrängt in Giftdämpfen, durften nicht auf die Toilette. Wer nicht krank wurde, stürzte sich vor Verzweiflung aus dem Fenster. Und: Dieser Zulieferer arbeitete für die Belgier. Stellte alles her, vom Fußball bis zur Totenkopfwasserpistole. Shit! Fucking Shit!

Sie rief die Belgier an. Die mussten sich von dieser Ausbeuterfirma trennen, sofort. Das konnte die ganze Übernahme gefährden. »No comment«, sagten die Belgier.

»Was soll das heißen?«, rief sie aufgebracht. »Ich bin es! Ich mache eure Kommunikation!«

Die Belgier legten auf.

»Hi, alles cool? Erholst du dich? Das tut gut, bei uns mal so richtig zu entspannen, oder?« Jemand setzte sich neben sie. Der Aquafitnessanimateur.

Jessica wusste wirklich nicht, was sie zu diesen grottigen Textbausteinen sagen sollte.

»Cool«, lächelte der Animateur, »ich habe was für dich!«

Er drückte ihr einen Flyer in die Hand und erzählte von einem Ausflug zu einem Eremiten, der die beste Verjüngungsbehandlung aller Zeiten praktiziere. »Nach nur einer einzigen Behandlung bist du noch fitter, noch leistungsfähiger, noch entspannter. Und das für nur 49 Euro 99. Die Gelegenheit hast du nur einmal im Leben! Heute Nachmittag!«

Jessica wollte fauchen, das habe sie nun wirklich nicht nötig, aber der Animateur laberte schon die Nächste an.

MORITZ

Das Telefon läutete, und dann sagte jemand, er freue sich, Herrn Schmidt zu wecken.

Moritz hatte keinen Weckruf bestellt.

»Oh, entschuldigen Sie«, sagte der Mann am anderen Ende, »das muss ein Versehen sein. Aber ich habe auch eine Nachricht für Sie: Würden Sie bitte bis spätestens heute Mittag 12 Uhr Ihren Ausweis an der Rezeption abgeben? Sonst müssen wir leider ...«

»Was?«, raunzte Moritz. »Was müssen Sie?«

»Wir können den Ausweis auch bei Ihnen abholen lassen«, haspelte der Mann, »in fünf Minuten kann jemand bei Ihnen sein.«

»Danke, nicht nötig«, Moritz knallte auf.

Jasmin hatte sich noch nicht gemeldet. Entweder sie machte in New York Party, oder sie nahm wirklich gerade wieder etwas auf. Dann würde man tage- oder wochenlang nichts von ihr hören. Und das war für die Sache mit dem Makler gar nicht gut.

SUSAN

Nach dem Aufwachen starrte sie das zusammengefaltete Krokodil an. So lange, bis sie merkte, dass sie unpassenderweise Hunger hatte. »Nach dem Frühstück«, sagte sie schließlich zum Krokodil, »werden wir zwei eine Reise machen.«

Ziemlich abwesend stieg sie in den Fahrstuhl und merkte zu spät, dass sie nach oben fuhr, weil sie vergessen hatte, auf »Erdgeschoss« zu drücken.

Sie fuhr fast ganz nach oben. In den sechsten Stock. Und als sich dort die Tür öffnete, stieg – ausgerechnet – Moritz Palmer ein.

Er sah sie an und erstarrte.

Sie sah ihn an und erstarrte.

Er hob den Zeigefinger. »Nicht schlagen! Hier gibt es kein Eis zum Kühlen.«

Trotz ihrer miesen Stimmung musste sie lächeln. »Entschuldigung, es war keine Absicht. Es war nur, weil Sie ... weil Sie – plötzlich da waren!«

»Sonst hätten Sie jemand anderen geschlagen?«

Sie nickte.

»Und auch jemand anderen geküsst? Machen Sie das öfter?«

»Ach, lassen Sie mich in Ruhe!«, sagte sie. »Warum verfolgen Sie mich? Nur weil Sie prominent sind und denken, Sie können sich alles erlauben?«

»Ich verfolge Sie? SIE verfolgen mich! Außerdem: Ich bin es gar nicht! Sie irren sich! Mein Name ist Stefan Schmidt aus Pforz..., äh: Darmstadt ...«

Ohne es zu wollen, musste sie lachen.

Es war zu sehen, dass er sich ziemlich anstrengte, kein bisschen mitzulachen.

»Gestatten«, sagte sie dann, »mein Name ist Joe Cocker, aber zum Frühstück nehme ich immer die Gestalt von Marika Rökk an.«

»Das dachte ich mir.« Er bemühte sich weiter, todernst zu bleiben.

Der Fahrstuhl stoppte im Erdgeschoss.

Sie beide stiegen aus.

Auf einmal blieb er stehen. »Haben Sie schon gefrühstückt? Wenn nein: Darf ich Sie zum Frühstück nach oben ins Gourmetrestaurant einladen? Ich würde Sie dabei gerne etwas fragen. Natürlich nur, wenn Sie gerade nichts anderes vorhaben.«

Sie konnte ja wohl schlecht sagen: »Nein, ich habe etwas vor, ich möchte mich gleich umbringen.« Und weil ihr keine andere Ausrede einfiel, stieg sie wieder mit ihm in den Fahrstuhl.

MORITZ

Ilka hätte ihm Vorwürfe gemacht, sie mochte es nicht, wenn er ihre Pläne durcheinanderbrachte. Aber von Jasmin hatte er immer noch nichts gehört. Und wenn sie gerade nicht um sich schlug, schien diese hysterische Frau doch ganz nett zu sein. Sie schien sogar Humor zu haben, trotz des melancholischen Zugs um ihre vermutlich vom Partymachen verquollenen Augen. Und das Wichtigste: Sie gefiel dem frauenfixierten Makler. Der noch nicht einmal wusste, wie leidenschaftlich sie küssen konnte.

Im Moment saß sie ihm gegenüber und vergaß ganz, ihr Rührei mit Meeresfrüchten zu essen. »Wie bitte? Sie möchten, dass ich mit Ihnen und einem Makler ein Haus für Sie aussuche? ICH? Machen Sie Witze?«

»Nein«, sagte Moritz, »ich mache keine Witze.«

Sie runzelte die Stirn.

»Nein wirklich«, lächelte Moritz, »und ich würde Ihnen Ihre Mühe honorieren. Dafür, dass Sie einen halben Urlaubstag …«

Sie stand auf. »Wofür halten Sie mich!« Sie war drauf und dran zu gehen.

»Bitte bleiben Sie«, sagte Moritz schnell. »Ich brauche Ihre Hilfe! Ich kann das nicht alleine. Ich brauche jemanden, der Geschmack hat und weibliche Intuition.«

»Das soll ich sein?! Warum nehmen Sie nicht jemand anderen mit?«

»Wen denn«, er machte eine umfassende Bewegung. »Vielleicht die dünne Dame da hinten, die gerade zum dritten Mal ihr Ei zurückgehen lässt? Oder die Tonne daneben, die uns so vorwurfsvoll ansieht, als hätten wir ihren Mann zum Frühstück gefressen? Außerdem: Der Makler ist begeistert von Ihnen.«

»Der Makler? Woher kennt MICH der Makler?« Sie sah ihn an, als sei er nicht ganz dicht. Nicht sehr schmeichelhaft. Aber immer noch besser als dieses ehrfürchtige Starren, in das die meisten Frauen verfielen.

»Von gestern, aus der Lobby«, sagte er.

Sie verfärbte sich etwas. Das sah sehr nett aus.

»Sehen Sie es einfach als kleines Schmerzensgeld für mich«, sagte er schnell. »Bitte. Und wenn Sie es furchtbar finden: Ich verspreche Ihnen, ich fahre Sie sofort wieder zurück!«

Sie bedankte sich für das Frühstück und stand auf.

Er sah auf die Uhr.

»Der Makler holt mich – uns – in einer Stunde ab«, sagte er. »An der Rezeption. Wenn Sie mögen ...«

MARIO

Zuerst hatte Mario heute wieder früh aufstehen wollen. Also noch früher. So gegen fünf.

Aber, hey!, er war doch nicht blöd!

In der Frühstückspause schlenderte er lässig zum Pool.

Alles wieder besetzt, auf jeder Schattenliege ein Handtuch.

So what! Kein Thema.

Mario suchte sich die beste Liege, warf das darauf liegende Handtuch verächtlich auf eine andere Liege, entrollte sein eigenes und streckte sich im Schatten aus.

Es dauerte höchstens eine halbe Minute, bis neben ihm so ein atemloses Würstchen stand und verlangte, dass er gehe.

»Hä?«, Mario ließ seine Stimme dumpf und brutal klingen. »Was liegt an?«

Das Würstchen wiederholte.

»Ich weiß nicht, was du willst«, Mario fletschte die Zähne. »Hier lag kein Handtuch.«

Doch, rief das Würstchen, und er habe dafür zwölf Euro bezahlt.

Zwischenstand 363,05 Euronen rechnete Mario automatisch – hey, war er schon völlig gaga?: Das Würstchen hatte geblecht, nicht er!

»Und wo«, donnerte Mario, »und wo liegt dein Handtuch jetzt?«

Das Würstchen deutete auf die Nachbarliege.

»Na also! Dann hast du dich wohl geirrt!« Mario schloss die Augen. Das Würstchen wimmerte noch etwas und haute dann ab.

Mario schlummerte ein Stündchen und ging weiterfrühstücken.

SUSAN

Sie knallte ihre Zimmertür zu, lehnte sich von innen dagegen, bis ihr nicht mehr schwindelig war, und rief Christine an. Die war kurz angebunden. Sie fotografierte in ihrem Studio gerade fußballspielende Ziegen für eine Frauenfußballwerbung. »Warum hast du gestern so dummes Zeug erzählt?

Und warum hast du heute Nacht x-mal bei mir angerufen und warst dann nicht mehr zu erreichen?«

»Ich weiß nicht«, sagte Susan. »Ich brauche deinen Rat. Es gibt hier einen Mann ...«

»Na endlich!«

»... er hat mich gebeten, mit ihm und einem Makler loszufahren und ein paar Häuser anzugucken. Er will sich eins kaufen.«

»Aha«, Christine war verblüfft. »Du hast in deinem Pauschalhotel einen Mann kennengelernt, der einfach mal so ein paar Häuser kauft?«

»Eins, nicht ein paar«, stellte Susan richtig. »Er hat wohl niemanden dabei, der ihm helfen kann.«

»Verstehe. Klar, das kenne ich gut. Die Lust, ein Haus zu kaufen, kommt manchmal ganz plötzlich, beim Frühstück oder nach dem Mittagsschlaf, und wenn man da zufälligerweise niemanden dabeihat ... Gut, dass du, die Mutter Teresa unserer Stadt, gerade dort Urlaub machst. Du kennst den Mann sonst nicht?«

»Nein, fast nicht«, wand sich Susan. »Oder doch, ich kenne ihn. Aber nicht persönlich ...«

»Ich muss jetzt wieder zu den Ziegen, bevor die Hunger kriegen und anfangen, unkonzentriert zu spielen. Aber für mich hört sich das schräg an. Ich würde mir das an deiner Stelle sehr gut überlegen! Und wenn ich dich nachher anrufe, und du gehst nicht ran, schicke ich die GSG 9! Klar?«

OLIVER

Die Schwiegermutter zog es vor, sich das Frühstück gegen Aufpreis aufs Zimmer bringen zu lassen. Oliver war das nur recht. Vor Müdigkeit bekam er die Augen nur mühsam auseinander – ein Zustand, in dem er gerade noch seine Familie ertragen konnte, nicht aber Schwiegermütter, die einem schamlos Bett und Schlaf raubten. Dafür tauchte, kaum hatten sie alles zum Frühstücken auf dem Tisch, ein ziemlich fremder Mann auf. Er trug T-Shirt und offenes Karohemd, hatte das Haar zurückgegelt und eine Sonnenbrille auf der Stirn. Ein bisschen wie Jack Nicholson. In der einen Hand hielt er ein Glas Prosecco. In der anderen die Kamera des Schwiegervaters.

»Papi«, sagte Anna verblüfft, er war es also doch.

Der Schwiegervater ließ sich auf einen Stuhl fallen, aß ihnen ihre Melonenstücke weg und begann von »Totalarounds«, »Tiefenschärfe« und »Ganzgroßtotalen« zu schwärmen wie ein Profi-Filmemacher. Aber Oliver wusste genau, dass er nichts weiter vorhatte, als ihnen zittrige Schwenks von Koi-Karpfen-artigen Pauschalurlaubern zu präsentieren.

Das Knacken der Mikrofonanlage rettete sie. Es war der Elvis-Imitator: »Haltet euch fest, Freunde, einige wissen es vielleicht schon: Heute Nachmittag fahren wir zu Bruder Basilico – jawohl, zu DEM Bruder Basilico! Der Mönch, der angeblich das Geheimnis des legendären Jungbrunnens gefunden hat. Dessen Gong-Shee-Lee-Behandlung – Wellness für Körper und Seele – weltberühmt ist. Bei dem Stars wie Julia Roberts, Cher, Kate Blanchett, Diane Kruger und Jopi Heesters Schlange stehen! Uns ist es gelungen, exklusiv für euch ein Kontingent Karten zu bekommen. Das wir zum Einkaufspreis an euch weitergeben! Lasst euch das nicht entgehen! Restkarten an der Rezeption! Küsschen Tschüsschen!«

Oliver grinste Anna zu. »So ein Quark!«

»Was?«, fragte Anna.

Oliver seufzte. »Na, dieser Ausflug.«

»Na und?«

Manchmal war Anna etwas naiv, das machten diese ganzen Esoterik- und Mittelalterromane. »Na, das kann doch nur Betrug sein. Dummenfang. Jungbrunnen, wenn daran auch nur ein bisschen was wahr wäre, wäre der Kerl nicht Mönch, sondern Milliardär. Ich frage mich, wer so dämlich ist, da mitzufahren.«

Anna sah ihn etwas eigentümlich an. »Meine Mutter hat für uns Karten besorgt. Hat sie dir das nicht gesagt?«

JESSICA

Sie war schon Kilometer auf ihrer Terrasse auf und ab gegangen, alle beide Handys auf Wahlwiederholung. Julian war und blieb nicht zu erreichen. Nicht, dass am Ende etwas mit der Yacht passiert war. Oder, schlimmer: Nicht dass Julian es absichtlich läuten ließ, wenn er ihre Nummer sah. Dass er ihre Mail längst gelesen und Konsequenzen gezogen hatte. Der Sicherheitsdienst in diesem Moment ihr Office bei *in verba veritas* ausräumte.

Mit donnerndem Puls rief sie bei Johanna in der Firma an.

»Eine Bitte«, sagte Jessica, »könntest du mir schnell die genaue Zahl der heutigen Pressemitteilungen zu der Spielzeugsache durchgeben?«

Johanna wusste das natürlich nicht auswendig, sie musste zählen. Jessica hatte damit gerechnet: Johannas Büro lag neben ihrem, und Julian hatte alle Türen in der Firma entfernen lassen, um den Teamgeist zu stärken. Während Johanna zählte, konnte Jessica also auf Hintergrundgeräusche lauschen. Sie hörte nichts. Kein Gebrüll, die Sicherheitsleute schrien immer herum, als könnten sie allein damit Schaden von der Firma fernhalten. Kein Schranktüren-Schlagen. Nicht das typische Poltern, mit dem die Inhalte der Schubladen in feuerfeste, beweissichere Blechbehälter gekippt wurden.

Jessica stieß erleichtert die Luft aus.

Aber auch Johanna hatte gerade anrufen wollen: Die Belgier hatten sich gemeldet. Und verlangten nun, dass sie,

Jessica, die Sache mit dem chinesischen Zulieferer in der Öffentlichkeit irgendwie geradebog, bevor noch mehr durchsickerte. Jessica rief sofort bei den Belgiern an, diesen borgierten Hammeln. Doch dort lief überall nur eine Bandansage. »Bitte wenden Sie sich an unseren Bereitschaftsdienst unter der Nummer ...« Jessicas Durchwahl. Holy Shit! Sie musste handeln, und zwar proaktiv.

Sie rief die Journalisten an. Erzählte, dass die Belgier mit den Deutschen zusammenarbeiten wollten, um auf genau diesen zweifelhaften Zulieferer verzichten zu können. Und dass man über die Zustände dort zutiefst entsetzt sei, Verbraucherschützer und Menschenrechtskommissionen eingeschaltet und einen Unterstützungsfonds für an den Dämpfen Erkrankte ins Leben gerufen habe. »Sorry, dass wir das erst jetzt öffentlich machen, aber wir wollten die Arbeiter, die uns informiert haben, nicht unnötig gefährden.« Man schien ihr das tatsächlich zu glauben.

Dann sprach sie Julian doch auf die Mailboxen. Bat um schnellen Rückruf wegen eines dummen Missverständnisses, um Rückruf, bevor er irgendeine Mail von ihr lese.

Anschließend rief sie Kolja an.

Sie war irre froh, als sie seine Stimme hörte. Aber Kolja hatte keine Zeit, er golfte gerade mit wichtigen Geschäftspartnern, im Hintergrund zwitscherten Vögel. Er würde asap zurückrufen.

MORITZ

Als er in die Lobby kam, war sie noch nicht da. Gut, er hatte es wenigstens versucht.

Dafür bat der Rezeptionist Herrn Schmidt hartnäckig um seinen Personalausweis.

»Das tut mir leid«, sagte Moritz, »ich habe wieder vergessen, ihn einzustecken.«

»Ich begleite Sie gerne auf Ihr Zimmer und nehme Ihren Ausweis mit.« Dieser Lästling war hartnäckig. »Am besten sofort.«

Moritz maß ihn mit einem Blick. »Sie machen Scherze!«

»Kei… keineswegs. Dann muss ich Sie bitten, hier auf den Direktor zu warten.«

Moritz ließ den Mann stehen. Nicht, dass er nicht neugierig gewesen wäre, was ihm der Direktor für den Fall fortgesetzten Personalausweisentzugs angedroht hätte – Verhaftung, Verwahrung in der Speisekammer, Abschiebung aus diesem Etablissement?

Aber da hinten, aus dem Fahrstuhl, kam SIE. In einem weißen Kleid, mit einen großen weißen Hut, was ihr sehr gut stand. Sie näherte sich mit einem fast schüchternen Lächeln.

»Wie schön!«, sagte er. »Ich freue mich sehr, dass Sie gekommen sind.«

»Ich dachte, ich riskier's mal«, sagte sie. »Und falls ich nicht zurückkomme: Meine Freundin weiß Bescheid, mit wem ich unterwegs bin.«

»Wenn Sie Dr. Jekyll nicht mehr ohrfeigen«, grinste Moritz, »besteht absolut keine Gefahr, dass Mr Hyde zum Vorschein kommt!«

Hoffentlich hielt diese Freundin dicht. Er hätte es unangenehm gefunden, sich hier morgen früh einer Armada von Klatschreportern gegenüberzusehen.

»Da sind Sie ja!« Fernandez strahlte wie ein Weihnachtsbaum. Von einem Ohr zum anderen. Und vor allem SIE an. »Wie schön, dass Sie Ihre Frau mitgebracht haben. Señora, wie entzückend, Sie zu sehen! Ich bin hocherfreut! Sehr angenehm.«

»Frau?«, wiederholte sie stirnrunzelnd.

»Señora, ich beschwöre Sie: Legen Sie das nicht auf die Goldwaage«, haspelte Fernandez eilfertig, ohne das Lächeln zu reduzieren. »Frau, Freundin, Begleiterin, das geht mich absolut nichts an. Ich schlage vor, wir sagen einfach Señora.«

Er ließ die Stimme oben, verbeugte sich und warf Moritz von unten einen fragenden Blick zu.

O ja. Er hatte sie nicht vorgestellt. Aber verflixt, wie hieß sie? Er hatte sie nicht einmal gefragt. Er hatte das komplett vergessen! Moritz warf ihr einen bittenden Blick zu.

»Susan«, strahlte sie huldvoll, genau richtig in der Tonlage. Sie wusste, wie man in solchen Situationen aufzutreten hatte.

»Oh, ein sehr schöner Name«, komplimentierte Fernandez. »Señora Susan, ich brenne darauf, Ihnen die schönsten Häuser der Insel zu Füßen zu legen. Kommen Sie bitte!«

Dauerlächelnd stürzte er voran, um ihr erst die Tür nach draußen aufzuhalten, dann die Fondtür seines Jaguars. Der heute übrigens weiß war statt schwarz und ein bisschen länger. Unglaublich, was die Anwesenheit einer Frau aus diesem Mann machen konnte!

SUSAN

Bloß nicht nachdenken. Bloß nicht zweifeln. Bloß keinen Gedanken daran verschwenden, wie es sein konnte, dass sie jetzt neben einem Film- und Fernsehstar auf dem Rücksitz einer Luxuslimousine saß, um mit ihm eine Immobilie zu besichtigen. Am Steuer ein Makler, der so behutsam fuhr, als chauffiere er die Queen höchstpersönlich. Der ständig in den Rückspiegel grinste wie ein entzücktes Pferd. Und dann offensichtlich eine Idee hatte. Er drückte einen Knopf neben der Musikanlage. Das Schiebedach öffnete sich, und der Wind drohte, ihr den Hut vom Kopf zu reißen. »Entschuldigen Sie vielmals, Señora«, rief Fernandez erschrocken und drückte auf einen anderen Knopf. Das Schiebedach schloss sich wieder, und dafür begann sich unter ihr der Rücksitz zu bewegen, auf eine waagerechte Position zu. Susan stieß einen kleinen Kreischer aus.

»Oh, oh«, Fernandez fummelte so hektisch an den Knöpfen, dass er fast einen Reisebus gerammt hätte, »wie dumm von mir, bitte verzeihen Sie nochmals, Señora, ich fahre diesen Wagen nicht häufig genug! Eine Sekunde!«

Der Sitz fuhr wieder zurück. Und dann sprang die Armlehne zwischen ihr und Moritz Palmer auf und entpuppte sich als Champagnerkühler mit Flasche und zwei Gläsern.

Fernandez am Steuer wischte sich mit dem Handrücken den Schweiß von der Stirn. »Darf ich Ihnen einen Schluck anbieten, Señora? Er müsste jetzt genau die richtige Temperatur haben.«

»Oh, vielen Dank«, hörte Susan sich sagen, »aber jetzt noch nicht, später vielleicht.«

Moritz Palmer nickte in stillem Einverständnis.

Susan beugte sich etwas zu ihm. Sie musste unbedingt noch etwas klarstellen.

»Sie haben mich ihm nicht ernsthaft als Ihre Freundin vorgestellt?«, raunte sie ihm zu.

Palmer lachte. Es sah gut aus, wenn er lachte, aber das wusste ja schon die ganze Welt.

»Ich habe gesagt, ich kenne Sie gar nicht. Aber dieser romantische Spanier kann sich wahrscheinlich gar nichts anderes denken.«

»Wir sollten das richtigstellen«, sagte sie.

Moritz Palmer grinste. »Er würde es uns nicht glauben. Wir würden uns mit allem, was wir sagen, nur noch verdächtiger machen. Aber ist das nicht egal? Und: Wir müssen uns ja nicht küssen.«

Dabei, fiel Susan völlig zusammenhangslos ein, war das gar nicht so schlecht gewesen.

MORITZ

Sie war super. Allein ihre Gegenwart hatte aus Fernandez nicht nur einen komplett anderen Autofahrer gemacht. Er überschlug sich fast vor Freundlichkeit, als er ihnen das Haus zeigte. Es war auch ein Riesenkasten: neun Bäder und acht Gästezimmer zuzüglich zwei Dienstbotenappartements, weniger ging hier wohl nicht. Aber die Decken waren hoch genug. Die Küche war cremefarben, im Landhausstil. »Alle Geräte da, Señora, alles auf dem neuesten Stand«, rief Fernandez und guckte Susan an. Nur Susan. Es war, wie wenn Moritz mit Ilka zum Anzugkaufen ging. Sobald sie eine Boutique betraten, hatte Moritz Pause und war erst wieder gefragt, als es darum ging, die Kreditkarte zu zücken. Worauf der Verkäufer fast auf die Knie fiel und rief, er habe die ganze Zeit überlegt, ob er es sei, aber er habe sich nicht getraut ...

Alles Schwindel. Es gab Seminare, in denen Verkäufer lernten, die Frau zu überzeugen, das reichte, der Mann war nicht wichtig. Und die gab es sicher auch für spanische Makler. Nicht, dass Moritz das gestört hätte, er guckte Susan gerne zu, wie Fernandez ihr die Küche vorführte. Den dreiflügeligen Kühlschrank mit Brotback- und Speiseeismaschine. Den chromglänzenden High-Tech-Kaffee-Espressoautomaten. »Er erklärt sich intuitiv, Señora«, rief Fernandez. »Wollen Sie es versuchen?« Susan schaute etwas ratlos. »Ich mache das«, sagte Moritz, nur um von ihr ein wunderbares dankbares Lächeln zu bekommen.

Es war wirklich ganz einfach, Moritz stellte eine Tasse unter die Ausgabeöffnung und drückte den Knopf für Espresso, der Apparat zerkleinerte die Kaffeebohnen, es fauchte und zischte, gerade noch rechtzeitig entdeckte Moritz den Hebel, mit dem man vermutlich die Stärke einstellen konnte. »Oh, Vorsicht!«, rief Fernandez überflüssigerweise, und dann zischte der Espresso schon heraus. Nicht in die Tasse, auf Hemd Nummer sechs.

Moritz schrie, es gab ein kurzes Chaos, alle sprangen durcheinander. Dann hielt Moritz Susan im Arm, nein: Sie hielt ihn an beiden Unterarmen fest, guckte auf sein Hemd, und sie lachten alle zwei. Moritz war überrascht, wie leicht es sein konnte, sich von einem Hemd zu verabschieden.

Das Highlight des Hauses war das Masterschlafzimmer, das einem kleinen, aufgesetzten, runden Turm mit umlaufenden Fenstern glich. »Hier, Señora«, rief Fernandez begeistert, »stellen Sie sich vor: Dieses ganze Zimmer lässt sich drehen!« Er drückte einen Knopf an der Wand, und tatsächlich: Mit leisem Rumpeln drehte sich das Türmchen um seine eigene Achse. Der Vorbesitzer, erzählte der Makler kichernd, habe hier Cannabispflanzen gezüchtet und mithilfe der Drehvorrichtung die Pflanzen immer im richtigen Winkel zur Sonne gehalten.

»Aber Sie können hier nachts im Bett auch einfach die Lichter der Schiffe und der Insel an sich vorbeiziehen lassen, Señora. Oder Sie lassen das Dach zu einem Schiebedach umbauen. In schönen Sommernächten können Sie dann den herrlichen Sternenhimmel genießen ... So, wir haben alles gesehen. Señora, wenn Sie noch einmal ganz in Ruhe durchgehen wollen?« Offenbar hatte sich der Makler allein durch Susans Anwesenheit auch von einem ständig Gehetzten in einen völlig Entspannten verwandelt.

»Ich muss nicht«, sagte Susan und sah ihn an. »Und DU?«
»Ich auch nicht«, lächelte Moritz.

Das Handy in seiner Tasche summte. Eine SMS von Ilka, dass ein Dokument vom Konsulat im Hotel sein müsse, das ihn als Stefan Schmidt auswies. Danke, Ilka.

»Ich habe ein paar Häppchen im Kofferraum, die wir im Garten essen können«, sagte Fernandez. »Was halten Sie davon?«

SUSAN

Als sie sich allmählich begann klarzumachen, wo sie war und was sie tat, stand sie neben Moritz Palmer und dem Makler neben der Villa in dem schmalen Garten mit einem wunderschönen Blick aufs Meer. Aß Lachsröllchen, Quiches und süße Stückchen und trank Champagner. Es war tatsächlich wie im Film. In einem ziemlich kitschigen Film. »Wie gesagt, Señora«, sagte Fernandez gerade strahlend zu ihr. »Sie müssen sich keinesfalls sofort entscheiden, ich habe noch mehr schöne Häuser für Sie. Aber wenn Sie sich schon jetzt in Ruhe besprechen wollen: Ich muss ein paar Telefonate erledigen und gehe mal für fünf Minuten um die Ecke. Lassen Sie sich Zeit, Verehrteste!«

»Man könnte glauben, er möchte Sie heiraten«, lächelte Moritz sie an, als der Makler weg war. »Er ist ein komplett anderer Mensch. Und das liegt nur an Ihnen!«

»Und«, sagte Susan, »gefällt es Ihnen?«

Er sah sie abwesend an.

»Gefällt Ihnen das Haus?«, fragte sie noch einmal. »Denken Sie jetzt nicht an Ihr Hemd!«

»Und Ihnen?«, fragte er zurück. Typisch Mann.

»Ganz ehrlich?«, fragte sie.

Er nickte.

»Ich glaube, es gefällt Ihnen eher nicht«, sagte sie. »Sie haben die Stirn gerunzelt, als er erzählte, dass es keinen Pool gibt.«

»Das stimmt«, nickte er.

»Für einen Pool ist aber nirgends mehr Platz«, sagte Susan. »Außerdem mögen Sie Achtzigerjahre-Gebäude nicht besonders. Ich glaube, es wären zu viele Kompromisse, trotz des wunderschönen Blicks. Außerdem: Der Garten ist viel zu klein für so ein großes Haus. Vielleicht brauchen Sie aber auch gar kein so großes? Ich weiß ja nicht, mit wie vielen Familienmitgliedern und Dienstboten Sie einziehen wollen?«

Moritz Palmer lächelte etwas ungläubig. »Erst mal mit niemandem. Möglicherweise haben Sie recht. Meine Eltern hatten früher, als ich ein Kind war, ein Ferienhaus in der Provence, das war klein, aber reichte völlig ... Aber: Woher wissen Sie, was ich denke? Können Sie Gedanken lesen?«

»Ich bin Coach«, grinste Susan, »das ist ein bisschen dasselbe. Man lernt, Menschen zu beobachten und ihre Reaktionen einzuschätzen. Außer man ohrfeigt sie gerade.«

»Warum denn eigentlich?«, fragte Moritz.

»Im Affekt«, sagte sie, »weil man furchtbar nervös, fast durchgedreht wegen einer anderen Sache ist. Noch mal, es tut mir leid.«

»Wegen einer anderen Sache?«, fragte Moritz. »Ist das – wieder in Ordnung?«

Sie lächelte und machte eine abwehrende Handbewegung. »Nicht mehr wichtig. Aber vielleicht sollten Sie dem Makler sagen, dass Sie eine andere Art Haus suchen?«

Auf der Rückfahrt hielt Fernandez an einem Parkplatz am Straßenrand an. Von einem kleinen Steinmäuerchen erhob sich ein Mann in senffarbener Jogginghose und blauem Kurzarmhemd und verschwand mit ärgerlichem Gesicht.

»Ich möchte Ihnen etwas zeigen«, sagte Fernandez. »Dies ist der schönste Aussichtspunkt der ganzen Küste!«

Er hatte nicht übertrieben. Die Sicht war atemberaubend. Hinter dem Mäuerchen fielen die Felsen fast senkrecht ab ins schäumende Meer. Susan wurde fast schwindelig.

»Leider kommen auch immer wieder Leute her, die sich umbringen wollen«, sagte Fernandez, als sie weiterfuhren. »Man nennt diese Stelle ›vista de no retorno‹.«

JESSICA

Kein Anruf von Julian. Kein Rückruf von Kolja. Dafür meldete sich dieser Journalist wieder und sagte, er wisse alles. Die Stimme so bedeutsam, als sei er einer Weltverschwörung auf der Spur. Dabei hatte er erst mal nur herausgefunden, dass die deutsche Firma von der belgischen übernommen worden war. Keine Kooperation also. »Sie haben das bewusst verschwiegen«, trompetete er triumphierend. »Woher weiß ich, ob ich Ihnen den Rest noch glauben kann?!«

»Das stimmt«, gurrte sie mit so weicher Stimme, wie sie konnte, »Sie haben mich erwischt. Touché! Entschuldigung. Ich hatte keine Wahl ...«

Sie flötete sehr lange ins Telefon, Telefonsex war nichts dagegen.

Schließlich legte sie mit einem schalen Gefühl auf.

PETE

Pete war sicher, dass es nicht mehr lange dauern konnte, bis er vor Entkräftung zusammenbrach. Und bei Gefahr für Leib und Leben war alles erlaubt: Hauptsache, ihn beachtete endlich jemand!

Pete öffnete das Fenster. Zuerst warf er die zwei noch vollen Duschgelfläschchen. Unten am Pool fuhr ein Mann hoch und schrie einen zweiten Mann an, der auf der Nachbarliege lag. Der schrie zurück. Keiner achtete auf den handtuchschwenkenden Pete.

Der warf den Duschkopf. Er schlug unbeachtet zwischen den Liegen ein. Der Hohlgriff blieb in einer der Palmen hängen und klonkte dann einem Hünen auf den Kopf, der darunter stand und telefonierte. Mit verzerrtem Gesicht starrte er nach oben. Nicht zu Pete. Nur in die Palme.

Der Duschschlauch klatschte direkt in den Pool. Ein paar Frauen kreischten kurz auf. Keine von ihnen war so intelligent, hochzusehen. Dachten diese Idiotinnen, Duschschläuche fielen hier einfach so vom Himmel? Der Hüne versuchte inzwischen, die Palme zu entern, rutschte aber immer wieder ab.

Pete hatte keine Skrupel mehr, als er den Porzellanschirm der Lampe hinterherwarf. Er zersplitterte auf den Fliesen neben dem Pool wie eine Bombe. Die Leute sprangen aufkreischend auseinander und – ja, ein paar sahen hoch. Pete winkte und schrie gegen die Musik an.

Die Leute unten schrien auch. Etwas von »Arschloch« und »Polizei«.

»Yes«, brüllte Pete hoffnungsfroh, »yes, call the Bolizei, call the Bolizei! Fucking Bastards!« Er wunderte sich selber, dass er so provozierend sein konnte, das klang ja richtig gefährlich!

Aber die Leute unten blieben stehen, schimpften und legten sich dann wieder hin. Pete schwenkte beide Mittelfinger wie irre, das Gesicht zu einer höhnischen Fratze verzerrt. Er vollführte den aggressivsten Veitstanz, zu dem er an diesem kleinen Fenster technisch in der Lage war. Es half nichts.

Der Hüne begann, der Palme heftige Fußtritte zu versetzen.

Petes Kollege Rob in Stratford hatte so Recht gehabt: Hier urlaubten nur Volltrottel!

MARIO

Als er wieder auf seinem Platz am Pool lag, fiel ein Schatten auf ihn, ein Schatten, dunkler als der Schatten des Sonnenschirms.

»Aufschtehn, Burschi, gemma!«, sagte eine Stimme. Ein Ösi, auch das noch! Schwabbelbauch und Glatze. »Gemma, gemma, kimm! Des is fei mei Liege! Schleich di!« Hatte das

Würstchen seine Ansprüche auf die Liege diesem Rentner abgetreten?

»Vergiss es!«, sagte Mario. »Meine Liege. Hau ab!«

»Ja spinnst jetzt du?«, rief der Ösi. »Wos host du gsagt? So ein Sauleffe!«

Die Frau des Glatzers kam herangewackelt, sie sah fast genauso aus wie er, nur mit gefärbten und gerollten Haaren statt Glatze. »A Oaschloch!«, sagte sie. »A Hoibstarker! A Rocker!«

Die brauchten scheinbar stärkere Geschütze. »Klappe, sonst Schnauze, kapiert?«, rief Mario. Sie dachten nicht daran.

»Dreckata Saukerl!«, rief er. »Elendiger Kratler!«

»Dreckshund dreckata!«, schrie sie.

Sie zeterten immer weiter, so eine Nerverei! Und begannen, gegen seine Liege zu treten. Sollte er etwa zwei Ausländern eins auf die Zwölf geben?

Mario marschierte zur Rezeption, um sich zu beschweren, dass ein hochbrutales Paar aus den Alpen ihm seine Liege weggenommen habe.

Und was sagte dieser Typ? »Tut mir leid. Das Reservieren von Liegen ist bei uns sowieso nicht erlaubt!«

Mario wäre fast umgekippt. »Aber warum machen es dann alle?«, rief er.

Der Typ zuckte die Schultern und wandte sich ab.

Mario stapfte zähneknirschend zum Pool zurück, um seinen beiden Vertreibern Bescheid zu stoßen.

Seine Liege war frei. Und die zwei lagen jetzt eine Reihe hinter ihm.

»Basst scho, Piefke«, sagte der Schwabbelbauch, als er ihn sah. »Mia ham uns vaschaut. Unsere sandt do.«

JESSICA

Das Handy klingelte wieder. Dieser besserwisserische Journalist. »Ich glaube Ihnen«, sagte er. »Ich habe alles gegengecheckt!« Sie atmete auf. Aufatmen war gar kein Ausdruck. Es hatte alles hingehauen: Johanna hatte gestern noch Infosheets an Verbraucherschützer und Menschenrechtskommissionen geschickt. Und den Anwalt angewiesen, sofort einen gebrauchten Hilfsfonds zu kaufen und in den für geschädigte Arbeiter umzubenennen.

»Und wenn Sie mal zufälligerweise in Berlin sind ...«, schloss Schweinchen Schlau.

»Ich melde mich, versprochen«, log sie.

Sie seufzte vor Erleichterung und setzte sich wieder an den Laptop.

Aber sie konnte nicht einfach weiterarbeiten. Sie brauchte etwas. Eine Pause?

Nein! Sie brauchte nie eine Pause. Nur eine kleine Ablenkung.

Auch das hatte sie noch nie gehabt! Egal. Alles cool.

Sie erinnerte sich an diesen Ausflug zu diesem Wunderheiler heute Nachmittag. Egal ob er einer war, der Typ hatte auf jeden Fall eine geniale PR-Strategie. Also war es genau genommen eine Fortbildung, wenn sie mitfuhr ...

MARIO

Als er vom Klo kam, immer diese Erdnüsse, und wieder in den Fahrstuhl stieg, stand da, bingo!, Jessica! In einem blauen Sportdress, der ihren tollen Körper betonte. Sie stand da, als hätte sie nur auf ihn gewartet. Ein Geschenk, das er nur noch auspacken musste.

»Hey«, sagte er. »Dich habe ich aber Long-John-Silverlange nicht mehr gesehen!«

Sie machte auch einen Witz: Sie habe viel zu arbeiten.

Mario lachte dröhnend. »Bock auf eine Runde Beachvolley?«, fragte er. »Ich lade dich ein.« Beachvolleyball war inklusive, aber das wussten die meisten Schnecken nicht.

»Sorry«, sagte sie, »ich mache gleich diesen Wellness-Ausflug mit.«

Die Tour zu diesem Wundermann. Hammerteuer, 49 Euroniden 99! Andererseits: Es gab keine bessere Gelegenheit, mit ihr etwas anzufangen. Sie würden im Bus nebeneinander sitzen. Sie würden unter den knetenden Händen des Mönchs nebeneinanderliegen, mit nichts bedeckt als einem Handtuch, vielleicht ja sogar schon mit einem gemeinsamen …

Die Euroniden konnten sich also echt lohnen. Und wenn er nach dem Urlaub nur drei Tage lang nichts aß, hatte er die Kosten wieder drin.

»Oh«, sagte er. »Cool. Ich komme auch mit!«

Er sah ihr genau an, dass sie Mühe hatte, nicht vor Freude zu strahlen.

SUSAN

»Du hast es getan?«, fragte Christine am Handy.

»O ja.« Susan saß in der Lobby auf einem Sofa, in ihrem Kopf summte es fröhlich, und sie wiegte sich im Takt dieser Musik hin und her. »Wir sind gerade wieder zurück. Für heute Abend sind wir zum Essen verabredet. Und: Er weiß jetzt eher, was er sucht.«

»Wie schön, dass du ihm in deinem kostbaren Urlaub mit seinen Immobilienproblemen helfen konntest«, sagte Christine leicht sarkastisch, »du lässt dich aber nicht ausnutzen, oder?«

»Nein«, kicherte Susan. »Das ist lustig. Eine andere Welt. Es tut mir gut. So einen schönen Vormittag hatte ich lange nicht mehr.«

»Sag mal, hast du was getrunken?«

»Ja«, sagte Susan. »Champagner.«

»Oh. Und was ist das für einer? Woher ist er so reich? Und warum wohnt er ausgerechnet in deinem Hotel?«

»Das ist eine lange Geschichte«, zögerte Susan.

»Du hast halt das Helfersyndrom«, sagte Christine. »Entschuldige, ich muss weiterarbeiten. Jetzt sitzen da zwei Models, die sind noch unruhiger als die Ziegen. Obwohl, es gibt gewisse Ähnlichkeiten. Erhol dich weiter. Und wenn es geht: Greif Sex ab.«

Susan lehnte sich zurück. Bis zum Abendessen musste sie irgendetwas tun. Allein um nicht nachdenken zu müssen. Darüber, ob das denn alles wirklich sein konnte. Oder ob sie das nur träumte und bald erwachen und sich zum Beispiel im Wasser wiederfinden würde.

»Hi!«, sagte eine Frauenstimme. Vor ihr stand Jessica, mit der sie tanzen gewesen war. Sie wirkte jetzt weniger selbstbewusst. Eher wie ein nervöses Mädchen mit Augenringen. Und sie schien erleichtert, Susan zu sehen. »Kommst du mit zum Wellness-Ausflug? Dieser komische Nerv-Mario will auch mit. Irgendjemand muss mir helfen!«

Susan kicherte. Jessica kicherte ein bisschen mit. Aber irgendwas war mit ihr.

»Wenn wir zum Abendessen wieder da sind«, antwortete Susan, »warum nicht?«

MARIO

Scheiße. Er hatte sich als einer der Ersten mit ausgefahrenen Ellenbogen in den Bus gedrängt und zwei Sitzplätze genau in der Mitte besetzt. Mitte, weil Weibern in Bussen nichts recht ist: hinten wird ihnen schlecht, vorne ist es ihnen zu gefährlich.

Dann stieg Jessica ein.

Und das war die Scheiße: Diese Susan, die Parfümschleuder aus dem Flieger, kam genau hinter ihr her. Er hatte sie seit der Disconacht erst einmal gesehen. Sie ihn nicht, denn sie holte am Frühstücksbüfett einen Orangensaft, und er kauerte auf der gegenüberliegenden Tischseite, den Kopf hinter den Brotkörben. Bis Susan weg war. Und eine Oma rief, ob er etwa ein Spanner sei.

Aber abtauchen ging jetzt nicht mehr. Reflexartig strahlte er auch Susan an.

Und was machte sie?

Sie lächelte. Sie LÄCHELTE! Hammer!

Sie lächelte immer noch, als sie drei Reihen weiter hinten neben Jessica saß. Lächelte und guckte versonnen vor sich hin. Hey! Ihre Tage waren offensichtlich vorbei. Konnte er bei ihr noch einen Versuch wagen?

Der Bus fuhr los und bog nach ein paar Minuten auf eine kurvige Straße ab, die steil nach oben führte. Als neben dem rechten Straßenrand die Steilküste locker dreißig, vierzig Meter ins Meer abfiel, fand Mario, dass die Zeit günstig war, auf das weibliche Mitgefühl zu setzen. Auf die Krankenschwester in der Frau.

Er drehte sich um zu Jessica und Susan, ächzte und hielt seinen Kopf.

»Ist dir schlecht?«, fragte der Typ, der direkt hinter ihm saß.

Mario beachtete ihn nicht. Er stöhnte weiter, bis Jessica zu ihm guckte.

»Wisst ihr, was gegen Höhenangst hilft?«, fragte Mario sie laut.

»Gerade sitzen und zum Horizont sehen«, sagte der Typ hinter ihm. »Und: Nicht umdrehen! Nach vorne gucken!«

Konnte der nicht mal seine Klappe halten!

»Mir ist furchtbar schlecht«, rief Mario Jessica zu, auch Susan guckte jetzt. »Ich kann da gar nicht runtergucken. Scheiße, scheiße!«

Er würde jetzt zu den beiden hinwanken wie das heulende Elend. Eine oder alle beide würden seine Hand nehmen müssen. Der Rest würde sich ergeben.

Ächzend stand er auf.

»Ganz ruhig«, sagte der Typ von gerade eben. »Keine Angst, es kann nichts passieren!«

Was hatte der? Warum ließ der ihn nicht in Ruhe?

»Komm, setz dich wieder hin, alles ist gut. Und nicht rausgucken, NICHT rausgucken!«

Und ehe Mario geschnallt hatte, was los war, saß er wieder auf seinem Platz.

Neben ihm kniete der Typ – und hielt seine Hand. Ein Typ!!!

»He! Was soll das!«, Mario versuchte, sich loszumachen.

Aber der Typ hatte echte Muckis. »Keine Angst, ich bin Sani! Ganz ruhig bleiben! So, jetzt guck geradeaus. Nach vorne! Gut so! Entspann dich. Atme gaaanz ruhig. Alles wird gut!«

Scheiße. Megascheiße!

JESSICA

Der Bus hielt auf einem geteerten Parkplatz. Alle stiegen aus und folgten der Animateurin zu einem kleinen Fußweg, der den Berg weiter nach oben führte. Als Susan und sie den Weg gerade erreicht hatten, surrte ihr Handy. Julian? Kolja. Endlich! Jessica ließ Susan ein Stück vorgehen.

Kolja hatte nicht viel Zeit und war schlecht zu verstehen, im Hintergrund hörte sie Jazz, Gläserklirren und Champagnerlachen.

»Was ist das Problem?«, lachte Kolja, als sie ihm die Sache mit der Mail erzählt hatte.

»Ich erreiche ihn nicht«, sagte Jessica. Nein, sie sagte es nicht. Sie schrie fast, sie merkte, wie hypernervös sie auf einmal war. Sie war froh, dass es bei Kolja so laut war und er es nicht so merken würde.

»Er wird sich sicher melden! Mach dir keine Sorgen.« Eine Frauenstimme im Hintergrund sagte in ungeduldigem Tonfall etwas zu Kolja, und Kolja antwortete auf Französisch. Jessica konnte kein Französisch.

»Wer ist das?«, fragte sie.

»Das? Ach, das ist Denise, die mit mir zusammenarbeitet. Du, ich bin auf einem Bankett, die Ansprache fängt gleich an. Ist noch was?«

»Nein«, sagte sie matt.

»Ach so. Ich kann doch nicht vorbeikommen, das hat sich zerschlagen. Ich muss nach Moskau! Lass uns mal wieder skypen.«

Ihr stieg etwas den Hals hoch.

»He, Jessica!«, sagte jemand neben ihr. Susan nahm sie um die Schultern, es tat gut, bis dieses peinliche Schluchzen aufhörte.

»Wieder in Ordnung?«

»Klar«, antwortete Jessica.

»Wenn du mal reden willst ...«

»Alles in Ordnung«, schniefte Jessica. »Alles top!«

MARIO

Bis er dem Typen seine Pfote weggerissen und sich nach draußen gedrängt hatte, waren die zwei Bräute schon über den Parkplatz und gingen den Weg hoch. Er kürzte gerade durch das trockene Gras ab, da trat sein rechter Fuß in etwas, das sich anfühlte wie Matsch. Aber es war kein Matsch, das wusste er schon, bevor es anfing zu stinken.

Scheiße. Scheiße: Scheiße!

Irgendein Arsch auf zwei Beinen hatte sich hier mitten auf seinem Weg ausgeschissen!

Mario tat, als genieße er den Ausblick übers Meer, bis alle an ihm vorbei waren. Dann säuberte er seinen Fuß im Gras. Wenigstens kam dieser Sani nicht wieder, um zu fragen, ob ihm schlecht sei. Ach ja: Ihm war schlecht.

OLIVER

Am Ende des kleinen Pfades befand sich eine geöffnete Tür im Fels. Davor stand Bruder Basilico und empfing sie mit ausgebreiteten Armen. Er war ein Mönch wie aus dem Bilderbuch, mit Kutte, langem grauen Haar und einem breiten Lächeln. Er sprach kein einziges Wort, nicht mal auf Spanisch.

»Bruder Basilico hat vor zehn Jahren ein Schweigegelübde abgelegt«, erläuterte die Animateurin. »Deswegen kann er auch nicht mit uns beten.«

Die Schwiegermutter, die sich der Höhle mit gefalteten Händen genähert hatte, stieß einen Seufzer der Enttäuschung aus.

Bruder Basilico drehte sich um und verschwand durch die Tür nach innen.

»Wir werden jetzt in die Eremitenhöhle gehen«, sagte die Animateurin. »Bruder Basilico bittet euch, euch auf dem Rundgang angemessen und andächtig zu verhalten. Fotos und Filmaufnahmen sind bei einer Geldstrafe von 50 000 Euro strengstens verboten. Bitte nicht heimlich filmen – es sind überall Kameras installiert.«

Oliver sah, wie sein Schwiegervater die Kamera murrend einsteckte.

Die Eremitenhöhle war viel größer, als Oliver erwartet hatte. Zuerst kamen sie in eine Art Empfangshöhle, möbliert mit Kniebank, Holzkreuz und ewigem Licht. Die Wände waren tapeziert mit unleserlichen handschriftlichen Dankesbriefen und Fotos von Prominenten aller Art. Oliver entdeckte Guido Westerwelle gleich mehrfach.

Ein Gang führte vorbei an Bruder Basilicos winziger Wohnzelle, deren Tür offen stand. Sie enthielt kaum mehr als eine Holzpritsche, einen Tisch mit Kreuz und Bibel und ein ärmliches kleines Bücherregal, das Oliver bekannt vorkam: Es sah genauso aus wie die Bettablagen in ihrem Hotelzimmer.

Die Animateurin blieb bei zwei panoramafensterartigen Öffnungen stehen. Sie sahen in eine große, gelb ausgeleuchtete Höhle. In ihrer Mitte stand ein fassgroßer dampfender Holzbottich, um den handtuchbedeckte Holzliegen einen Kreis bildeten. Es roch nach Kräutern.

»In diesem Raum verabreicht Bruder Basilico seine einzigartige Gong-Shee-Lee-Behandlung.« Die Stimme der Animateurin war ehrfürchtig gesenkt, als berichte sie live von einer Papsthochzeit. »In der Wanne in der Mitte mischt er geweihtes Wasser mit einer Kräuteressenz, die mit purer positiver Lebensenergie aufgeladen ist: Die Kräuter dafür werden nur an bestimmten Tagen von gläubigen Waisenkindern an heiligen Orten überall auf der Welt gesammelt. Die Rezeptur ist so geheim, dass nicht mal Bruder Basilico selber sie sich komplett merken darf. Der Kräutersud wird mit geweihten Kräuterbündeln direkt auf den nackten Rücken aufgetragen. Er wirkt sofort, entspannt, kräftigt, verleiht neue Lebensenergie, macht gesund und: hält jung. Sagenhaft jung. Nach nur einer einzigen Behandlung werdet ihr neue Menschen sein! Ein Treatment kostet nur 69 Euro 99 Cent, Bruder Basilico nimmt auch EC- oder Kreditkarte. Wir bitten um Verständnis, dass der verjüngenden Wirkung wegen nur Erwachsene behandelt werden dürfen. Für Kinder gibt es in der angrenzenden Höhle eine Betreuung …«

Jemand fragte, wie das zu verstehen sei: Sie hätten doch schon für die Behandlung bezahlt.

»Aber nein«, lachte die Animateurin, »das war nur für die

Fahrt. Aber kein Problem: Bruder Basilico ist froh um jede Wundermeditation, die ihm erspart bleibt!«

»Nachher werden sie uns noch Heizdecken anbieten!«, sagte Oliver zu Sven, der neben ihm stand. »Wir haben schon drei«, erwiderte Sven. »Wir waren mit dem Bus am Gardasee. Da gab's die zum supergünstigen Schnäppchenpreis.«

Ein lauter Gong ertönte. Mit Mönchschorälen unterlegte Meditationsmusik erfüllte die Höhle. Bruder Basilico trat auf, ihm zur Rechten eine langhaarige blonde, ihm zur Linken eine langhaarige dunkelhaarige Assistentin. Beide Frauen trugen fließende Gewänder und Kräuterbündel im Arm.

»Seine Assistentinnen«, raunte die Animateurin. »Beide machen das schon seit sehr vielen Jahren. Und, es ist ein Wunder: Sie altern nicht mehr!«

Basilico schritt auf den Bottich zu, sah nach oben und bekreuzigte sich.

Die Musik verstummte.

Basilico zog aus der Tasche seiner Kutte ein Metallfläschchen und küsste es voll Inbrunst und laut schmatzend.

Er umkreiste den Bottich dreimal, in den ausgestreckten Händen das Fläschchen. Die Musik setzte wieder ein.

Basilico schaute verzückt, seine Lippen formten Worte, sicherlich lautlos.

Dann schwieg die Musik wieder.

Basilico erhob sich, öffnete das Fläschchen und goss seinen Inhalt in den Holzbottich.

Zischend stieg eine große Dampfwolke auf.

Die Musik setzte wieder ein. Basilico wandte sich ihnen zu und breitete die Arme aus.

»Wer will sich jetzt behandeln lassen, wer will der Erste sein?«, fragte die Animateurin.

Die Schwiegermutter riss ihre Hand vor allen anderen hoch.

MARIO
Das konnte nicht sein! Er hatte seinen Schuh mühsam von dem Ekelzeug sauber gekriegt. Er war den sausteilen Weg hochgewetzt, um die anderen einzuholen. Und dann hörte der Weg einfach so an einer Höhle mit einer Metalltür auf. Daneben hing eine Tafel. Auf der stand in fünf Sprachen: »Willkommen! Tritt ein und sei mein Gast! Der Herr sei mit dir!«

Aber eintreten war nicht. Die Tür war zu. Abgeschlossen.

Mario suchte nach einer Klingel. Es gab keine.

Er klopfte. Niemand kam.

Er drosch mit den Fäusten gegen die Tür.

Aber niemand machte auf. Super Gastfreundschaft!

Es musste noch einen anderen Eingang geben. Oder einen Ausgang, der sich als Eingang benutzen ließ. Nach links, zur Bergseite hin, führte in einem Bogen ein kleiner Trampelpfad an der Höhle vorbei.

OLIVER
Bruder Basilico überließ die Behandlung seinen so erstaunlich jung gebliebenen Assistentinnen. Die kamen ziemlich schnell näher, wie Oliver an den lauten Seufzern hörte.

Mit nacktem Oberkörper lag er bäuchlings auf einem weißen Handtuch. Kräuternebel füllte die ganze Höhle, Rosmarin, Salbei, eine Spur Knoblauch, Oliver musste unwillkürlich an Spaghetti Bolognese denken, was sicher unangebracht war. Rechts von ihm, im Dunst kaum zu sehen, lag Anna. Hinter Anna lagen seine Schwiegereltern.

Oliver glaubte nicht an Wundertreatment. Er lag nur hier, weil seine Schwiegermutter ihre Kreditkarte gleich für sie alle gezückt hatte. Nur nicht für das Treatment ihres Mannes. Der zückte – um sie zu ärgern, nicht weil er an diese schwachsinnige Zauberei glaubte – seine eigene. Und wies darauf hin, dass auch die seiner Frau von seinem Konto abgerechnet werde. Dass ER sie also alle einlade.

Die Assistentinnen waren fast bei ihm. »Auahhhhhooohhhooooaahhhhchhhh!«, japste es zwei Liegen weiter links, dort lag Michelle, Svens Frau. »Auaaaaahhhhh! Oh, ist das schön!« Es klang eher wie das Gegenteil.

Der Grauhaarige mit Brille direkt neben Oliver wollte sich hochstützen, aber da traten die zwei langhaarigen Schatten schon aus dem Nebel. Die eine tauchte Kräuterzweige in das Gefäß, das die andere hielt, und peitschte es in Kreuzform über den nackten Rücken des Mannes. Es zischte, roch verbrannt, die Brille des Grauhaarige beschlug, er wand sich mit schmerzverzerrtem Mund. Erst als er Olivers Blick sah, gelang ihm ein gequältes Lächeln.

Eine Assistentin trat neben Oliver. »No«, flüsterte Oliver, »no! No! Nooo!«

Sie schüttelte vorwurfsvoll den Kopf und wandte sich Anna zu.

»Si!«, flüsterte Anna. »Si! Ohhhhhhhhh! Aaaahhhhh!«

Oliver erinnerte sich genau, bei welcher Gelegenheit er sie zum letzten Mal so gehört hatte, es war leider schon länger her.

Kurz danach stieß seine Schwiegermutter einen kleinen Heuler aus, der in hektisch-hysterischem Juchzen endete.

»Das geschieht dir recht«, hörte er seinen Schwiegervater. »Das hast du von deiner Firlefanzgläubigkeit. Ich gönne dir den Schmerz, das ist die Rache für Robby!«

»Silencio!«, hörte er die Stimme der Assistentin. »Silencio!«

»So ein Hokuspokus«, zischte der Schwiegervater. »No!«, rief er dann. »No! Nicht mit mir ... Aaaauuuuu! He! Ich sagte: NO! NO!«

MARIO
Der Trampelpfad führte immer steiler den Berg hoch. Und wie es aussah, immer weiter von der Höhle weg. Es gab aber keinen anderen Weg, keinen anderen Eingang, nichts außer Gras und Sträuchern. Marios Füße in den Flipflops, der eine stank immer noch nach Scheiße, rutschten ständig aus; die Sonne stach ihm auf Kopf und Rücken. Nach fünfzehn Minuten war Mario durchgeschwitzt. Nach zwanzig Minuten beschloss er, umzukehren. Nach einer halben Stunde kehrte er aber echt um.

JESSICA
»Du hattest recht«, sagte Jessica zu Susan, die auf der Liege neben ihr lag. Beide hatten die Kräuterhexen weitergewunken, bevor sie auch ihnen den Rücken verbrennen konnten. Aber allein der Duft machte einen schwindelig, wach und locker – es fühlte sich ein bisschen an wie auf Droge. Vielleicht wirkte da ja doch was. Jessica atmete tief durch. »Du hattest recht«, sagte sie noch einmal, »ich habe gerade etwas Stress.«

Dann erzählte sie alles, so kurz wie möglich.

Susan sagte erst mal nichts. »Jessica«, sagte sie dann vorsichtig, »du wirst das sicher anders sehen, aber ich glaube, du arbeitest zu viel. Weißt du, jeder Mensch braucht eine Work-Life-Balance ...« Sie redete noch weiter, vom inneren Gleichgewicht und einer Pause zum Nachdenken, das ganze Psychozeug. »Abstand kann manchmal ungeheuer helfen. Ich kenne eine Frau, die hat eine Auszeit genommen. Ist auf eine Insel gefahren, nach Gomera. Hat dort gegessen, getrunken, geschlafen, gelesen und überlegt. Und dann ist sie zurückgekommen, hat ihren Job gekündigt und ein Literaturhotel in Meck-Pomm aufgemacht.«

»Da liest jemand?«

Susan kicherte. »Das war ja nur ein Beispiel. Aber eine Auszeit, eine wirkliche Pause vom Job, Zeit zum Überlegen, das brauchst du mal. Glaub's mir.«

SUSAN

Das mit der Insel war erfunden. Nicht ganz: Es war eine Zeit lang Susans Traum gewesen. Nach der letzten blöden Beziehung zu Martin dem Machoneurotiker, bevor sie Robert das Riesenarschloch kennenlernte. Irgendwie tat es ihr gut, dass sie in der Lage war, Robert nun allmählich mal ohne Weichzeichner zu betrachten. Robert. Was war das überhaupt für ein blöder, altbackener Name?

Aber Jessica war am Ende. Burn-out. Die Frau war irre. Arbeitete rund um die Uhr über jedem Limit, und wenn eine Kleinigkeit schieflief, stürzte für sie alles zusammen. Sie brauchte eine Pause. Unbedingt. Hatte sie das verstanden?

»Ja, ja, das stimmt«, sagte Jessica. »Ich denke mal darüber nach.«

Die Arme, Susan sah ihr genau an, dass sie das nicht machen würde.

OLIVER

Es dauerte, bis man aus dieser Eremitenhöhle wieder rauskam. Nach den Umkleidekabinen wartete Bruder Basilico, um sich von jedem zu verabschieden. Neben ihm ein Opferstock. Die Spende sei für die armen Waisenkinder, die die Kräuter gesammelt hätten, sagte die Animateurin. Vor Oliver warf eine Frau aus Holland mit Tränen in den Augen ihr ganzes Portemonnaie ein.

Sie holten Carlotta und Elias aus der Kinderbetreuungshöhle, wo sie ganz brav mit Stoffkruzifixen spielten, aber zu früh gefreut: Da war noch der große Souvenirshop. Es gab

Bücher mit Bruder-Basilico-Gebeten und Bruder-Basilico-Gesundheitstipps. Es gab Bruder-Basilico-Kräuterlikör gegen Bluthochdruck und Bruder-Basilico-Kräuterpaste gegen männlichen Haarausfall. Es gab Bruder-Basilico-Zahnreiniger für die Dritten und Bruder-Basilico-Stützstrümpfe für erschöpfte Wanderer und gegen den heimtückischen Fersensporn. Der arme Mann musste rund um die Uhr schuften, kein Wunder, dass er die Behandlungen seinen Assistentinnen überließ. Hinter der Kasse dann eine weitere Spendenbüchse: für die Kirche, die Bruder Basilico, natürlich mit eigenen Händen, zu Ehren Gottes bauen wollte – sofern dieser ihn nicht vorher infolge akuter Arbeitsüberlastung zu sich rief.

Oliver merkte, dass Anna seine Ironie über all das nicht ganz teilen konnte.

»Kannst du nicht aufhören, dich über gläubige Menschen lustig zu machen?«, zischte sie. »Was können andere dafür, dass du nichts als dein Hundefutter für wahr hältst?!«

Das war unter der Gürtellinie. »Was ist nur mit dir los?«, empörte sich Oliver. »Ist das der erste Effekt dieser ach so tollen Wunderbehandlung?«

Ja, auch das war unter der Gürtellinie.

Anna war stinkbeleidigt und stellte weitere Gespräche mit ihm vorerst ein. Ihre Mutter schleppte die größtmögliche Flasche Kräuteressenz zur Kasse. »Unglaublich, dieser Basilico«, sagte sie, so laut, dass ihr Mann es hören musste. »Diese Energie, diese Vitalität, diese Virilität!« Michelle, die neben ihr stand, nickte andächtig.

MARIO

Noch weniger als für den Aufstieg eigneten sich die Flipflops für den Rückweg. Mario zog sie aus, aber er war das Barfußlaufen nicht gewöhnt, und die Fußsohlen brannten wie

Hölle. Also zog er sie wieder an. Es ging langsam, einige besonders steile Stellen musste er auf dem Arsch rutschen. Immer noch besser als hier abzustürzen und zu verrecken! Kein Schwein war unterwegs außer ihm. Der Wind zerrte am Gras und den zerzausten Sträuchern. Hoffentlich gab es hier keine Schlangen. Und wenn doch: Hoffentlich waren sie gerade nicht in der Nähe. Trotzdem, er musste endlich eine Pause machen und eine quarzen.

Da raschelte es im Gras. Das Rascheln kam immer näher und genau auf ihn zu.

Mario ließ die Kippe fallen und verpisste sich.

OLIVER

Als sie zurück zum Parkplatz gingen, sagte Sven, der neben Oliver ging, er spüre seinen Rücken. Vielleicht sei der Kräutersud etwas zu heiß gewesen.

»So ein Quatsch«, sagte Michelle. »Ich fühle auch etwas, aber ich fühle – Energie, Vitalität, Viro…, Viri…, Virili…«

»Virilität?«, assistierte Oliver.

»Genau«, sagte Michelle dankbar.

MARIO

Endlich war er wieder bei der Höhle. Die Scheißtür war immer noch zu. Aber das fünfsprachige Willkommensschild war weg. Stattdessen hing dort ein Schild mit einem Totenkopf, das auf Spanisch, Englisch und Deutsch warnte: »Betreten strengstens verboten. Vorsicht: Freilaufende Hunde! Vorsicht: Selbstschussanlage!«

Er würde sich die 49 Euro 99 zurückholen, da konnten die einen drauf lassen! Mario wetzte zum Parkplatz. Als er ankam, fuhr der Bus gerade los. Mario hetzte im Schweinsgalopp hinterher, aber mit seinen Flipflops verhedderte er sich und stürzte. Als er sich wieder hochgerappelt hatte, war der Bus weg. Dieser Sauhund von Busfahrer würde Ärger kriegen. Einen solchen Ärger hatte der noch nie in seinem Leben bekommen!

Es dauerte ewig, bis an der Hauptstraße ein Taxi vorbeikam. Ehrlich gesagt kam so lange überhaupt kein Auto, bis Mario keine Kippen mehr hatte. Dann raste ein SUV voller kreischender Weiber und mit einem am Steuer, der aussah wie Dieter Bohlen, hupend vorbei und verfehlte ihn nur knapp.

Das nächste Auto bremste zwar, aber der Fahrer verstand erst mal nicht, wohin er wollte. Er verstand nur Spanisch. Idiot, und das auf einer Insel, die von den Touris lebte! Mario sagte das diesem Analpropheten auch, und wenn der das kapierte, war er selber schuld! Irgendwann hatte er zumindest geschnallt, wohin Mario wollte, und fuhr los.

Nach ein paar Kilometern bog er auf eine steile Bergstraße ab.

»Hallo«, rief Mario gestikulierend, »das ist falsch! Falsch! Nicht richtig! Nix gut!«

»Abkürzung«, sagte der Fahrer.

Er verstand ihn also doch! Mario war erleichtert.

Sie kamen durch einen kleinen Ort, dessen Häuser alle um einen kleinen Platz herumstanden, und der Fahrer bremste vor einer Kneipe. »Ich muss essen!«, sagte er.

»Jetzt?«, fragte Mario, der Typ war wohl nicht ganz dicht. »Sie können doch nicht mitten in der Fahrt einfach anhalten!«

Der Fahrer öffnete die Tür. »Kommen Sie mit. Es gibt einheimische Spezialitäten!«

Der sprach auf einmal richtig gut Deutsch.

»Kommen Sie zurück«, rief Mario.

Der Fahrer lachte gurgelnd und stieg aus. Mario auch, obwohl ihm etwas an diesem Typen nicht gefiel.

OLIVER

Nachdem der Busfahrer sie wieder vor dem Hotel ausgeladen hatte, traf Oliver in der Lobby den Hoteldirektor. Er fragte ihn, ob er den Reiseleiter erreicht habe. Er musste noch zweimal fragen, aber dann erinnerte sich der Direktor wieder: »Natürlich, ich wollte Sie GERADE anrufen. Es ist schrecklich, Ihrem Reiseleiter ist etwas Tragisches zugestoßen. Genauer seiner Schwester. Sie liegt im Krankenhaus, es ist sehr ernst.«

Oliver glaubte dem Mann kein Wort. »Tut mir leid«, sagte er. »Dann bestätigen Sie mir also, dass wir hier die falschen Zimmer bekommen haben?«

»Nicht nötig. Der Reiseleiter wird sich um eine Lösung kümmern. Er ruft Sie an. Sobald er wieder sprechen kann in seiner Trauer.«

»Das ist wirklich tragisch«, sagte Oliver. »War seine Mutter schon sehr alt?«

Der Direktor nickte feierlich.

»Ach nein«, sagte Oliver, »es war ja die Schwester!«

Der Direktor starrte ihn kurz an. »Sie bekommen Bescheid.«

Es war ein lächerliches Spiel, Oliver wusste das. Und er wusste, dass der Direktor wusste, dass er es wusste.

MARIO

Die Kneipe war klein. Zwei Typen mit schmierigen Haaren saßen an einem Tisch und qualmten trotz Rauchverbot. Einer hielt ihm eine zerknautschte Packung Zigaretten hin. Mario nahm eine, er stand damit wenigstens bei 424,79 Euro.

Beim Anzünden merkte er, dass seine Finger zitterten.

»Setz dich«, sagte der Fahrer. »Iss mit uns!«

Okay, dem lag ja echt viel daran. Mario setzte sich, und die Typen setzten sich eng neben ihn.

Nach ein paar Minuten kam ein grobschlächtiger Typ aus

der Küche und servierte Mario eine Paella. Mario hatte keinen Blassen von Paella, aber sogar er merkte, dass die hier deutlich schlechter war als die im Hotel. Kein Wunder, dass der Mann, der ihn gefahren hatte, keine wollte. Aber Mario hielt es für klüger, keine Fragen zu stellen, von wegen Gastfreundschaft in südlichen Ländern, dreitägigen Hochzeiten, Ehrenmorden wegen einer zurückgewiesenen Paella, kennt man ja alles. Er sagte auch nichts zu dem Wein, obwohl der schmeckte, als habe jemand hineingepisst.

»Haben Sie noch einen Wunsch?«, fragte der Fahrer, als Mario nicht mehr konnte.

»Nein«, sagte Mario. »Nein danke! Es war sehr gut. Aber ich kann nicht mehr ...«

Die Typen fanden das unheimlich witzig.

»Das Gourmetmenü«, sagte der, der den Teller gebracht hatte, »macht 150 Euro!«

»Wie bitte?«, keuchte Mario.

Der Grobschlächtige blies ihm den Rauch seiner Zigarette ins Gesicht. »Ich habe den Wein vergessen«, sagte er. »200 Euro!«

Mario sah in die Gangstervisagen um sich herum. Vier gegen einen. Er zog seinen Brustbeutel heraus. Alle starrten auf die Scheine, die er zurücklegte.

»Kein Trinkgeld?«, presste einer mit kehliger Stimme heraus.

Mario legte noch 10 Euro drauf.

Die Typen rückten kein bisschen beiseite.

Mario legte noch weitere 40 Euro dazu. Die Typen wollten immer noch nicht rücken, aber da kam noch einer herein, der ganz aufgeregt war und immer etwas von »Fuego!« schrie. Zwei der Gangster rannten gleich mit ihm raus.

»Fahren wir«, sagte der Typ, der ihn hergebracht hatte.

Gott sei Dank brachte dieses Schwein ihn wenigstens zurück zum Hotel.

Für weitere 100 Euro.

Mario hatte sich lange nicht so hilflos gefühlt. Er fuhr hoch in sein Zimmer und brüllte vor Wut.

Neuer Zwischenstand 774,79 Euro im Soll. Ein Skandal. Ein beschissener Skandal!

MORITZ

Susan wartete schon vor der Tür des Gourmetrestaurants, als er kam. Sie trug ein schickes kleines Schwarzes, sah umwerfend aus. Und lächelte ironisch, als Moritz nach dem Tisch für Stefan Schmidt fragte.

Kaum hatte ein Kellner sie hingeführt, kam jemand, der sich als Direktor des Hotels vorstellte. »Entschuldigen Sie«, sagte er zu Moritz. »Aber es gibt ein Problem. Uns fehlt immer noch Ihr Ausweis.«

Unglaublich, wie hartnäckig diese angeblich so entspannten Südländer einer Lappalie hinterherjagten. Moritz lächelte. »Ihnen müsste längst etwas vorliegen.«

»Ich bedaure, nein«, sagte der Direktor. »Und in einem solchen Fall müssen wir leider die Polizei verständigen.« Polizei, das bedeutete hier höchstwahrscheinlich lange Verhöre ohne Kaffee und Tee und im Handumdrehen einen Aufenthalt in einer vollgekotzten, vor Ungeziefer wimmelnden Zelle. Und nicht jeder Polizist mochte Schauspieler. Im Gegenteil: Polizisten waren meistens der Ansicht, dass SIE die Hauptperson waren.

»Bitte setzen Sie sich einen Moment«, bat Moritz. Dann erklärte er dem Direktor, wie das mit Stefan Schmidt und Moritz Palmer war.

Der Direktor stierte ihn an. »Sie sind ... Moritz Palmer?«

»Ich bin es«, sagte Moritz. »Ich kann Ihnen sofort meinen Ausweis aus dem Safe holen.«

Der Direktor begann zu strahlen. »Aber Herr Palmer, ich

bitte Sie, das ist doch wirklich nicht nötig. Ich kann Ihnen gar nicht sagen, wie sehr ich mich freue, dass Sie Urlaub in unserem Haus machen! Ist alles zu Ihrer Zufriedenheit? Haben Sie einen Wunsch?«

»Einen habe ich«, sagte Moritz. »Ich möchte Sie um Diskretion bitten. Ich möchte gerne weiterhin als Stefan Schmidt hier wohnen.«

Die Mundwinkel des Direktors sanken enttäuscht herab, vermutlich hatte er im Kopf schon diverse Pressemitteilungen formuliert. »Sie wollen inkognito ...?«

»Inkognito«, nickte Moritz. »Sonst müsste ich leider sofort ...«

»Aber ich bitte Sie«, sagte der Direktor schnell, »das ist doch selbstverständlich. Niemand erfährt auch nur ein einziges Wort. Ich werde dichthalten wie ein Sarkophag, Sie können sich voll und ganz auf mich verlassen!«

Nachdem er sich verabschiedet hatte, kam ein Kellner mit einen Gruß aus der Küche, Kaviareier mit Trüffelbrot und Hummerpaté, dazu Champagner im Silberkühler mit »VIP«-Aufschrift. Die Leute um sie herum drehten die Köpfe. Moritz seufzte nur, als der Kellner das kleine Tischfeuerwerk zündete, das mit einem hochklappenden »Herzlich willkommen!«-Schild endete.

OLIVER

Die Schwiegermutter war nun gänzlich zur glühenden Verehrerin von Bruder Basilico mutiert. Zum Abendessen kam sie mit einem Kruzifix aus der aktuellen Bruder-Basilico-Holzkreuzkollektion um ihren Hals. Und überhaupt – sie ging ganz anders. Als habe sie ein Bügelbrett an den Rücken geschnallt. »Es geht mir so gut wie noch nie, seit ich bei IHM war«, wiederholte sie wie ein Mantra. »Ich fühle mich um Jahre jünger. Um Jahre!«

Noch mehr Leute im Restaurant gingen auffallend gerade, um nicht zu sagen: steif. Am Büfett wurde immer wieder Ächzen laut, wenn jemand sich zu hastig zu den Platten mit den Speisen herunterbeugte. Es wäre eine Atmosphäre gewesen wie in einem Sanatorium, hätten nicht alle dieses entrückte Lächeln im Gesicht gehabt. Selbst Anna, sie sprach immer noch nicht mit Oliver, bemühte sich, ungemein glücklich auszusehen. Der Einzige, der sich laut beklagte, diese Schweinepriesterin habe ihn gepeitscht, obwohl er nicht wollte, war der noch immer auf Jack Nicholson gestylte Schwiegervater.

»Sagt diesem Mann, er soll ruhig sein«, knirschte die Schwiegermutter Anna und Oliver an, »das ist unerträglich, das ist Gotteslästerung!«

»Sagt dieser Frau, sie soll Gott fragen, warum ihr der Rücken wehtut!«, erwiderte der Schwiegervater.

»Könnt ihr vielleicht selber miteinander sprechen?«, reichte es nun sogar Anna.

Die Schwiegermutter stand auf und ging ans Büfett. Der Schwiegervater zog seine Kamera und bestand darauf, ihnen seine neueste Schwenkkollektion vorzuführen. Kein Wunder, dass Carlotta und Elias, die sonst fast nie fernsehen durften, die Einzigen waren, die das brennend interessierte.

»Da ist Oma!«, rief Elias.

»Nein«, sagte Oliver, »das ist sicher eine andere Frau!«

»Nein«, rief Elias, »das IST Oma! Da! OMA!«

Der Schwiegervater ließ das Bild zurücklaufen. Und stieß ein Krächzen aus.

Tatsächlich: Unter einem Sonnenschirm saß die Schwiegermutter. Und ließ sich von einem Unbekannten mit weißem kurzem Haar den Rücken streicheln.

»Inge«, rief der Schwiegervater seiner Frau entgegen, die mit einem Fischgericht zurückkam, »du betrügst mich! Du betrügst mich in aller Öffentlichkeit! Du bist zwar eine Mörderin, aber das, DAS hätte ich von dir niemals gedacht! NIEMALS!«

»Papi, bitte sei leiser«, stotterte Anna mit Blick zu den hochinteressierten Leuten an den anderen Tischen. »Vielleicht gibt es ... eine einfache Erklärung!«

»Und ob es die gibt«, rief die Schwiegermutter. »Ich habe den Herrn gebeten, mich einzucremen. Denn du – du machst das ja nicht. Du hast das in all den Jahren noch nie getan!«

»Dazu bestand bisher auch keine Veranlassung!«, schnaubte der Schwiegervater.

Sie schraubte ihre Tonlage höher. »Ist das also der Grund? Deshalb spionierst du mir hinterher und filmst mich heimlich wie ein perverser Spanner? Du willst mir etwas anhängen! Mit einem anderen Mann! Du bist krank! Krank im Kopf!«

Sie sprang auf.

»Mami«, begann Anna, rote Flecken im Gesicht.

»Es ist genug«, schmetterte ihre Mutter. »Ein für alle Mal! Dieser Mann hat es zum letzten Mal übertrieben. Ich reise ab! Ich packe meine Koffer und verlasse dich!«

»Geh doch«, donnerte der Schwiegervater, »geh doch zu deinem schmierigen Strandkavalier!«

»Du Scheusal! Du widerliches Scheusal!« Tränenüberströmt riss die Schwiegermutter die Kinder in ihre Arme, dann Anna, nickte Oliver kurz zu, und verließ kerzengerade den Speiseraum. Nicht ohne sich in der Tür noch einmal hochdramatisch umzudrehen: »Adieu, Kinder – und nehmt euch bloß vor diesem Mann in Acht!«

MORITZ

»Auf Stefan Schmidt«, sagte Susan, kniff ein Auge zu, lächelte und hob das Glas.

»Haben Sie das wenigstens einmal kurz geglaubt?«, fragte Moritz, als sie anstießen.

»Nie«, sagte sie. »Nicht mal im ersten Schreck.«

»Ich dachte, ich wäre ein besserer Schauspieler«, sagte er.

»Privat sind Sie ein furchtbar schlechter Schauspieler.« Er mochte es, wie sich beim Lächeln ihre Augen verengten.

»Ich möchte Ihnen eine kleine Entschädigung anbieten für den verlorenen Urlaubstag«, sagte Moritz.

Susan holte Luft. »Das sollten Sie schnell vergessen. Ich nehme nichts an. Erstens waren es nur ein paar Stunden. Zweitens bin ich zweimal zum Essen eingeladen und zwischendurch in einem Luxuswagen herumchauffiert worden. Und drittens hat mir alles großen Spaß gemacht. Es war ganz großes Kino!«

Moritz musste grinsen.

»Sie haben Ihre Rolle ja auch sehr gut gespielt.« Wenn sie kein Geld wollte, würde er ihr etwas im Shop kaufen. »Und Sie werden, darauf bestehe ich, auch diesmal zum Essen eingeladen.«

Susan schüttelte den Kopf. »Das übernehme ich!«

Auch das fand Moritz gut, er hatte meist mit der anderen Sorte Frauen zu tun. »Kommt nicht infrage. Ich lade Sie ein. Sie haben nicht nur diesen Makler verzaubert, Sie haben mir auch noch gesagt, was ich für ein Haus brauche.«

Sie seufzte. »Na gut. Eher geben Sie vermutlich keine Ruhe.«

»Nein«, lächelte Moritz, »eher gebe ich keine Ruhe.«

Irgendwann fiel ihm auf, dass er ihr schon viel zu lange in die Augen sah. Er guckte schnell woandershin. Nicht dass sie dachte, er wolle ihre Hilfsbereitschaft und seine Position als Promi ausnutzen und zudringlich werden. Manchmal war es wirklich kompliziert, ein Star zu sein.

Sie räusperte sich, möglicherweise hatte sie etwas Ähnliches gedacht. »Wann kommt der Makler denn morgen?«

Sie ging offenbar ganz selbstverständlich davon aus, dass sie wieder mitkommen würde.

»Ich weiß nicht«, Moritz hörte sich stottern und wunderte sich, immerhin war er Sprechprofi, »ob ich Ihre Zeit noch einmal so in Anspruch nehmen kann. Sie sind doch hergekommen, um Urlaub zu machen.«

»Unsinn«, sagte sie dann. »Es würde mir einen Riesenspaß machen. Ich habe sowieso nichts zu tun.«

Diese Frau war so höflich, wie sie schön war. Und er hatte nun ein noch schlechteres Gewissen, dass er sie genötigt hatte, mitzukommen. Und sie sich offenbar verpflichtet fühlte, ihm noch weiter zu helfen. Trotz dieser dummen Sache mit dem Espressoautomaten: Wirkte er so hilflos?

Als sie beim Nachtisch saßen, war es so weit: Die Leute an den anderen Tischen begannen die Köpfe zusammenzustecken und seinen Namen zu flüstern.

Wenigstens hatte er sein Hemd schon über den Abend gerettet.

MARIO

Er setzte sich heute Abend extra an den Singletisch mit den hässlichsten Weibern. Denn der Spaß war vorbei: Nach dem Raub mit Entführung und Erpressung stand sein Soll bei ungeheuren 774,79 Euronen. So viel Kohle ließ sich nicht wieder reinholen, wenn er beim Futtern im Akkord Weiber aufriss. Nein, er musste sich ranhalten, als gebe es kein Morgen.

Mario hatte die Jeansjacke an. Er schwitzte damit wie ein Schwein, aber das war jetzt wumpe. Und er bestellte zweimal Tischwein. Er hasste das affige Zeug, aber es kostete in jeder Kneipe zwei- bis dreimal so viel wie Bier. Außerdem: Wein stopfte weniger. Bingo: Sein gut trainierter Magen fühlte sich auch nach der dritten Vorspeise fast noch leer an! Mario nahm Paprikagulasch. Dann Fischfilets mit Reis. Noch einmal Fischfilets. Nach sorgfältigem Nachspülen mit Weißwein eine dritte Portion Fischfilets ohne Reis und ein halbes Gulasch. Zum Abschluss zwei Schnitzel vom Kinderbüfett. Zwischenstand 727,89 Euro.

Irgendwo in seinem Magen drückte es. Das musste der Fraß sein, den ihm die Erpresser gegeben hatten. Den er aber trotz der Scheiße mit der Kohle, er hatte ihn ja gegessen, von seinem Urlaubssoll abziehen konnte: Zwischenstand 717,69 Euro.

Bevor sich sein Bauch voll fühlen konnte, schaufelte er noch schnell an Nachspeisen rein, was ging: Karamellcreme, zweimal Schokoladenmousse. Götterspeise. Die schmeckte wie der Toner aus dem Farbkopierer, glibberte aber fast von alleine den Hals runter.

Der Druck im Magen wurde zum Schmerz. Zwischenstand 711,39 Euro. Zeit für Stufe zwei.

Mario ging zum Büfett und öffnete seine Jeansjacke. In jeder der Innentaschen steckte ein halber Müllbeutel aus dem Badezimmereimer. So konnte er im Vorbeigehen ganz locker drei Schnitzel und zwei Handvoll Pommes einsacken. Zwischenstand 699,69 Euro.

In seinem Zimmer versteckte er das Essen nicht in der Minibar, da sahen sie nach, sondern unter den Socken im Kleiderschrank. Er würde sich morgen was zum Pool mitnehmen, als Ergänzung zu den Erdnüssen.

Und dann rechnete er angestrengt. Und noch mal. Und noch mal.

Scheiße, das lief so nicht. Auch wenn er ab jetzt immer so viel fraß: In den drei Tagen, die hier noch übrig waren, kam er so niemals auf eine schwarze Null. Nicht mal, wenn er die Schnitzel und Pommes zu Wucherpreisen am Strand verkaufte.

Es musste anders gehen. Mario zermarterte sich das Hirn.

Und dann, bingo!, wusste er, wie.

MORITZ
Zurück in seinem Zimmer rief er Ilka an.

»Haribo hat sich wieder gemeldet«, sagte sie, »und Tom Hanks. Er will nicht sagen, um was es geht.«

»Ich musste mich hier outen«, sagte Moritz. »Der Hoteldirektor hat nichts bekommen, das mich als Stefan Schmidt ausweist.«

»Das kann nicht sein!«, rief Ilka. »Das Dokument muss längst da sein!«

»Es war nicht da«, sagte Moritz. »Am besten, du bestellst es sofort ab, sonst gibt es noch mehr Verwirrung.«

»Okay.« Moritz hörte eine Tastatur klackern. »Wer weiß, dass du du bist?«

»Ich habe es nur dem Direktor gesagt«, sagte Moritz zögernd.

»Ich rede mit ihm, damit er dichthält«, sagte Ilka. »Rufst du wenigstens Tom an?«

Als Moritz aufgelegt hatte, klingelte sein Zimmertelefon. Susan?

Eine Frauenstimme mit Schlafzimmertimbre wollte ein Autogramm, sofort und obwohl sie nackt sei, und sie habe ihn in »Die Nächte von Paris« gesehen und stelle sich die Badewannenszene mit ihm genauso vor, nur ohne Killer. Ob er lieber Zitronenschaumbad oder Mandelcremebad möge? Moritz vertröstete sie. Nicht nur, weil er nie in »Die Nächte von Paris« gespielt hatte.

Nach dem Auflegen klingelte es gleich wieder.

Moritz stellte das Telefon leise und legte das zweite Kissen von seinem Bett darüber.

Glücklicherweise hatte er seine maßgefertigten Ohrenstöpsel dabei, Ohrenstöpsel, die sechsundachtzig Prozent der Geräusche ausschlossen, so auch das Klopfen, das nun von irgendwo zu hören war, vermutlich an seiner Tür.

Vor dem Einschlafen dachte er an Susan.

MARIO

Fredi war von der Rolle, als Mario von seinem Handy aus anrief, weil das ja aus dem Ausland so teuer war. Ob er ihn nicht verarsche? Ob er nicht längst wieder zu Hause war? Ob er nicht mit dem Scheiß aufhören und mit ein paar Dosen vorbeikommen wolle?

Mario musste dreimal Scheiße rufen und Fredi solle sofort zuhören: Er habe doch diesen Schwager Paul. »Und der war doch auf Formentera im falschen Hotel. Und hat geklagt. Und hat jede Menge Kohle rausbekommen, oder?«

»Stimmt«, sagte Fredi, »diese Arschlöcher haben den echt gelinkt, das Hotel war ein Drecksloch, sein Zimmer war eine verfickte Baustelle mit fließend Wasser an den Wänden. Und wenn er nicht den Kumpel gehabt hätte, der Anwalt is und ihn aus der Scheiße geholt hat ...«

»Fredi«, sagte Mario. »Ich brauche die Nummer von diesem Anwalt. Kannst du Paule fragen?«

»Klaro, Alter, klaro. Ich treff den Paule nächste Woche beim Saurauskegeln, da haue ich ihn gleich an. Sach ma, wie läuft es weibermäßig? Sind die Karten nicht geil? Wie viele Schnallen hast du schon ...«

»He, Fredi«, sagte Mario. »Ich brauche die Nummer noch heute!«

Scheiße, Fredi machte eine viel zu lange Denkpause dafür, dass ein Euro nach dem anderen durchs Handynetz rauschte. Mindestens 25 Euro! Zwischenstand 724,69!!

»Fredi«, schrie Mario, »ich sitz hier total in der Kacke!

Echt! Die ist voll am Dampfen! Scheiße, ruf deinen Schwager an, wenn du mein Freund bist, du blöder verdammter Arsch!«

Eine Viertelstunde später hatte er die Nummer. Morgen würde sich seine Bilanz zum Besseren wenden.

PETE

Als er mit der abgebrochenen Nagelschere gegen die Heizung klopfte, musste er kichern, denn er wusste schon, dass niemand kommen würde. Aber: Er spürte endlich keinen Hunger mehr. Auch keine Schmerzen. Nicht mal im Fuß. Er befand sich in dem Zustand, den Verirrte in der Wildnis kurz vor dem Hungertod erreichen: Der Körper schüttet Opiate aus, um sich selber das Ableben zu erleichtern.

Pete kicherte weiter und hörte auf zu klopfen. Es gab Wichtigeres, um das er sich kümmern musste. Und wenn es schon zu spät für seine Karriere war: wenigstens das würde er nicht dem Zufall überlassen. Sorgfältig begann Pete, den Text in die Tür zu kratzen, der in seiner Todesanzeige stehen sollte.

OLIVER

Der hochdramatische Abgang der Schwiegermutter hatte Annas ohnehin schlechte Laune noch verschlechtert. Und der Wunsch von Carlotta und Elias, vor dem Einschlafen ausgerechnet die Benjamin-Blümchen-CD hören zu wollen, trieb ihre Laune auf ein neues Rekordtief.

»Oliver«, fauchte Anna, wenigstens redete sie wieder mit ihm, »wie konntest du diese Monster-CD einpacken?«

»Moment«, stotterte Oliver, »ich wusste bis zu diesem Urlaub NICHT, dass du sie so hasst.«

»Weil du dich nicht für mich interessierst! Weil es dir egal ist, was ich denke und fühle!«

»Was soll das schon wieder?«, rief Oliver. »Du weißt genau, dass das nicht stimmt. Du bist einfach unheimlich gestresst!«

»O ja, ich bin gestresst!«, schrie Anna. »So gestresst, dass ich diesen Mist jetzt vom Balkon werfen werde!«

Wie eine Furie packte sie das Abspielgerät samt CD und riss die Balkontür auf. Elias und Carlotta umklammerten aufbrüllend ihre Beine, um Benjamin Blümchen zu retten.

Es dauerte, bis sie das Klopfen an der Tür hörten.

Es waren nicht die Nachbarn. Es war die abgereiste Schwiegermutter. Sie bat um noch eine letzte Nacht Asyl, sie habe ihren Koffer ohnehin noch bei ihnen im Schrank. Morgen würde sie dann den ersten Flug nehmen. »Oliver kann doch noch mal bei Ernst schlafen. Oder in der Lobby auf einem der Sofas.«

»Nein«, rief Oliver, »das werde ich nicht!«

»Oliver!«, die Schwiegermutter schnappte nach Luft und sah Anna hilfesuchend an.

»Oliver!«, sagte Anna. »Stell dich nicht so an! Sei doch einmal ein bisschen kooperativ!«

Auf dem mit allen verfügbaren Decken und Kleidern ausgepolsterten Badezimmervorleger schlief Oliver deutlich weicher als beim letzten Mal.

SUSAN

Sie packte das Krokodil in den Schrank. Sie räumte ihren Koffer zu Ende aus. Und trotzdem war sie danach viel zu aufgeregt zum Einschlafen. Also stand sie noch lange auf dem Balkon und lächelte in die Dunkelheit.

JESSICA

Wieder versuchte sie, Julian zu erreichen. Wieder nur die Mailboxen. Zusätzlich schickte sie noch an jedes seiner Handys eine SMS: »Bitte um sofortigen Anruf, Jessica!«

Bevor sie ins Bett ging, stellte sie den Klingelton ihrer zwei Handys noch auf volle Lautstärke. Was überflüssig war, schlafen konnte sie sowieso nicht.

Mittwoch

OLIVER
Nur aus purer Gewohnheit quälte er sich hoch, als die Sonne ihn weckte, legte die ächzende Badehose an, warf den Bademantel über und taumelte in den Fahrstuhl.
Draußen hörte er keinen Laut.
Oliver näherte sich dem Pool. Nichts.
Er ging bis zum Rand des Pools. Nichts.
Und gerade das war verdächtig. Das konnte nicht sein.
Oliver drehte um. Er würde nichts riskieren.

JESSICA
Der Wahnsinn! Was war heute nur mit ihr los? Beim Laufen kam schon nach lächerlichen fünf Kilometern das Seitenstechen. Und dann konnte sie nicht mehr. Aus. Vorbei. Keine Luft. Das konnte nicht sein! Sie nahm doch jeden Morgen ihren Vitamincocktail, aß genug Eiweiß, und die Wachmacherpillen pushten den Organismus doch auch. So ein Shit!
Jessica hatschte zurück wie eine alte Frau. Am Strand stand wieder der traurige Mann im blauen Kurzarmhemd und ließ seinen blauen Drachen steigen. Als Jessica näher kam, begann der Drachen zu rütteln wie ein Falke. Dann stürzte er nach unten, dem Kurzarm genau auf den Kopf. Der stieß einen Schrei aus.
»Entschuldigung«, sagte er, als Jessica auf seiner Höhe war, »sprechen Sie Deutsch? Könnten Sie mir helfen? Bitte, es ist sehr wichtig für mich!«

Nice try, aber sie hatte keine Lust auf diese Anmache.

Als sie wieder bei Julian anrief, meldete sich jemand. Eine Frau.

»Hallo?«, sagte die, der Empfang war schlecht, zerhackt. »Hallo? Wer ist da?«

Tatjana, Julians Frau. Jessica legte auf, es war wie ein Reflex.

Und im selben Augenblick wusste sie, dass das ein Fehler gewesen war.

OLIVER

Als Oliver vom Pool zurückkam, war Anna wach und wollte wissen, wo er sich wirklich herumgetrieben habe – das mit dem Pool sei lächerlich, seine Badehose sei knochentrocken!

»Das ist es ja«, sagte Oliver, »das habe ich doch gerade erzählt! Es klappt nie! Jeden Morgen, wenn ich schwimmen gehen will, passiert irgendetwas! ...« Er hörte auf, es klang lächerlich.

»Das klingt lächerlich!«, sagte Anna.

Oliver wollte ins Bad ausweichen. Das war besetzt von der Schwiegermutter, die rief, sie werde sehr lange brauchen und zum Frühstück nachkommen.

»Anna«, sagte Oliver, als sie die Kinder wie zwei Kälber zum Fahrstuhl trieben, »wir sollten uns nicht ständig die Laune verderben lassen. Immerhin ist es unser Urlaub!«

»O ja«, sagte Anna eisig, »und was machst du? Ziehst über meine Eltern her. Lässt mich alleine mit den Kindern, genau wie sonst auch. Und bist immer weg. Angeblich am Pool, angeblich wegen unserer Zimmer. Wer weiß, wo du wirklich bist!«

»Moment ...«

»Und noch was: Es war eine Scheißidee von dir, diesen Urlaub zu buchen!«

»Du wolltest das doch unbedingt!«, rief Oliver.

»Das stimmt nicht!«

»Von mir aus«, sagte Oliver, »ich habe auch keine Lust, auf dem Fußboden zu schlafen, weil in meinem Bett deine Mutter schnarcht. Oder davon aufzuwachen, dass dein Vater mich fast erwürgt. Ich freue mich auf zu Hause, auf mein ganz normales Bett. Lass uns früher zurückfliegen. Gleich morgen!«

Anna starrte ihn verächtlich an. »Du willst doch wieder nur in deine Firma abtauchen!«

MORITZ

Als er Text lernte, klingelte sein Handy.

»Jasmin!« Fast hatte er vergessen, dass er sie um Rückruf gebeten hatte.

»Ich bin schon da«, sagte sie schnell, sie redete immer schnell, »ich bin vorhin gelandet, habe einen Polo gemietet, und weil du immer zu lange schläfst und zu spät anfängst, Text zu lernen und nicht gestört werden willst, sitze ich gerade in der Bar S.a.n.s.i. und frühstücke und lese noch eine Stunde Zeitung, korrigiere einen Songtext und freue mich dann auf viele schöne Hausbesichtigungen!«

Jasmin, die Süße. »Schön!«, rief Moritz. »Ich freue mich, dass du da bist. Hältst du es noch etwas aus – dann kann ich gleich mit dem Makler vorbeikommen?«

»Lass dir Zeit, ich habe zwei Kilo Arbeit mitgebracht. Lern weiter. Bis später!«

Erleichtert rief Moritz Susan in ihrem Zimmer an. Sie war nach dem ersten Klingeln dran, und wie es klang, freute sie sich.

»Ich habe gute Nachrichten!«, sagte Moritz. Und dass sie glücklicherweise ihre kostbare Zeit nicht mehr mit seiner dämlichen Immobiliensuche vertun müsse und den Urlaubstag am Pool oder am Meer genießen könne: Er habe jemanden, der für sie einspringen könne.

»Eine Frau wahrscheinlich«, sagte Susan nach einer kleinen Pause leichthin.

Ja, das sei bei diesem Makler wohl nicht anders zu machen. Er wolle ihr aber noch einmal sagen, wie dankbar er sei und wie sehr sie ihm geholfen habe.

»Aber das war doch selbstverständlich«, sagte Susan.

Er hoffe sehr, dass sie sich wiederträfen. Heute Abend zum Abendessen, wenn sie nichts anderes vorhabe? Er fände das sehr schön. Aber nur, wenn sie wolle. Er würde sich sehr freuen.

»Natürlich. Auf Wiedersehen.«

SUSAN

Das war es. Das Aus.

Sie hatte gewusst, dass es kommen würde, und zugleich hatte sie die ganze Zeit gehofft, es würde einmal nicht so kommen. Moritz Palmer, der Mann, von dem sie heute Nacht auch noch geträumt hatte, hatte ihr mitgeteilt, er brauche sie nicht mehr. Punkt. Er fahre heute mit einer anderen Frau Häuser ansehen. Punkt. Und zum Schluss die übliche Floskel für abgelegte Bekanntschaften: Man könne sich ja bei Gelegenheit mal wieder sehen!

Susan saß auf der Bettkante und starrte ins Nichts.

Dabei hatte sie ihn gestern nicht mal geohrfeigt. Oder hatte er das etwa erwartet? Nein, aber vielleicht, dass sie sich ihm an den Hals werfen würde. Vermutlich suchte sich Moritz Palmer auf diese Weise seine Gespielinnen fürs Bett. Und sie, sie war nun abgehakt, das war nicht gelaufen, anfangs ganz nett, aber danach ein Rohrkrepierer. Und heute war die nächste Kandidatin aus der Schlange dran.

Dieser Scheißkerl. Dieser blöde Schönling-Wichtigtuer-

Fatzke! Dieser Schweinemacho! Sie konnte froh sein, dass sie nicht auf ihn reingefallen war. Und überhaupt, über ihn konnte sie nur lachen!

Susan stieß ein gellendes Gelächter aus. Dann begann sie, zu weinen.

MARIO

Er hatte Glück, der Anwalt war sofort am Telefon. Mario fasste sich kurz, das Gespräch war sauteuer.

»Nein«, sagte der Anwalt, »nein, bei Entführung und selbst, wenn Sie jemand entführt und zum Verzehr einer schlechten, zu teuren Paella nötigt – geht es Ihnen gut?«

»Jahah!«, antwortete Mario ungeduldig.

»Schade«, sagte der Anwalt, »also dann ist das kein Reisemangel, bei dem Sie vom Veranstalter Geld zurückfordern könnten. Außer vielleicht, das kommt regelmäßig vor. Wenn man Sie, nur als Beispiel, jeden Tag entführen und foltern würde, und zwar auf dem Hotelgelände ...«

»Und was ist mit dem Reservierungsverbot für Liegen?«, röhrte Mario dazwischen. »Ein Skandal ist das!«

»Für Sie persönlich ja«, sagte der Anwalt. »Juristisch nur, wenn Sie das Recht, eine Liege zu reservieren, irgendwo schriftlich fixiert haben.«

Mario wollte schon auflegen, der Typ quatschte sicher nur so geschraubt, weil er Prozente von den Auslandsroaminggebühren seines Netzbetreibers bekam – mindestens 30 Euro! Zwischenstand 754,69!! Aber der Anwalt sagte noch was.

»Wenn Sie von einem Reiseveranstalter Geld zurückwollen, müssen Sie sich auf Dinge konzentrieren, die Sie gebucht, aber so nicht bekommen haben. Wenn das Zimmer mangelhaft ist, der Pool, der Strand ...«

»Was heißt mangelhaft?«, fragte Mario hellwach.

»Ich kann Ihnen eine Liste faxen.«

»Und wie viel bekommt man da zurück?«, fragte Mario.

»Das kann sich bis auf über die Hälfte des Reisepreises summieren. Sie müssen die Mängel dokumentieren, mit Fotos und Zeugen, und wenn sich keine Abhilfe schaffen lässt, können wir sie im Nachhinein beim Reiseveranstalter geltend machen.«

Bingo, Doppelbingo, Triplebingo! »Faxen Sie mir die Liste ins Hotel«, blaffte Mario. »Schnell!«

JESSICA

Es dauerte, bis Jessica sich in der Lage fühlte, noch einmal bei Julian anzurufen. Hoffentlich würde diesmal ER drangehen! Nein, wieder Tatjana.

Jessica schluckte. »Hi, hier ist Jessica aus der Firma«, sagte sie. »Kann ich bitte Julian sprechen?«

»Oh«, sagte Tatjana, »im Urlaub? Ist es dringend?« Es klang, als sei Jessicas Anruf die denkbar unangenehmste Störung, dabei war für Julian Urlaub nur Arbeiten an einem anderen Ort.

»Ja, bitte«, sagte Jessica. »Es geht um – einen Termin.«

»Im Moment unmöglich«, sagte Tatjana. »Er sitzt gerade im Beiboot und angelt Haie. Ruf später noch mal an. Bye!«

Sie hatte schon aufgelegt.

Jessica wurde klar, dass sie einen weiteren Fehler gemacht hatte: Sie hatte nicht gesagt, dass sie vorhin schon einmal angerufen hatte. Aber Tatjana hatte sicher bemerkt, dass es dieselbe Nummer gewesen war. Außerdem: Wenn Tatjana an Julians Handy ging, las sie vielleicht auch seine SMS. Auch ihre. Und wurde dann erst recht argwöhnisch und guckte nach der Mail ... O no, Shit, holy Shit!

OLIVER

Als sie ins Restaurant kamen, saß der Schwiegervater an einem Tisch, aß Spiegelei, trank frisch gepressten Orangensaft und Whiskey. Und strahlte übers ganze Gesicht. »Ich fühle mich wie neugeboren! Ich kann euch gar nicht sagen, wie froh ich bin, dass sie weg ist.«

Anna verwickelte ihn in ein Gespräch über die Bedeutung einer fünfunddreißigjährigen Ehe, das so lange dauerte, bis die Schwiegermutter den Raum betrat. Im Gegensatz zu gestern ziemlich gebeugt, schlurfte sie zu einem weit entfernten Singletisch und ließ sich dort nieder.

Der Schwiegervater starrte sie an wie eine Erscheinung.

»Sie ist doch abgereist«, stotterte er. »Ist sie ... doch nicht?«

»Sie fliegt heute«, sagte Anna. »Gestern war es zu spät.«

Er kippte seinen Whiskey auf ex. »Kinder, ich gehe an die Poolbar, da muss ich dieses furchtbare Weib nicht sehen!«

Kaum war er weg, kam die Schwiegermutter an, um ihnen zu sagen, wie froh sie sei, dass sie »diesen furchtbaren Mann« nicht mehr sehen müsse.

»Wann geht eigentlich dein Flug?«, fragte Oliver.

»Ach so«, sagte die Schwiegermutter. »Ich fliege heute noch nicht. Ich bin noch viel zu aufgeregt. Ich hole mir ein paar Zeitschriften und setze mich in euer Zimmer auf den Balkon. Ich bestelle mir den Zimmerservice und esse Meeresfrüchtesalat und trinke Chai Latte. Ich gehe zur Thalasso-Massage und lasse mir die Nägel machen. Und das Beste: Alles läuft auf die Kreditkarte DIESES MANNES.«

»Mami!«, sagte Anna ungläubig.

MARIO

Die Liste vom Anwalt war einfach super. Nicht nur die Mängel standen da drauf, sondern auch, wie viel Prozent vom Reisepreis man zurückverlangen konnte. Ein paar Sachen waren total easy. Fünf Prozent vom Reisepreis bloß für ein klappriges Bett! Pillepalle, das Ding klapperte sowieso. Und als Mario in der Poolbarpause ein paarmal mit Schmackes und dem schweren Fernseher im Arm reingesprungen war, klapperte es noch mehr. Bingo!

Fünf Prozent nur für einen Schrank ohne Schrankböden. Kein Thema: Mario versteckte die Bretter unter der Liege auf dem Balkon. Geil, machte schon mal zehn Prozent Abzug von den 449 Euro, die er gelatzt hatte, abzüglich der Mängel: Zwischenstand 709,79 Euronen!

Was hatte der Anwalt gesagt? Fotos! Er zückte sein Handy.

Und Zeugen. Mario wartete, bis er auf dem Flur jemanden hörte, und riss die Tür auf.

»Tschuldigung!«

O neee, ausgerechnet die FKK-Alte vom Singletisch! Sie freute sich so, ihn zu sehen, als habe er versprochen, sie nackt zu heiraten. Und sie unterschrieb sofort, was er über den mangelhaften Zustand des Schranks auf den Abrechnungsblock für die Minibar gekritzelt hatte.

»Freilich probiered mir des Bett au no aus«, gurrte sie. »Glei heit Obend?«

»Na ja«, wand sich Mario, »es wäre toll, wenn jetzt gleich. Es geht wirklich nur um die Bestätigung, dass es wackelt …«

Sie ließ sich aufs Bett gleiten, wackelte mit den Hüften hin und her und knöpfte langsam ihre Bluse auf. Scheiße, Mann, er war doch nicht bei der Altengymnastik.

»Des find i gar net, das des wagglt«, sagte sie. »Vielleicht zu zwoit? Komm, oder hasch Angst? Komm, du bisch doch an Risikomänätscher!«

»Facility-Manager!«, sagte Mario.

»Meinetwäga, no halt Fertility-Mänätscher«, sagte sie. »Jetzt komm!«

JESSICA

Sie versuchte es noch einmal bei Julian, und wieder hatte sie seine Frau dran. Sie wirkte eine Spur aufgeregt. »Er ist noch draußen. Der Hai hat das Boot zwei Kilometer gezogen, dann hat er angegriffen und dem Guide ein Stück Fleisch aus dem Arm gebissen. Und er ist immer noch nicht müde. Julian auch nicht. Es kann also noch dauern. Um was geht es?«

Jessica gab sich einen Ruck. »Es ist so«, hörte sie sich stottern, »ich habe ihm eine Mail geschickt, die nicht für ihn bestimmt war ...«

»Sondern für die Konkurrenz?«

»Nein, für meinen Freund«, sagte Jessica. »Ich habe aus Versehen die Mailadressen verwechselt ...«

»Welchen Betreff hat die Mail?«, fragte Tatjana sofort.

Sie sagte es ihr. Tatjana war still. »Ein Versehen?«, fragte sie dann scharf. »Ein Versehen?«

»Natürlich, ein Versehen«, sagte Jessica.

»Wie lange geht das schon?«, fragte Tatjana.

»Was?«

»Das mit euch!«

Das konnte nicht wahr sein. Jessica merkte, wie ihr Puls bis zum Hals schlug. »Nein, das war genau so, wie ich es gesagt habe, ich schwöre, da ist nichts!«

»Mach mir doch nichts vor!«, schrie Tatjana. »Ich habe es gespürt! Wie kannst du nur, du ...«

Sie unterbrach die Verbindung.

Jessica starrte von ihrem Schreibtisch übers Meer. O nein, was sollte sie nur tun?

MARIO

Okay, was hätte er machen sollen. Er war halt ein Mann, und als die FKK-Hexe ihm die Möpse zeigte, ging es einfach los bei ihm. Anders war sie eh nicht aus dem Bett zu kriegen.

Und bingo: Danach unterschrieb sie sofort, dass das Bett krankhaft wackelig war. Er warf ihre Kleider, dann sie raus, ging ins Bad und rieb sich unter der heißen Dusche gründlich mit Seife ab. Scheiße.

Wenigstens konnte er dafür jetzt noch was von seinem aktuellen Zwischenstand abziehen. Nicht 50, da war sie zu alt für. Aber immerhin 10. 15. Na ja gut, er war kein Unmensch: 20 Euro. Plus noch mal fünf Prozent für das jetzt sehr wackelige Bett.

Zwischenstand 667,34 Euronen.

MORITZ

Als er in die Lobby kam, um Fernandez zu treffen, trat der Rezeptionist auf ihn zu.

»Ich bitte vielmals um Entschuldigung, Herr Palmer«, sagte er, sich vor Verlegenheit windend. »Ich würde Ihnen gerne etwas zeigen, das gerade angekommen ist.«

»Ich habe leider keine Zeit«, sagte Moritz und wich den lasziven Blicken zweier Touristinnen aus.

»Ich denke, es ist wichtig«, sagte der Rezeptionist. »Es betrifft – Sie!«

Ein Passersatzpapier des Konsulats. Versehen mit seinem Foto. Ausgestellt auf den Namen Stefan Schmidt aus Darmstadt. O nein, Ilka!

»Ach das.« Moritz überlegte schnell. So schlecht war das vielleicht gar nicht. »Sind Sie nun zufrieden?«

»Wie bitte?«, fragte der Rezeptionist ungläubig.

»Sie wollten die ganze Zeit einen Ausweis auf den Namen Stefan Schmidt«, sagte Moritz. »Und hier ist er. Na also! Dann müssen Sie mir ja nicht mehr hinterhertelefonieren. Und Gruß an Ihren Direktor.« Er ließ den Mann stehen, der ihn ganz offensichtlich für durchgeknallt hielt. Aber der Hoteldirektor hatte ja anscheinend nicht Wort, also nicht dichtgehalten, und das Papier konnte ihm dazu verhelfen, hier noch einigermaßen seine Ruhe zu haben. Man würde ihn zwar wahrscheinlich für einen Hochstapler halten, der gerade noch die Kurve gekriegt hatte. Aber damit konnte er leben.

Fernandez, erschienen im blütenweißen Anzug nebst Einstecktuch, schien enttäuscht, als Moritz sagte, die Señora sei leider unpässlich, aber in der Bar S.a.n.s.i. warte eine attraktive andere Señora: Er war so wortkarg wie am Anfang und fuhr auch wieder wie eine Wildsau.

SUSAN

Sie hatte schon einen Namen für das Krokodil, sie nannte es Franz. Aber das änderte an der Sache nichts. Mit Franz ging sie zum Strand und suchte eine Luftpumpe.

Da kam ihr der Immer-gut-drauf-Strandanimateur heute gerade recht.

»Hi, alles cool?«, fragte er. »Oh là là, das Tier sieht ja schon gefährlich aus! Und wenn es sich noch größer macht ...«

Susan fragte, ob er wisse, wo sie eine Pumpe bekommen könne. Javier, so stellte er sich vor, sagte, er käme gleich wieder. Tatsächlich. Kaum zehn Minuten später war er mit einer professionell aussehenden Hebelfahrradpumpe zurück, zog sein T-Shirt aus und pumpte in nicht mal fünf Minuten Franz komplett auf. »Wow! Ist das ein langes Ding!«

Tatsächlich, Franz würde sie eine ganze Zeit tragen können, weit aufs grüne Meer hinaus. »Danke«, sagte sie.

Javier fragte, ob er sie noch eincremen solle; die Sonne sei heute wieder sehr stark.

»Vielen Dank, aber das lohnt nicht mehr«, sagte sie. »Ich möchte ins Wasser gehen!«

Sie schob Franz gerade ins Wasser, als drei lachende kleine Kinder kamen und fragten, ob sie mal mit ihm spielen könnten: »Bitte, nur mal kurz! Bitte, bitte!«

Susan ließ die Kinder auf Franz reiten, ins Wasser plumpsen, unter Franz hindurchtauchen, kreischend und quiekend vor Franz ans Ufer fliehen.

»Sie machen das toll«, sagte eine Frau, wohl die Mutter. »Würde es Ihnen etwas ausmachen, noch ganz kurz auf sie aufzupassen? Ich muss schnell ins Hotel und etwas holen. Ich bin gleich wieder da. Tausend Dank!«

Susan überlegte noch, wie sie am geschicktesten »Nein« sagen konnte, aber die Frau war schon weg.

MORITZ

Jasmin sah toll aus in ihrem langen dunkelblauen Sommerkleid. Zur Begrüßung schlang sie die Arme um ihn, küsste ihn und erzählte, dass sie in Paris gewesen sei, zu Gesprächen mit einer Band, mit der sie vielleicht ein gemeinsames Stück machen wollte.

Fernandez, Moritz kannte das nicht von ihm, hupte ungeduldig und ließ den Motor aufheulen wie ein Halbstarker. Kaum saßen sie auf der Rückbank des Jaguars, raste er los. Er vergaß auch völlig, Jasmin seine überschwänglich-unterwürfigen Komplimente zu machen.

Erst als Jasmin Moritz leise ein paar Zeilen ihres neuen Songs vorsang, erlag Fernandez ihrem Charme. Er reduzierte das Tempo und drückte am Armaturenbrett herum, offensichtlich auf der Suche nach dem Champagnerknopf. Zuerst fuhren sämtliche Kopfstützen zweimal rauf und runter. Dann dröhnte kurz eine versteckte Polizeisirene. Schließlich glitt mit bedrohlichem Zischen eine Scheibe zwischen Vorder- und Rücksitzen nach oben.

Zu Moritz' Verblüffung nickte Fernandez und nahm die Hand wieder ans Lenkrad.

OLIVER

Die Kinder waren so müde, dass sie Mittagsschlaf machen wollten. Als sie ins Zimmer kamen, war die Schwiegermutter nicht da, was selbst Anna zu erleichtern schien. Kaum schliefen Elias und Carlotta, legte sie sich mit einem Buch auf den Balkon.

Oliver hätte sich gerne auch hingelegt, aber er konnte sich das nicht leisten. »Ich gucke mal schnell im Shop nach einer Badehose.«

»Tatsächlich?«, sagte sie ironisch.

Im Grunde hatte sie recht, denn Oliver hatte etwas ganz anderes vor. Er würde direkt beim Reiseveranstalter anrufen. Und dafür sorgen, dass dieses Hotel lange Zeit nicht mehr überbucht wäre.

Oliver setzte sich in der Lobby auf ein Sofa und wählte die Telefonnummer auf der Buchungsbestätigung.

»Hallo, willkommen bei Happy Sunshinetours XXL«, flötete eine weibliche Stimme. »Wie kann ich Ihnen helfen?«

Oliver erzählte, wie.

Die Frau bat ihn, sich an den Reiseleiter vor Ort zu wenden.

»Es gibt hier keinen Reiseleiter«, sagte Oliver.

»Das kann nicht sein.«

»Ich schwöre es Ihnen«, sagte Oliver. »Angeblich ist er bei seiner todkranken Schwester im Krankenhaus. Aber das ist eine Lüge. Ich würde Ihnen also gerne direkt sagen, was nicht stimmt.«

»Sorry, aber leider dürfen aus rechtlichen Gründen nur unsere Reiseleiter Beschwerden aufnehmen!«

»Das kann nicht sein!«, ärgerte sich Oliver.

»Ich danke Ihnen für Ihren Anruf.«

»Warten Sie!«, rief Oliver hastig. »Haben Sie eine Telefonnummer, unter der ich ihn erreichen kann?«

»Die geben wir nicht heraus. Wer weiß, was Sie mit der Nummer alles machen!«

»Ihn anrufen! Was denn sonst!«

»Na eben. Aber er ist jeden Tag in Ihrem Hotel. An seinem Schreibtisch. Zu seinen Sprechzeiten.«

»Nein!«, sagte Oliver. »Er war noch nie dort!«

»Noch nie? Woher wollen Sie DAS denn wissen? Sie sind doch erst ein paar Tage da!«

»Geben Sie mir Ihren Teamleiter«, rief Oliver erbost. »Geben Sie mir Ihren Teamleiter, sofort!«

Er hörte Warteschleifenmusik. Dann, er wollte gerade auflegen, hatte er einen Mann dran. Der unverschämte Knabe erzählte dasselbe wie die Frau. Oliver fragte nach SEINEM Teamleiter.

Dann war wieder eine Frau dran, die auch nichts anderes sagte.

»Sorry«, meinte sie, »ich habe gar keinen Teamleiter mehr. Ich kann Sie nur noch mit unserem Telefoncomputer für Problemkunden verbinden. Aus der Schleife kommen Sie nie mehr raus.«

»Moment«, fragte Oliver, »haben wir nicht ganz am Anfang miteinander telefoniert?«

Sie legte auf.

Olivers erster Gedanke war, den Schreibtisch des Reiseleiters zu zertrümmern und in Brand zu stecken und dann den Hoteldirektor zu suchen und ihn mit den verkohlten Resten zu füttern. Sein zweiter Gedanke war, im Shop nach einer Badehose zu suchen.

Wenn er ohne zurückkam, würde Anna ihm gar nichts mehr glauben.

JESSICA
Sie saß am Notebook, aber kein Gedanke daran, sich auf die Arbeit zu konzentrieren. Sie rief Kolja an, zehnmal hintereinander. Er ging nicht dran.

Sie starrte vor sich hin. Als es klingelte, fuhr sie zusammen.

Julians Nummer!

»Hey«, sagte sie, »sorry vielmals, mir ist etwas ganz Dummes passiert ...«

Es war nicht Julian. Es war Tatjana, Sie wollte Jessica »etwas fragen«:

Ob sie ihre Liebhaber nicht unter ihresgleichen und in ihren Kreisen suchen könne? Was ihr einfiele, sich einzubilden, in eine völlig intakte Beziehung einbrechen zu können? Und dass sie die Finger von ihrem Mann lassen solle, sofort und das ein für alle Mal! Ob sie das verstanden habe?

»Ja ...«, sagte Jessica kaum hörbar. »Aber ...«

Die Verbindung war weg. Tatjana ging nicht dran.

War das schrecklich!

SUSAN
Endlich kam die Mutter der Kinder wieder. Jetzt trug sie statt der Sonnen- eine normale Brille. »Entschuldigung, dass es so lange gedauert hat«, rief sie Susan zu. »Aber ich war erst in zwei falschen Hotels. Wissen Sie, ich habe bei Bruder Basilico meine Kontaktlinsen verloren, und ich bin extrem kurzsichtig – ohhhh!«, fing sie an zu schreien. »Das sind nicht meine Kinder! Wo sind MEINE Kinder??!«

Susan schob Franz ins Wasser und paddelte mit Händen und Füßen weg vom Strand, immer gegen die Wellen an.

OLIVER

An der Kasse im Shop stand eine blasierte schlanke Frau, gekleidet, als käme sie von einer Vernissage, und las eine Illustrierte. Sonst war der Laden leer.

»Ich hätte gerne eine Badehose«, sagte Oliver. »Ich weiß nicht genau, welche Größe …«

Ohne ihn anzusehen, deutete die Blasierte in eine Ecke. Tatsächlich, hinter all den Pelzjacken, Abendkleidern, Golfausrüstungen und Kameras gab es einen kleinen Drehständer mit Badehosen. Während Oliver die Hosen durchging, kam eine Kundin und fragte mit gesenkter Stimme nach etwas, das wie »Brandsalbe« klang. Die Blasierte zog eine Schublade auf. Kurz darauf kam eine weitere Frau, die ebenfalls Brandsalbe wollte. Dicht hinter ihr ein Paar. Die kauften zwei Tuben auf einmal.

Oliver dachte an Annas schmerzverzerrtes Gesicht und daran, dass sie heute am Strand die ganze Zeit ihr T-Shirt angelassen hatte.

»Eine der letzten Tuben«, sagte die Blasierte. »27 Euro 99!«

»Das ist teuer«, sagte Oliver erstaunt.

»Günstiger als der Gong-Shee-Lee-Ausflug«, sagte sie und grinste. »Und welche Badehose darf es sein?«

»Hi«, rief jemand hinter ihm, und Oliver spürte eine Hand auf seiner Schulter, »alles cool?«

Es war Verena, in einem Nichts von blauem Sommerkleid mit supertiefem Ausschnitt und hohen Schlitzen an den Seiten. Zu seiner Überraschung begrüßte sie ihn mit Wangenküsschen, sie roch nach einem stimulierenden Parfüm. »Was macht die Family?«

»Ist oben«, sagte Oliver. »Alles cool.«

»Und du kaufst eine neue Badehose?«, fragte Verena. »Brauchst du Beratung?«

Es war keine Frage. Schon fledderte sie durch die Hosen und hielt drei, vier knappe Tangas in der Hand. Einer war knallrot, der andere schwarz, der dritte veilchenblau. »Hier! Die stehen dir sicher sehr gut, das weiß ich.«

Oliver hatte noch nie Tangas getragen, er trug nur Badeshorts, und im Moment hielt er Tangas wegen seines Bauchspecks erst recht für unangemessen. Aber das konnte er Verena so nicht sagen. »Ich glaube, die sind nicht ganz meine Größe«, sagte er zögernd.

»Ich glaube schon.« Sie sah ihm sehr tief in die Augen. »Probier sie einfach an. Da ist die Kabine! Ich warte so lange.«

Verena hatte eine Art, bei der man nicht zum Nachdenken kam. Bevor er wusste, was er tat, war Oliver schon in der Kabine und überlegte eine Exit-Strategie: Er würde so tun, als habe er die Tangas probiert und sie passten nicht. Und dann würde er sagen, dass es doch schon spät sei und er die Badehosenauswahl leider verschieben ...

»Und?« Verena. »Hast du schon eine an?«

»Jaja«, rief Oliver, öffnete seinen Gürtel und klimperte damit herum, »ich hab schon alle drei durch. Sie passen nicht!«

»Ah geh! Das glaub ich nicht. Die rote passt tausendprozentig! Darf ich mal sehen?«

»Äh, danke«, rief Oliver, »aber ...«

»Geh, das mache ich supergerne. Bitte zieh die rote noch mal an, ich schaue gleich mal. Frauen können so was manchmal viel besser sehen ...« Sie lachte.

»Moment«, sagte Oliver automatisch, »Moment ...« Hastig stieg er aus der Hose und streifte den roten Tanga über. Er passte kaum über seine Oberschenkel. Oliver zog und zerrte.

»Kann ich rein, Schnucki?«, fragte Verena.

»Moment noch!«, rief Oliver. Endlich hatte er den Tanga oben. Warf einen Blick in den Spiegel und hielt den Atem an. Grausam! Er sah aus wie ein Sumoringer im Babyschlüpfer! Und was die Speckwülste anging: Der Tanga kaschierte sie kein bisschen, im Gegenteil: Er hob sie an. Er betonte sie!

Nein, so konnte er sich niemandem zeigen, erst recht nicht dieser Frau!

»Okaaaay, dann lass doch mal seeehäään!«, lachte sie. Und schob den Vorhang einfach zur Seite!!!

Oliver wollte etwas rufen. Zu spät.

Mit herausforderndem Blick stand Verena ganz dicht vor ihm.

Sie sah nach unten. Ihre Augen weiteten sich. Sie öffnete ihren Mund.

Dann prustete sie los.

Sie lachte und konnte gar nicht mehr aufhören. Dann stand die Blasierte neben ihr. Beide lachten, bis Oliver, krebsrot, den Vorhang wieder zuriss.

Als er sich umgezogen hatte, war Verena weg und die Blasierte kicherte immer noch.

Oliver verließ den Shop ohne Badehose.

SUSAN

Es war Schwerstarbeit, auch nur ein kleines Stück vom Strand wegzukommen. Arme und Beine taten ihr weh von dem Gepaddel, immer wieder schlugen Wellen über ihren Kopf, und Franz wackelte doch mehr als gedacht.

Da kam auch noch ein Jetskifahrer angerast, mit einem Höllenlärm und unglaublich dicht an ihr vorbei! Franz wackelte stark. Unter normalen Umständen hätte Susan dem Kerl etwas nachgebrüllt, jetzt aber musste sie sich festklammern, damit sie nicht runterfiel.

Und dann kam dieser Irre auch noch zurück! Raste wieder ganz knapp an ihr vorbei, machte eine Riesenwelle, drehte eine Kurve und winkte ihr auch noch zu!

Sie winkte, er solle verschwinden.

Er kam wieder angebraust, umkreiste sie und rief ihr lachend etwas zu. Franz bäumte sich auf, die Bugwelle klatschte ihr ins Gesicht, sie ließ los und rutschte unter Wasser. Weit unter sich sah sie den Meeresboden, Sand, Steine, bunte Fische, wie tief man gucken konnte, dachte sie noch …

MORITZ

Dieses Haus war ein kompletter Reinfall. Zwar hatte es einen großen Garten, sogar einen riesigen. Einen herrlichen Blick aufs Meer. Aber das Haus selbst war unbrauchbar, wenn man kein LED-Fetischist war: Im gesamten Gebäude waren Zehntausende der kleinen Leuchten verbaut. Sie verwandelten alle Innenwände und alle Decken in riesige Leuchtflächen, die ständig zwischen Rot-, Grün- und Blautönen hin und her wechselten; die LEDs an der Schwimmhallendecke imitierten sogar Wellenbewegungen.

So weit, so gut. Nur leider strahlten sämtliche LEDs in einer kalten, fast bläulichen Lichtfarbe.

»Einfach perfekt«, sagte Jasmin. »Ein idealer Drehort für einen Thriller. Wenn Hitchcock das noch sehen könnte … Du kannst aus dem Laden auch die abgefahrenste Pension der ganzen Insel machen. Es gibt depressive Grottenolme, die brauchen so was im Urlaub, damit sie nicht zu glücklich werden.«

Fernandez warf ihr einen finsteren Blick zu und bat um Eile, er habe noch einen Termin mit Mick Jagger.

SUSAN

Als sie gerade begann, Wasser zu schlucken, packte sie jemand am Arm und zerrte sie nach oben. Susan sah ein unrasiertes Gesicht, das Italienisch mit ihr sprach, nein: eher schrie. Sie hustete, wurde auf den Jetski gelegt, wie man in den Westernfilmen die Bewusstlosen und Gefangenen übers Pferd legte. Dann trug der Unrasierte sie auf den Sandstrand und redete unentwegt auf sie ein. Susan verstand kein Wort.

Er interpretierte das als Zustimmung zur Mund-zu-Mund-Beatmung.

Susan warf sich zur Seite und rief, er sei wohl verrückt. Der Jetskifahrer wollte sie hochziehen, redete weiter, machte Ess- und Trinkbewegungen.

Susan schüttelte den Kopf, aber er ließ ihren Arm nicht mehr los. Er schien der festen Überzeugung zu sein, dass er Susan rechtmäßig erbeutet hatte.

»Nein«, schrie sie, »lassen Sie mich in Ruhe! Lassen Sie mich!«

»Hi, alles cool?«, fragte jemand. Javier, der Immer-gut-drauf-Strandanimateur!

Der Italiener murmelte etwas von »stronzo« und entfernte sich.

Javier setzte sich neben sie. »Es gibt Leute, die verstehen einfach kein Nein. Geht's dir gut? – He, du zitterst ja! Warte, ich hole dir eine Decke, warte!«

Susan nickte und spürte, wie ihr die Tränen über die Wangen liefen.

MORITZ

Fernandez setzte sie beide an der Bar S.a.n.s.i. ab und brauste mit quietschenden Reifen davon. Drinnen gab es großes Hallo; Udo und Marlene waren da, Boris und Daniela, die zum Glück ihren Mund hielt. An der Theke saß Waldi und hoffte, dass man ihn erkannte. Sie taten ihm den Gefallen.

Nach dem Essen hakte sich Jasmin bei ihm ein, und sie machten einen Spaziergang am Strand.

Sie waren genau zehn Schritte gegangen, als Jasmins Handy klingelte.

Sie hörte zu und wurde blass.

»Was ist«, fragte Moritz. »Alles in Ordnung?«

»Ja, nein«, sagte sie. »Ich pack's nicht. Das war der Assistent von William Orbit. DEM William Orbit. Produzent von Madonna und so. Er will vielleicht unser Album rausbringen. Er will uns hören. Live. So schnell wie möglich. Morgen. In London. Der spinnt. Der spinnt total. Das geht nicht!«

»Das geht.« Moritz sah auf die Uhr. »Der nächste Flug geht in zwei Stunden. Ruf deine Band an.«

»Quatsch. Ich bin gerade angekommen. Ich will dir beim Hauskaufen helfen. Wir haben uns ewig nicht mehr gesehen!«

»Wir werden uns wiedersehen«, sagte Moritz, »William Orbit ist wichtiger. Du solltest dir nur die üblichen Witze verkneifen. Orbit ohne Zucker kann er nicht mehr hören. Komm, ich fahre dich zum Flughafen.«

MARIO

Er war an der Poolbar gewesen, um seinen Mund von der FKK-Alten mit ein paar Bier und Inclusive-Kräuterschnäpsen zu desinfizieren. Dann nahm er sich noch einmal die Liste seines Anwalts vor. Ungeziefer aller Art war der absolute Trumpf. Das allein brachte bis zu vierzig Prozent – ein Vollidiot, wer sich das entgehen ließ! Wo man hier Kakerlaken fand, davon hatte Mario keinen Blassen. Die Käfer, die er beim Abtauchen unter dem Büfetttisch im Speiseraum entdeckt hatte, sahen zwar so ähnlich aus, waren aber viel kleiner als in den Horrorfilmen. Aber Ameisen, das war kein Thema. Mario nahm den Plastikmüllbeutel mit, verließ das Hotel und schlug sich neben der Straße in die Büsche. Er musste nicht lange auf den Knien herumrutschen, bis er auf eine Ameisenstraße stieß.

JESSICA

Das Telefon. Sie atmete auf, keine von Julians Nummern. Sie ging ran. Der Enthüllungsjournalist, dieser Pseudo-Wallraff. Er wisse, was mit der Firma geplant sei, sagte er mit schneidender Stimme, er habe nun alles zusammen und werde die Sache platzen lassen. Er erzählte es ihr. Es stimmte, er wusste alles, woher, wer hatte da nicht dichtgehalten?

»Aber das ist ja eine Wahnsinnsgeschichte«, sagte sie lachend, »nur leider komplett erfunden. Was meinen Sie: Wir wollten uns ja sowieso mal in Berlin treffen. Können Sie am Montagabend – dann erzähle ich Ihnen mehr?« Er lehnte empört ab, er ließe sich doch nicht kaufen. Quäkte herum, tat, als habe er gerade die Watergate-Affäre aufgedeckt.

Jessica hatte einen Verdacht, woher er das alles haben konnte. Sie rief den Gerade-nicht-mehr-Eigentümer der Spielzeugfirma auf dem Handy an. Diesmal ging er ran, im Hintergrund hörte sie Meeresrauschen. Jessica sagte ihm auf den Kopf zu, dass er alles verraten habe.

»Na und?«, rief er. »Ich habe mich entschlossen, nicht Ihre Lügen zu erzählen, sondern die Wahrheit! Wissen Sie überhaupt noch, was das ist?« Shit, sie hatte ihn unterschätzt.

Kaum hatte sie aufgelegt, riefen zwei Journalisten an. Sie erzählte irgendetwas und schluckte währenddessen Beruhigungspillen. Als sie zu Ende telefoniert hatte fand sie sich draußen am Pool wieder. Sie hatte gar nicht gemerkt, wie sie von ihrem Schreibtisch dahingekommen war. Und wusste auch nicht, warum sie die Obstschale aus ihrem Zimmer in der Hand hielt.

MARIO

In seinem Zimmer leerte er den Müllbeutel mit den Ameisen aus, in jede Ecke seines Zimmers ein paar, damit sie sich glaubwürdig verteilten. Pfui, die bissen! Mario wusch sich die Hände und wartete darauf, dass Zeugen im Flur vorbeikamen.

Scheiße. Es kam keiner. Und die Ameisen, die über den Teppichboden flitzten, wurden ständig weniger, weiß der Henker, wohin sie verschwanden. Er machte schnell ein paar Handyfotos. Aber auf denen waren die Biester nicht richtig zu erkennen. Scheiße. So eine Scheiße!

Er hastete zu den Zimmernachbarn, klopfte links und rechts. Keine Sau da.

Endlich fiel ihm was ein: Er rief die Rezeption an und tat empört.

Ein Typ versprach, sofort zu kommen. Aber er kam ewig nicht, klar, das war volle Absicht. Denn immer mehr Ameisen verpissten sich. Schließlich stülpte Mario über die paar, die noch übrig waren, den umgedrehten Zahnputzbecher und die Gläser von der Minibar, dann konnten wenigstens die nicht weg.

Als es endlich an der Tür klopfte, riss er schnell Gläser und Becher weg und öffnete.

»Ameisen?«, fragte der Typ von der Rezeption und sah in die Richtung seines Zeigefingers. »Ich sehe nichts.«

Der musste voll die Pfannkuchen auf den Augen haben!

»Da!«, rief Mario. »Da rennen sie doch, da!« Er sah noch sechs, okay fünf, die aber eindeutig.

»Ich bedaure«, sagte der Typ – noch vier. »Wo sind die?«

Drei, zwei, eins, Scheiße. Auch die letzte Ameise war weg.

»Sonst noch was?«, sagte der Typ höhnisch grinsend.

MORITZ

Seine derzeit neue Identität hatte sich noch nicht herumgesprochen. »Guten Tag, Herr Palmer«, grüßte der Kellner an der Tür.

»Das ist sehr schmeichelhaft«, sagte Moritz. »Aber mein Name ist Schmidt. Stefan Schmidt.«

Das Gesicht des Kellners war ein einziges Fragezeichen. »Für Herrn Schmidt ist nichts reserviert ...«

»Das macht nichts«, sagte Moritz. »Ich nehme einfach den Tisch von Herrn Palmer. Er kommt heute nicht. Ich vertrete ihn gewissermaßen, und von seinem Tisch sieht man so schön übers Meer.«

Susan war noch nicht da. Seit er vom Flughafen zurück war, hatte er ein paarmal versucht, sie wegen heute Abend anzurufen, aber sie war nicht im Zimmer, und ihre Handynummer hatte er nicht. Also war er exakt zur gleichen Zeit ins Gourmetrestaurant gekommen wie gestern.

Aber es kam, kaum hatte sich Moritz gesetzt, bloß der Direktor: »Ich bin irritiert ...«

»Das ist nicht nötig«, sagte Moritz. »Mein Name ist Stefan Schmidt. An der Rezeption liegt ein entsprechender Ausweis vor.«

Der Direktor glotzte ihn an. »Aber gestern sagten sie mir, dass Sie Moritz Palmer sind. Sie sind doch Moritz Palmer?«

Moritz sah ihn an. »Ich darf nicht Moritz Palmer sein, denn wenn ich Moritz Palmer wäre, hätte ich hier keine fünf Minuten Ruhe. Verstehen Sie?«

Der Tölpel verstand nicht.

»Also Sie sind ...«, begann er.

»Von nun an Stefan Schmidt!«

Der Direktor zog sich zurück, im Blick pure Verwirrung. Kein Vergleich mit den weltläufigen Chefs jener Hotels, in denen Moritz normalerweise wohnte. Wo man solche Spiele gar nicht nötig hatte.

Moritz zog sein Handy und rief in Susans Zimmer an, aber sie hob nicht ab.

Und dann ging es los. Der Kellner, der ihm gestern das Tischfeuerwerk serviert hatte, knallte ihm mit saurem Gesicht die Vorspeise hin. Von den umliegenden Tischen durchbohrten ihn verletzte Blicke aus Frauenaugen. Ein Señor, der mit einem Block in der Hand begonnen hatte, seinen Tisch in immer engeren Kreisen zu umschleichen, wurde von seiner Frau zurückgepfiffen: »Helmut, der ist es nicht, der tut nur so!«

Das tat weh. Aber immer noch besser, als als Leserreporter-Shoot in der Klatschpresse oder im Internet zu landen.

MARIO

Hammer! Kaum saß er am Singletisch, er hatte extra den genommen, an dem die FKK-Alte NICHT saß, Jessica und Susan aber leider auch nicht, da steuerte ein Superweib genau auf ihn zu. Rote Haare bis weit über die Schultern, knappes T-Shirt.

»Hi!« Sie setzte sich lächelnd neben ihn. »Ich bin die Verena!«

Mario sah sich um, ob sie jemand anderen meinen konnte. So, wie sie ihn ansah, war das ausgeschlossen. Okay, Mario. Jetzt nur nichts falsch machen. Jetzt keine zu blöden Sprüche. Und sie einladen, zu allem, was sie wollte, selbst wenn es ein 12-Euro-Drink war.

»Hey«, sagte er, »ich bin Mario.«

»Und, alles cool?«, fragte sie. Woaha, ihr Blick! »Hast du Spaß?«

»Jetzt viel mehr«, sagte er.

Sie lachte. Der war genau richtig gewesen.

»Kann ich dir was ausgeben?«, fragte er.

Sie lachte wieder. »Musst du nicht!« Endlich eine, die nicht nur schnorren wollte! »Ich bin vom Haus.«

Sie erzählte noch etwas von einer Abendshow, er checkte gar nicht, was sie sagte, so wie sie ihn dabei ansah. Diese

Braut war der Wahnsinnshammer! Und bevor sie ging, legte sie ihm kurz die Hand auf den Oberschenkel. Boaaah!

An diesem Abend holte er beim Essen glatte 45 Euroniden rein: Zwischenstand 622,34.

OLIVER

Erwartungsgemäß fand Anna es gar nicht lustig, dass er »die ganze verdammte Zeit« im Shop wieder keine Badehose gefunden hatte. Hätte Oliver ihr von Verenas Rolle dabei erzählt, sie hätte es garantiert noch viel weniger lustig gefunden, aber auch so war die Atmosphäre hochgradig ätzend. Nicht mal ihre Mutter konnte durch Herumgezicke ablenken; die unterhielt sich angeregt an einem Singletisch – an einem anderen als der, an dem ihr Mann saß.

Oliver erwog schon, mit Hilfe von Carlotta und Elias eine ablenkende Katastrophe am Büfett zu inszenieren. Da steuerten zu seiner unheimlichen Erleichterung Sven und Michelle nebst Kindern auf sie zu.

»Hey, alles klar bei euch?«, fragte Sven.

»Na klar«, sagte Oliver euphorisch, »und bei euch? Setzt euch zu uns, kommt!«

Es stellte sich heraus, dass Sven zu den Leuten gehörte, die am Kinderbüfett ihren Teller mit einem Dutzend Schnitzeln für die ganze Familie vollhäuften. Aber die Zwillinge hatten ihre Gemüselasagne glücklicherweise schon fast gegessen.

»Wir waren heute lange am Meer«, grinste Sven, »haben uns ein paar Schirme geleistet und gepennt. War nötig. Neben uns wohnt ein Scheiß-Kinderfeind.«

»Ein Scheiß-Kinderfeind?«, fragte Oliver.

»Einer, der immer sofort schreit und gegen die Wand haut, wenn die Kiddys aufs Klo gehen oder wenn wir abends heimkommen.«

Oliver hatte nicht gedacht, dass Sven und Michelle so etwas überhaupt wahrnahmen. Viel eher konnte er sich vorstellen, dass sie samt Kindern jeden Zimmernachbarn zur Weißglut trieben.

»Habt ihr mal mit dem Mann geredet?«, fragte Anna.

»Er macht nie auf«, sagte Michelle. »Wir haben ihm auch einen Zettel unter der Tür durchgeschoben mit unserer Handynummer. Aber er ruft nicht an. Brüllt immer nur oder macht Krach. Gestern Abend hat er eine Stunde gegen die Heizung gehauen. Die Kids konnten danach nicht mehr einschlafen.«

»Der will uns ärgern«, sagte Sven, »das ist einer von den Ärschen, die keine Kinder mögen. Die am Strand auf ihrer Liege liegen und ein Riesenfass aufmachen, wenn ein Kind auch nur vorbeiläuft. Ihr kennt diese widerlichen Typen?«

»O ja!«, sagten Oliver und Anna wie aus einem Mund.

Sven beugte sich vor. »Ich hätte echt Bock rüberzugehen und dem die Tür einzutreten. Aber das kann man als Krankenpfleger nicht bringen.«

Oliver war positiv überrascht, er hatte sich Sven eher als Pfandbeauftragten im Getränkemarkt vorgestellt. Umso mehr konnte er als Vater Svens Gefühle nachvollziehen. »Ärgert ihn doch zurück. Vielleicht hört er dann auf.«

»Wie denn?«, fragte Sven. »Ich hab keinen Bock, die ganze Nacht an die Wand zu hämmern.«

Oliver fiel etwas ein. »Kennt ihr Benjamin Blümchen?«

Selbst Anna musste grinsen.

SUSAN

Javier hatte darauf bestanden, heute Abend mit ihr zu essen, um zu sehen, ob es ihr gut ging. Und so saß sie jetzt mit ihm an diesem Zweiertisch, obwohl sie absolut keinen Appetit hatte.

Javier hatte sich sehr um sie gekümmert. Er hatte ihr angeboten, sie zum Arzt zu fahren, er hatte ihr seinen Lieblingspullover geliehen, ihr warmen Tee eingeflößt. Hatte sie schließlich zurück ins Hotel gebracht, sie gebeten, sich hinzulegen und um sieben Uhr im Büfettrestaurant zu sein. Sie hatte überlegt, nicht hinzugehen, ihr war schlecht. Aber wenn sie nicht käme, würde er sicher ihre Tür aufbrechen und sie in die nächste Klinik bringen lassen.

Also war sie da. Wer Javier am Strand sah, wäre niemals auf die Idee gekommen, dass er so einfühlsam war; das tat ihr im Moment ganz gut.

Javier erzählte von seinem Alltag als Animateur und wie er dazu gekommen war: Als Waisenkind sei er in einem andalusischen Dorf bei kinderreichen, bösartigen Verwandten aufgewachsen. Neben der Schule habe er bis spätabends schnitzen müssen, Drehscheiben für Kerzen, Kutschen, Pferde, blumentragende Frauen und blumentragende Männer. All das schickten seine Verwandten in ein Dorf im Erzgebirge, wo man danach schier verrückt war. Und so gab es Riesenärger, als man irgendwann merkte, dass er seit Monaten schon den Blumenfrauen Mordsbusen und den Blumenmännern Monstergesichter verpasste. Javier wurde von seinem Stiefvater ausgepeitscht und zweimal im Wald ausgesetzt, fand aber mit Hilfe von Kieselsteinen jedes Mal wieder zurück. Schließlich verkauften ihn seine Verwandten als Trainingstorero an eine wandernde Stierkampfshow. Javier haute ab, schlug sich als Zeitungsausträger durch und studierte auf dem zweiten Bildungsweg Theaterwissenschaft, Philosophie und Deutsch. Dann habe er in Clubs als Animateur angefangen zu arbeiten, und davon sei er nicht mehr losgekommen. Nicht mal, als er erfahren habe, dass er der außereheliche Sohn eines Madrider Industriellen sei und geerbt habe, eine Fabrik, Häuser, Villen. Es mache ihm einfach zu großen Spaß, etwas mit Menschen, für Menschen, zu tun. »Vielleicht

kann ich dir ja irgendwie helfen«, sagte er, »du hast so traurige Augen, das ist mir schon vor ein paar Tagen aufgefallen, das tut mir sehr leid. Du wurdest enttäuscht, ja?«
Sie nickte.
Er fragte, ob sie reden wolle, ob es ihr guttäte.
Sie schüttelte den Kopf, und ihr kamen wieder die Tränen.
Dass er tröstend ihre Hand nahm, störte sie gar nicht.

MARIO

Nach dem Essen war er kurz in den Raum abgebogen, in dem sie hier die Reinigungsmittel aufbewahrten. Er hatte sich eine Dreiliterflasche Putzmittel gegriffen, unter dem T-Shirt ins Zimmer geschmuggelt und in seinem Koffer versteckt.

Morgen Abend würde er damit eins drauflegen. Jetzt kam erst mal Punkt vier auf der Liste: nächtliche Ruhestörung. Brachte schlappe zehn Prozent.

Er machte den Fernseher an. Drehte die Lautstärke auf, schlug gegen die Wände und brüllte: »Ruhe! Ruhe! Ruhe!«

Dann drehte er den Fernseher lauter und brüllte wieder.

Morgen würde er sich über den tierischen Lärm beschweren, und die Zimmernachbarn würden das bestätigen können. Es dauerte bloß etwas, bis er eine Position fand, in der er trotz des lauten Fernsehers einschlafen konnte.

PETE

Er wachte auf. Da war Lärm. Der Fernseher seiner Nachbarn. Er wollte schon wieder wegdämmern in die wattige wohlige Dunkelheit, da merkte er, dass das Fernsehergeräusch anders war als sonst. Es kam nicht von nebenan. Es kam von unten. Und dann schlug da jemand gegen die Wand und brüllte. Es gab hier also noch mehr Eingeschlossene. Irgendwie hatte er das schon gespürt: All die Leute, die ihn nicht beachtet hatten, das konnte kein Zufall sein. Pete fiel das Lied »Hotel California« von den Eagles ein. Er kicherte. Dann summte er die Melodie leise vor sich hin.

Da klopfte es. Hinter der Zwischenwand klopfte einer. Und rief etwas. Der Fernseher von unten war so laut, Pete musste das Ohr an die Wand legen.

»Ruhe, du Penner!«, rief jemand. »Das ist ein Familienhotel, dass das klar ist! Hey, du Penner! Du intolerante Sau! Hörst du mich? Dir zeigen wir es jetzt!«

Sie meinten ihn. Sie nahmen Kontakt auf. SIE HATTEN IHN BEMERKT!

Petes Stimme war nur noch ein Fisteln. Aber er fistelte zurück. In der Hoffnung, endlich würde jemand vor Wut seine Tür eintreten, kreischte Pete all die niveaulosen Nazi-Vergleiche, die die englische Hochkultur für den Dialog mit Deutschen bereithält.

Dann ging hinter der Zwischenwand der Fernseher an. Lauter als sonst. Und lauter als der Fernseher unten. Während dort eine Dauerwerbesendung für das keramische Messerset »Silvia superscharf« lief, war hier Kinderprogramm. Eine Geschichte von einem »Törööö!« rufenden Elefanten, der sich während einer Erkältungswelle als Arzt ausgab.

MARIO

Hammer, er konnte doch nicht einschlafen: Irgendwo brachte jetzt einer superlaut eine Kinder-CD ins Spiel. Lärm genug war das alles auf jeden Fall, da konnte sich morgen kein Zeuge mehr rausreden, Mario hatte sogar schon ein, zwei Typen »Ruhe!« schreien gehört. Aber diese Kinderkacke nervte. Dachten die wirklich, ihre Bälger würden davon einschlafen? Mario drehte seinen Fernseher bis zum Anschlag auf, schlug mit den Stuhlbeinen gegen die Wand und brüllte seinerseits »Ruhe!«. Der ganze Scheißkrach musste mittlerweile locker fünfzehn Prozent wert sein. Er wählte die Nummer der Rezeption, um sich zu beschweren. Niemand hob ab. Oder es hob einer ab, aber Mario hörte vor lauter Bingbang nicht, was der Typ am anderen Ende sagte.

PETE

Trotz des Stadiums fortschreitender Lebensflucht, in dem sich Pete befand, war er doch sehr froh, als die Geschichte mit dem dauernden »Törööö« zu Ende war. Aber dann, Pete schämte sich nicht für seine Verzweiflung, begann sie von vorn. O nein, das war kein Fernseher hinter der Wand. Es war ein CD-Spieler, der auf Repeat gestellt war.

JESSICA

Sie fühlte sich nicht gut. Sie fühlte sich gar nicht gut. Beim Abendessen hatte sie wie verrückt alles Mögliche in sich hineingestopft, sogar Nichtgemüse und -salat. Als sie in ihrem Zimmer auf dem Bett lag und an die Decke starrte, klingelte ihr Handy.

»Ich lächele und will heute Nacht mit dir schlafen!«, sagte eine Stimme.

Ihr fiel das Handy aus der Hand.

Julian. Er hatte ihre Mail gelesen. Und er wollte mehr. Das war's. Ihre Karriere war vorbei. Sie würde es tun müssen, und sie würde in der Firma trotzdem niemals mehr weiterkommen, denn Julian hatte keinen Respekt vor Frauen, die so etwas taten. Außerdem: Mit Kolja war es natürlich auch aus.

»Hola!«, quäkte es aus dem Handy neben ihr. »Me oyes? Hola!«

Wieso sprach Julian spanisch?

»Wer ist da?«, fragte sie mit zittriger Stimme.

»Carlos.«

»Wer?«

»Carlos. Der Tennislehrer. Du hast mir deine Nummer und die Karte gegeben, und ja, ich bin so weit, ich habe mir den ganzen Tag vorgestellt, dass ich dich beim Tennis besiege. Welche Zimmernummer hast du?«

Sie legte auf. Noch niemals in ihrem Leben seit dem letzten negativen Schwangerschaftstest war sie so erleichtert gewesen.

Es klingelte wieder. Dieser Spinner ließ nicht locker.

»Die Antwort ist nein!«, rief sie. »Ich will es nicht, okay? Und jetzt lass mich ein für alle Mal ...«

»Hallo! Jessica, bist du das?« Es war eine andere Stimme. Julians Stimme.

»Julian! Was ... wie ... ich muss ... Die Mail! Diese Mail ...«

»Welche Mail?«, fragte Julian. »Ich habe deine Anrufe abgehört und die SMS gelesen. Aber keine Mail gefunden. War das wichtig?«

Keine Mail gefunden. Danke. Danke, danke! DANKE!

»Nein, Julian«, sagte Jessica. »Es war nicht wichtig, ein Irrläufer, ein Irrtum, eine Adress...«

»Perfekt. Ich hoffe, du erholst dich?«

»Wunderbar«, sagte Jessica, »alles top.«

»Die Spielzeugsache läuft?«

»Bestens, total super«, log Jessica, »könnte nicht besser gehen.«

»Perfekt. Sag mal, ich hätte da eine extrem wichtige Sache, eigentlich fürs Krisenteam, aber du gehörst ja auch schon fast dazu ...«

»Ja, Julian, natürlich, gerne, was ist es?«, fragte sie.

»Es geht um einen A-Prominenten, der hat seine Doktorarbeit von seiner Frau schreiben lassen, und das hat jemand gemerkt. Es wird viel Arbeit werden, aber dir ist sicher schon etwas langweilig in deinem Hotel, oder?«

»Absolut«, sagte sie. »Nur her damit!«
»Perfekt. Morgen früh bekommst du per Mail die Akten, die Johanna heute Nacht für dich einscannt. Lies dich ein, und entwirf die erste Verteidigungslinie. Und noch gute Erholung. Muss ein schönes Hotel sein, ich beneide dich. Ciao!«
»Ciao, Julian«, sagte Jessica.

MARIO

Bingo, fünfzehn Prozent waren ihm sicher, das mit der Ruhestörung hatte er geregelt: Einfach auf dem Minibarblock ein Kurzprotokoll entworfen, die Nachbarn rausgeklopft, die eh erst gerade wieder eingeschlafen waren: In fünf Minuten hatte er vier Zeugen für fortgesetzte Ruhestörung durch Fernseher, Kinderhörspiel, Gebrüll und Geklopfe. Geil! Zwischenstand 554,99 Euro.

OLIVER

Oliver lag wach. Die Kinder schliefen längst, Anna war weggedämmert, kaum hatte sie ihr Kissen berührt, der ferne Lärm im Haus war normal, und auch von den Nachbarn war nichts zu hören. Aber: Oliver konnte nicht schlafen, obwohl er endlich wieder in seinem Bett lag.

Lag es an den Ameisen? Als sie nach dem Abendessen ins Zimmer kamen, Anna ins Bad ging, um zu kreischen, und Oliver hinterherging, um die Viecher herunterzuspülen – da waren sie weg gewesen. Einfach weg. Sie suchten überall im Zimmer, guckten unter die Betten, unter den Schrank. Nichts, keine Ameise war mehr da. Sie hatten beschlossen, sich vorsichtig darüber zu freuen.

Zu etwas anderem, sagte sich Oliver, als er im Bett lag, immer wieder, gab es auch keinerlei Anlass. Diese ganzen Berichte von Tieren, die zum Beispiel Katastrophen voraussahen und verschwanden: dummes Zeug. Absolut lächerlich. Es gab sicher eine ganz rationale Erklärung für das unheimliche Verschwinden Hunderter Ameisen. Zum Beispiel eine bevorstehende Katastrophe.

Oliver schrak zusammen, als es an der Tür klopfte. Die Kinder schrien, hinter der Wand rumpelten, fluchten und türenknallten die Nachbarn, Anna war genervt, obwohl es ihre Mutter war. »Ich wollte diesem Mann noch eine Chance geben, eine allerletzte Chance«, rief die. »Aber ich kann nicht mehr. Ich reise ab, morgen reise ich wirklich ab, ich habe schon gebucht!« Dann beanspruchte sie Olivers Bett.

Kaum lag Oliver auf seinem Badvorleger, schlief er wie ein Stein.

Donnerstag

PETE
Die CD nebenan war fast die ganze Nacht gelaufen, und Pete war bereit, noch ein letztes Mal jedes Risiko auf sich zu nehmen. Sorgfältig seifte er seinen ganzen Körper ein. Dann kletterte er mühsam auf das Fensterbrett, drehte sich auf den Bauch, krallte seine Hände um die Kante des Fensterbrettes und zwängte sich durch das enge Fenster rückwärts nach draußen.

Der Pool, das hatte er sich vorher überlegt, war hier ungefähr drei Meter vom Haus entfernt. Wenn Pete sich beim Springen mit dem gesunden Bein mit aller Kraft weit genug von der Hauswand abstieß, würde er im Wasser landen. Wenn nicht, würde er aus dem vierten Stock auf die Fliesen klatschen. Aber selbst das war besser als noch eine Nacht mit Benjamin Blümchen.

OLIVER
Oliver wollte nicht schwimmen. Er hatte auch die Badehose oben gelassen. Er ging nur im Bademantel zum Pool, weil er es auf dem harten Badvorleger wie immer gegen Morgen nicht mehr ausgehalten hatte. Die Sonne war aufgegangen, die Rasensprenger liefen noch. Sonst war es still. Fast. Als Oliver auf den Pool zuging, hörte er ein Ächzen.

Über sich.

Er sah hoch. Da oben, im vierten Stock, baumelte jemand aus dem Fenster und zielte mit den Füßen auf seinen Kopf.

PETE

Als er sich traute, nach unten zum Pool zu sehen, stand da ein Mann und starrte zu ihm hoch. Pete wusste, dass es keinen Sinn hatte, ihn um Hilfe zu bitten. Der Mann würde lachen, winken, Geld wollen oder ihm den Mittelfinger zeigen. Vielleicht auch beide Mittelfinger, das hatte er noch nicht gehabt. Und dann würde der Mann davongehen, als sei er gar nicht da. Obwohl seine Kraft nachließ, merkte Pete, wie Wut in ihm aufstieg, Wut auf den Kerl, der da stand, um ihn fallen und scheitern zu sehen.

OLIVER

Oliver stockte der Atem. Der Mann da oben musste in einer verzweifelten Lage sein.

»Hallo!«, rief Oliver. »Tun Sie es nicht, bitte! Es gibt immer einen Ausweg. Fast immer! Springen Sie nicht!«

Der Mann da oben begann zu zappeln und ihn auf Englisch zu beschimpfen.

Oliver wurde klar, dass er sich geirrt hatte. Wie peinlich. Von wegen Notlage, von wegen Verzweiflung. Der Kerl da oben war nur einer von ihnen. Einer dieser Liegenreservierer. Er hatte Oliver aus dem Haus kommen sehen und wollte vor ihm am, genauer: im Pool sein. Um ihn zu verjagen, zu bedrohen, das Übliche. Und jetzt traute sich dieser kranke Kerl nicht, zu springen.

Es musste an seinen Erfahrungen in den letzten Urlaubstagen liegen, aber Olivers Mitgefühl hielt sich in Grenzen.

Er drehte sich um, zeigte dem Typen beide Mittelfinger und ging zurück zum Hotel.

PETE
Er merkte, dass er sich nicht viel länger halten konnte. Er merkte auch, dass er sich verrechnet hatte: Der Pool war viel weiter vom Haus entfernt, als er angenommen hatte. Zitternd und schnaufend zwängte er sich mit allerletzter Kraft durch das Fenster zurück und plumpste wie ein sterbendes Walross auf den Badezimmerfußboden.

MARIO
Beim Aufwachen merkte er, dass ihn etwas in die Nase biss. Tatsächlich: Fünf bis zehn der Ameisen, die er in seinem Zimmer freigelassen hatte, waren in seinem Bett wieder aufgetaucht. Bingo!

Vorsichtig, um keines der kostbaren Tiere zu verletzen, stand Mario auf. Im Flur war niemand zu hören. Mario rief die Rezeption an und gab Ameisenalarm.

Es kam derselbe Typ wie beim letzten Mal.

Wortlos schlug Mario die Decke zurück und präsentierte die auseinanderflitzenden Biester.

Der Rezeptionstyp blieb in der Tür stehen und lächelte: »Netter Versuch. Aber Ameisen kommen nie ins Bett. Ameisen sind auf dem Fußboden. Oder in der Dusche. Oder an der Wand. Also, vergiss es. Und überhaupt: Wo sind sie denn?«

Klar, dieses Arschloch hatte mit voller Absicht wieder so lange gelabert, bis die beschissenen Ameisen sich alle verkrümelt hatten. Scheiße.

»Sie sind da«, sagte Mario, was sollte er auch sonst sagen. »Sie tauchen immer wieder auf!«

»Oh, sie tauchen immer wieder auf«, wiederholte der Typ.

Mario beschloss, die Sache mit den Ameisen sein zu lassen. Und dem Typen, damit der mit dem hämischen Gegrinse aufhörte, wenigstens mal den Schrank zu zeigen. Regalbretter, die fehlten, das war eine todsichere Sache, die kamen nicht plötzlich wieder angelaufen. »Und überhaupt, das ist eine Riesensauerei«, motzte Mario. »Guck mal in den Schrank!«

Der Typ öffnete. Und machte eine Pause.

»Schon doof, was?«, sagte Mario. »Wenn man nicht weiß, wohin mit den Klamotten! Ich habe schon Zeugen dafür, das macht mindestens fünf Prozent vom Reisepreis.«

Der Typ trat zurück, den Blick nach unten gerichtet. Bingo: Er grinste nicht mehr.

Aber warum glotzte er nur nach unten?

Mario trat einen Schritt vor und sah ihm über die Schulter.

Auf dem Schrankboden war es schwarz vor Ameisen.

Dort, wo alle seine Kleider lagen. Und darunter, fiel Mario ein, die Schnitzel und die Pommes.

PETE

Irgendwann merkte Pete, dass im Bad etwas anders war. Etwas sich verändert hatte!

Auf der Toilette lagen zwei neue, gefaltete Handtücher.

Neben dem Waschbecken standen zwei neue volle Fläschchen Duschbad.

War er schon wahnsinnig geworden? Hatte er sich nur eingebildet, dass er das Duschbad und eins der Handtücher aus dem Fenster geworfen hatte?

Da hörte er von draußen ein Geräusch. Es war eine Zimmertür. Sie wurde zugeknallt. Seine Zimmertür.

Und als er den Kopf drehte, sah Pete noch etwas. Die Badtür. Sie stand offen.

SIE STAND OFFEN!

Pete wankte in das Zimmer, in dem seine Koffer noch standen, und fiel vor der Minibar auf die Knie.

OLIVER

Beim Frühstück bemerkte Oliver eine positive Veränderung an Anna. Vielleicht war sie ihm nach wie vor dankbar, dass er für Benjamin Blümchens Verbleib eine so elegante Lösung gefunden hatte, vielleicht freute sie sich auch immer noch über das Verschwinden der Ameisen. Als jedenfalls die Schwiegermutter ihre übliche Enttäuschung über »diesen Mann« vom Stapel ließ, erkundigte sich Anna sehr nachdrücklich, welchen Flug sie denn gebucht habe.

»Wie«, rief die. »Du fragst mich, wann ich abreise, nach allem, was dieser Mann mir angetan hat? Meine eigene Tochter? Hat dieser Mann dich gegen mich aufgehetzt? Oder war es Oliver?«

»Was?«, rief Oliver.

»Mami«, sagte Anna, sich mühsam beherrschend, »ich glaube, zu fliegen ist wirklich erholsamer für dich als hier noch länger zu bleiben.«

Die Schwiegermutter sprang beleidigt auf, um nun aber wirklich und unwiderruflich sofort zu packen.

Es war das erste Mal in diesem Urlaub, dass Anna und er beim Essen mit den Kindern allein waren. Oliver kämpfte einen Anfall von Rührung nieder. »Ich habe dir etwas gekauft.« Lächelnd holte er die Brandsalbe aus seiner Tasche.

Anna wirkte erst enttäuscht. Dann verblüfft. Dann angetan. »Wunderbar. Woher hast du die denn?«

»Gestern aus dem Shop. Nur falls du sie brauchst ... Die Auswahl an Brandsalben ist dort besser als die an Badehosen.«

»Dafür kannst du ja nichts«, lächelte sie. Oliver hatte schon fast vergessen, wie schön ihre Augen leuchten konnten.

PETE

Als er mit zitternden Händen die Verpackung vom zweiten Schokoriegel riss, hörte er seine Zimmertür. Dort stand, einen Staubsauger hinter sich, ein Zimmermädchen. Das ihn ansah, zur Salzsäule erstarrt.

»Sorry«, krächzte Pete. »I have to go to Island. The volcano – was there an eruption? Has it broken out?«

Die Frau stieß einen Schrei aus und rannte aus dem Zimmer.

Wie durch Nebel bekam Pete mit, dass zwei Männer mit einer Trage hereinkamen.

Und ein dritter, der ihm eine Spritze gab. Und immerfort fragte, ob er okay sei.

»The volcano«, murmelte Pete. »The volcano in Island?«

Der andere sah ihn ratlos an.

»The volcano«, wiederholte Pete. »Was there an eruption? A volcanic eruption? Bumm! Bumm! Explosion? In Island?«

»No eruption«, sagte der Arzt. »Why?«

Das Letzte, was Pete dachte, bevor er das Bewusstsein verlor, war, dass es um seine Karriere vielleicht gar nicht so schlimm stand.

MARIO

Zuerst lief alles ganz easy. Der Typ von der Rezeption war ganz klein mit Hut. Vor allem, als auf den Handyfotos, die Mario machte, beides – Ameisen und Zimmer – genau zu erkennen waren. Der Typ hätte sogar fast die von Mario formulierte Bestätigung unterschrieben, war dann aber doch aus dem Zimmer geschossen und hatte was von »Housekeeping« gemurmelt. Dem Arschloch hatte er es gezeigt. Und die Putzen kriegten die Biester sicher nicht so schnell aus dem Schrank! Ein Preisabzug war sicher. Mindestens zwanzig Prozent.

Aber dann fiel ihm was ein. Denn klar: Wenn die Putzfrauen unter Marios Klamotten Schnitzel und Pommes fanden, war es kacke. Dann war er selber schuld. Scheiße, bis die kamen, musste er den Scheiß weghaben!

Mario nahm die halben Plastikbeutel aus seiner Jeansjacke, wickelte einen um jede Hand und riss seinen Klamottenhaufen beiseite, bis er auf etwas stieß, das aussah wie wimmelnde Bärenkacke. Es war das Essen, zentimeterdick mit Ameisen bedeckt.

Mario packte das, was früher die Schnitzel gewesen waren, rannte mit verzerrtem Gesicht auf den Balkon und warf sie in hohem Bogen über die Brüstung. Leises Platschen war zu hören; er würde den Pool heute nicht mehr benutzen. Dann griff er mit beiden Händen die Pommes. Er musste mehr als zehnmal laufen, und unter der Dusche spülte er selbst aus seinen Ohren noch Ameisen. Scheißegal. Zwischenstand 465,19 Euronen. Geil!

SUSAN

Sie saß auf einer Schattenliege am Pool. Javier hatte Pooldienst. Mit nacktem Oberkörper und geübten Bewegungen schenkte er Getränke aus, immer lächelnd, immer gut gelaunt. Ab und zu sah er zu ihr herüber.

Sie hatten gestern Abend zwei Flaschen Wein zusammen geleert, und es war noch richtig lustig geworden. Javiers Anwesenheit hatte vermutlich ihr Leben gerettet, auch wenn sie nicht wusste, wie sie das finden sollte.

Nach der Mittagsansage kam er schnell zu ihr und fragte, ob sie nicht bei den Poolspielen mitmachen wolle. »Das ist total albern, ich weiß«, sagte er, »aber man kommt auf andere Gedanken. Man schaltet ab. Man vergisst seine Sorgen mal kurz. Komm, schöne Frau!« Er ließ ihr keine Zeit zum Überlegen, zog sie hoch.

Also machte sie mit. Beim Seilziehen in Gruppen, beim Wetttauchen nach Ringen, beim Löffelbalancieren. Es stimmte, es war lustig, und man musste nicht überlegen, nicht grübeln. Und beim Reiterkampf hob Javier sie einfach auf seine starken breiten Schultern. Susan hatte Lust, so weiterzumachen, einfach weiterzumachen und alles geschehen zu lassen, ohne nachzudenken.

Als Javier sie wieder herunterhob, hatte sie den Eindruck, dass er seine Hände länger um ihre Hüften ließ als notwendig. Und sie war schon neugierig darauf, ob das Absicht war.

Da schwamm auf einmal etwas zwischen ihnen. Etwas, das aussah wie ein Stück Kohle, das sich auflöste. Nein, iiiihhh! Das waren lauter Ameisen!

Susan sprang zurück, und als sie wieder zu sich kam, hatte sie den Pool verlassen.

»Wir sehen uns bei der großen Abendshow!«, rief Javier ihr hinterher. »Tanz der Vampire!«

MORITZ

Beim Treffen in der Lobby mit Fernandez erwischte er sich dabei, dass er nach Susan Ausschau hielt. Lächerlich, sie lag sicher längst am Strand oder am Pool. Auch Fernandez verkniff sich Fragen nach »Señora«, er fuhr wieder seinen Scuderia und raste die Küsten- und die Bergstraße entlang, bis sie zu etwas kamen, das aussah wie ein Ufo. Oder eine riesige Safarilodge aus Stahl und Glas auf Stelzen.

»Das Praktische ist«, sagte Fernandez, »man kann darunter parken und das Auto bleibt kühl, denn die Hitze wird komplett von dem Haus aufgefangen.« Jedes Zimmer hatte mindestens eine komplette Wand aus Glas, das Mobiliar war ein kreativer Mix aus Bauhaus, Art déco und up to date.

Der Blick auf das Meer war atemberaubend, die Steilküste begann kaum zehn Meter neben dem Haus. Von der Terrasse ragte eine Stahlplanke wie ein Sprungbrett in Richtung Wasser. »Der Golfabschlag. Der Noch-Besitzer hat hier manchmal tagelang einen Ball nach dem anderen aufs Meer gehauen. Er spielt gut, er hat jede Menge Anzeigen von Leuten kassiert, die er getroffen hat.«

»Deshalb verkauft er?«, fragte Moritz.

»Er hält die Temperaturen hier drinnen nicht mehr aus. Er sagt, im August könne man auf dem Wohnzimmerfußboden Eier braten.«

»Sonst«, fragte Moritz auf der Rückfahrt. »Sonst – haben Sie nichts mehr?«

»Im Moment nicht, ich bin untröstlich«, sagte Fernandez, »aber täglich, stündlich kann es passieren, dass ich ein neues Angebot bekomme. Dann denke ich natürlich zuerst an Sie beide. Wie lange werden Sie mit der Señora noch hier sein?«

Als Moritz wieder im Hotel war und durch die Lobby zum Fahrstuhl schlenderte, stand ein Mann an der Rezeption, der freundlich einen Polizeiausweis zückte.

»Nein«, sagte er zu Moritz, »nein, Herr Palmer, Sie brauchen sich selbstverständlich nicht vorzustellen, ich bitte Sie, es ist mir eine übergroße Freude, Sie kennenzulernen. Was ...« – das ging an den Rezeptionisten – »... was erzählen Sie Tölpel da von einem Stefan Schmidt? Dieser Herr ist Moritz Palmer, das müssten selbst Sie sehen!«

Moritz schwieg; es wäre unklug gewesen, nun zu behaupten, er sei jemand anderer.

»Was spielen Sie als Nächstes?«, wandte sich der Kommissar ihm zu. »Ach, darf ich Sie vielleicht kurz nach draußen zu meinem Wagen bitten, ich habe zufälligerweise einen Film mit Ihnen auf DVD dabei, ein Geschenk für meinen Sohn, er würde sich so freuen, wenn Sie sie ihm signieren könnten!«

Kaum saß Moritz neben ihm – der Mann fuhr Porsche –, änderte der Kommissar seinen Ton. »Ich könnte Sie als Betrüger mitnehmen.«

»Wie bitte«, fragte Moritz.

»Es ist ein uralter Trick, sich als Promi auszugeben, um Vergünstigungen zu bekommen. Viele machen das. Wir haben jedes Jahr mindestens zwanzig solcher Kerle auf der Insel.«

»Ich verstehe nicht«, sagte Moritz. »Die Rezeption hat meinen Ausweis. Er lautet auf den Namen Stefan Schmidt.«

Der Kommissar lachte. »Eine dumme Fälschung. Das habe ich sofort gesehen.«

Oh, danke, Ilka!

»Mehr noch: Eine absichtlich dumme Fälschung«, fuhr der Kommissar fort, »denn der beste Hochstapler ist der, der behauptet, er sei es gar nicht. Der aber alles tut, um durchblicken zu lassen, er sei es doch!«

»Einen Augenblick«, sagte Moritz. »In meinem Zimmer befindet sich ein Ausweis auf den Namen Moritz Palmer!«

»Sicher besser gefälscht!«, lachte der Kommissar. »Es gibt heutzutage hervorragende Fälschungen. Ich könnte Sie jetzt einfach mitnehmen, keine Frage, und unsere Zellen sind bekanntermaßen voll mit Erbrochenem und Ungeziefer. Aber, ich würde mich auch überzeugen lassen, dass Sie es sind.«

»Stefan Schmidt?«, fragte Moritz.

Der Kommissar stieß ein ungeduldiges Ächzen aus.

»Moritz Palmer?«, fragte Moritz.

Der Kommissar nickte.

»Stefan Schmidt wäre viel besser«, sagte Moritz. »Wissen Sie, ich möchte kein Aufsehen erregen …«

Der Kommissar sah ihn sprachlos an. »Nein!«, polterte er dann. »Ich habe Sie bereits vor dem Rezeptionisten als Moritz Palmer identifiziert. Denken Sie, ich habe Lust, mich vor diesem Schwachkopf zu blamieren? Entweder Sie sind jetzt Moritz Palmer, oder wir fahren!«

Moritz blieb keine Wahl. Er zog seinen Geldbeutel.

MARIO

Seit zwei Stunden kauerten in seinem Zimmer zwei spanische Putzfrauen, sortierten Marios Kleider und schrubbten wimmernd den Schrank. Aber wie es aussah, hatten die keine echte Chance gegen die Ameisen. Mario war auf der Gewinnerspur. Und er würde noch eins drauflegen.

Die Schnecken krochen an der Außenmauer des Hotels entlang. Echte, klar, keine Bräute. Große Oschis, schwarz, schleimig, ideal. Acht Stück schob er mit zusammengebissenen Zähnen in den rechten Ärmel seiner Jeansjacke. Die Plastikbeutel hatte er ja den Schnitzeln hinterhergeworfen. Mario ging schnell, denn die Schnecken versuchten, auszubrechen. Eine konnte er noch auffangen, die andere glitschte ihm zwischen den Fingern durch und klatschte in der Lobby auf den Marmorboden. Hinter ihm kreischte ein Weib auf. Er ging weiter, ohne sich umzudrehen.

OLIVER

Carlotta hatte heute etwas Neues auf Lager, um den Beginn des Abendessens zu verzögern. Zwar ließ sie den Toilettengang ausfallen, dafür aber verlangte sie im Fahrstuhl auf einmal brüllend nach Schmusi, dem kleinen Stoffigel, ohne den sie niemals schlief.

Natürlich war es Oliver, der zurückhetzte, das Zimmer durchwühlte wie ein Maniac und den Igel schließlich fand, als er stinksauer Carlottas Kissen gegen die Wand warf: unter dem Kissen nämlich.

Im Restaurant hatten Sven und Michelle ihnen Plätze freigehalten. »Super Tipp«, grinste Sven und schob die CD über den Tisch. Bevor die Kinder sie erkennen konnten, warf Anna ihre Serviette drüber. »Wir haben das ätzende Zeug fast die ganze Nacht laufen lassen. Und heute: Nichts zu hören von dem alten Sack, absolut nichts!«

Michelle fragte, ob sie nicht morgen alle an den Strand gehen und die Kinder zusammen spielen lassen könnten. Oliver überlegte angestrengt, wie er ausweichend antworten konnte, ohne unhöflich zu wirken.

Carlotta rettete ihn. Sie musste jetzt unbedingt und samt ihrem Igel doch auf die Toilette.

»Liebe Freunde!«, rief der Elvis-Imitator, als sie wiederkamen. »Die begabten Schauspieler unseres hochmotivierten Animationsteams haben in monatelanger mühevoller Kleinarbeit die Show »Tanz der Vampire« einstudiert, ein erstklassiges Stück, um das uns alle anderen Hotels beneiden. Nur leider haben es bisher zu wenige von euch gesehen. Das wollen wir euch nicht länger antun! Wir bitten also nach dem Essen alle in unseren Theatersaal! ALLE!«

MORITZ

»Guten Abend, Herr Schmidt«, begrüßte ihn der Tischevergeber.

»Palmer«, korrigierte er trocken.

»Palmer?«, fragte der Mann erfreut. »Moritz Palmer? So eine Überraschung! Wie schön, dass Sie bei uns sind!«

»Ich nehme den Tisch von Herrn Schmidt. Er wird heute nicht kommen.«

Moritz bekam eine Flasche Champagner und die Häppchen vom Haus, wenigstens verzichteten sie ihm zuliebe auf das Tischfeuerwerk. Und er wappnete sich innerlich für den Ansturm des Publikums an den Tischen.

»Fünfzig Euro darauf, dass er es NICHT ist«, hörte er einen Weißhaarigen mit Brille wetten. »Er sieht viel kleiner und hässlicher aus als im Fernsehen!«

MARIO

Hammer, tat das gut, als die ekligen Schleimwürste endlich aus dem Ärmel in die Salatschüsseln glitten! Nur die letzte Schnecke wollte nicht, sie kroch nach oben, in seine Achselhöhle. Das kitzelte! Kichernd und von Ekel getrieben, rannte Mario aufs Klo. Als er wieder rauskam, guckte er nach erschrockenen Gesichtern.

Nichts. Im Salat waren nur noch drei Schnecken zu sehen, aber keine der Tussen – es waren immer nur Tussen, die den läppigen Salat futterten – schrie.

Checkten die das nicht? Fraßen sie die Viecher einfach mit?

Musste man alles selber machen? Mario lud sich Salat auf einen Teller, setzte eine Schnecke drauf, fotografierte alles und wollte gerade anfangen zu zetern. Da kreischte es am Tisch gegenüber. Ein dickes Weib, das gedacht hatte, ihre Schnecke sei eine Tofuwurst; eine kriechende Tofuwurst, wie blöd musste man sein! Sie spuckte wie verrückt aus und rieb sich die Zunge mit einer feuchten Serviette ab.

Mario hastete zu ihr hin, machte ein Foto, riss den vorbereiteten Zettel aus der Tasche und ließ sich die Schnecke bestätigen. Die Tusse machte das ohne Zucken, sie dachte, er sei vom Hotel und es ginge um die Entschädigung.

Wieder mindestens zwanzig Prozent, machte 375,39 Euro! Und schon lohnte sich der Urlaub fast wieder. Mario hatte jetzt mächtig Kohldampf. Er holte sich eine fette Vorspeise, setzte sich an seinen Platz und aß, so schnell er konnte.

Erst als er aufsprang, um das erste Hauptgericht zu holen, fiel ihm die Schnecke in seinem Salat wieder ein. Sein Salatteller war, Scheiße!, komplett leer.

OLIVER

Als sie den Raum verließen, standen sie einer lockeren Kette von Animateuren gegenüber, die lächelnd mit den Händen nach rechts wiesen. Michelle und Sven, die Kinder geschultert, verschwanden im Laufschritt nach links. Ein Stück weiter erkannte Oliver die Schwiegermutter, sie war immer noch nicht abgereist und durchbrach mit grellem »Mir ist schlecht, mir ist fürchterlich schlecht!« die Animateurskette.

Der Theatersaal war ein fensterloser Raum, der tagsüber als Kicker- und Automatenspielzimmer diente. Sie hatten eine Bühne aufgebaut, die Kicker durch Stuhlreihen ersetzt; die Geldspielautomaten hingen noch an der Wand, etwas, das zwei lippennagende Spieler offenbar bis zur letzten Sekunde auskosten wollten. Anna und Oliver fanden Plätze in der sechsten Reihe und nahmen Elias und Carlotta auf den Schoß.

Das Licht ging aus, und obwohl einer der Lippennagenden ein Feuerzeug zog und weiterspielte, begann das Stück. Zwei Animateure in Anzügen sprachen mit einem Kleiderständer, an dem ein Mantel hing. Verena kam in einem Morgenmantel, knöpfte ihn auf und begann zu singen.

Und Carlotta flüsterte ihm etwas ins Ohr.

»Was?«, flüsterte Oliver.

»Sssssmusi«, flüsterte Carlotta, »wo ist Sssssmusi?«

»Hast du ihn nicht?«, fragte Oliver.

»Nein!«, sagte Carlotta.

Oliver beugte sich etwas vor und tastete auf dem Fußboden herum.

»Sssssmusi!«, sagte Carlotta weinerlich und lauter.

Oliver setzte Carlotta auf seinen Stuhl, ging in die Hocke und tastete alles ab. Der blöde Igel war nicht da.

»Sssssmusi!«, weinte Carlotta. »Sssssmusi!!!«

»Pssssst!«, machte es scharf.

»Sei bitte leise«, flüsterte Oliver Carlotta ins Ohr, »ich suche den Schmusi. Gut?«

»Sssssmusi!«, weinte Carlotta.

»Ruhe!«, zischte es.

Anna fragte ihn flüsternd und wieder mit ihrer alten Genervtheit, was los sei.

Oliver sagte es ihr.

»O Scheiße.« Oliver war sich sicher, dass sie an dasselbe dachte wie er: jene entsetzlichen neun Stunden, in denen Carlotta bislang einmal in ihrem Leben ohne Schmusi gewesen war. Das war, als sie übers Wochenende in den Harz fuhren. In jener Nacht hatten sie keine Minute geschlafen, Carlotta vergoss sechs Liter Tränen, die Leute im Apartment nebenan zeigten sie später wegen Ruhestörung und seelischer Grausamkeit an. Und im Morgengrauen hatte sich Oliver im Schlafanzug ins Auto geworfen und war mit durchgetretenem Gaspedal nach Hause gerast, um den verfluchten Schmusi zu holen.

Und jetzt war es noch viel schlimmer!

Anna setzte Elias auf ihren Stuhl und wies ihn an, sich keinesfalls zu bewegen. Dann schritten sie den ganzen Gang zur Tür ab. Robbten auf den Knien die Stuhlreihe entlang. Legten sich vor jeder Stuhlreihe auf den Bauch und versuchten im trüben Licht zu erkennen, ob Schmusi irgendwo zwischen fremden Füßen lag. Nein.

Oliver ging ins Restaurant zurück.

Kein Schmusi, auch die Dumpfbacken von Kellnern wollten nichts gesehen haben. Oliver lief zurück zum Saal.

Auf der Bühne standen jetzt vier Animateure, bleckten lange Zähne und heulten schaurig. Zwei Kellner stolperten mit Biertabletts durchs Halbdunkel. Der Geldautomatenspieler spielte immer noch. Anna hielt die leise schluchzende Carlotta in einem Arm, Elias im anderen. Ihre Haare waren wirr, sie sah aus wie eine hysterische Mutter in einem dieser amerikanischen Actionfilme.

»Und?«, zischte sie. »Und? Kannst du diesen Scheißigel nicht endlich finden?«

»Kein Ssseissigel«, schluchzte Carlotta auf. »Ssssmusi!«

Der Geldspielautomat schrillte und keckerte.

»Schschschsch!«, zischte jemand neben ihnen.

»Selber schschscht!«, zischte Anna zurück. »Haben Sie einen Stoffigel gesehen? Nein? Dann halten Sie die Klappe – oh, you're Englisch? Okay: Shut up! Put your sock in it!«

Sie setzten die Kinder wieder hin und gingen noch mal die ganze Reihe durch, und die Reihe davor und danach. Natürlich umsonst.

Wenigstens schluchzte und schniefte Carlotta nicht mehr.

Carlotta war nämlich nicht mehr da.

»Sie kommt gleich wieder«, flüsterte Elias. »Sie will Schmusi holen!«

Oliver drehte sich um und rannte den Gang entlang zum Ausgang.

»Carlotta«, rief er, so laut er konnte, »Carlotta!«

»Carlotta!«, rief Anna. »Carlotta!«

»Ruhe, jetzt reicht's!«, motzte jemand.

Oliver hatte die Tür erreicht. Keine Spur von Carlotta.

»Oliver«, rief Anna lauter, als die Animateure sangen, »hast du sie?«

»Nein!«, rief Oliver.

»Das ist eine Unverschämtheit ...« Ein Mann war aufgesprungen und wollte Oliver am Arm packen.

Anna stieß ein Kreischen aus. Ein Kreischen, das die Animateure auf der Bühne mitten im Hüpfer erstarren ließ. »Unser Kind«, kreischte Anna, »unser Kind ist weg!«

MARIO

Sonnenklar, was diese abgedrehten Eltern da abzogen, war Nötigung. Entgangener Kulturgenuss. Einschränkung des schriftlich verbrieften Inclusive-Programms, zu dem eindeutig die Abendshow gehörte. Glücklicherweise gab es reihenweise Zeugen, die Mario das schriftlich bestätigten. Hammer! Mit all den festgestellten Mängeln musste sich seine Bilanz fast schon der Sechzig-Prozent-Marke nähern, sechzig Prozent vom Reisepreis!

Und für heute Nacht hatte Mario noch eine Überraschung vorbereitet. Im Flur, neben dem Fahrstuhl, stand seit Tagen ein großer, nicht geleerter Papierkorb herum. Rauchmelder gab es überall; ein einziges Streichholz würde für einen Feueralarm reichen, sicherheitshalber würde er noch ein paar Hochprozenter aus der Minibar dazukippen. Feuer und Feueralarm in der Nacht ergaben laut Liste weitere zwanzig Prozent Abzug vom Reisepreis. Und damit wäre er schon bei unglaublichen achtzig Prozent, achtzig PROZENT! Die Miesen vom Telefonieren mal abgerechnet fehlten nur noch zwanzig Prozent bis zur Komplettrückzahlung. Dann war der Urlaub umsonst. Gratis! Für lau! Und er wusste auch schon, wie er die noch reinholte.

OLIVER

Leute riefen durcheinander. »Licht!«, schrie jemand. »Licht!«

Niemand machte Licht.

»Bleibt ruhig Freunde, es geht gleich weiter«, rief Elvis von vorne. »Bitte einen kleinen Moment Geduld, alles ist in Ordnung, bleibt gaaaanz ruhig sitzen! Bitte keine ...«

»Nichts ist in Ordnung! Carlotta!«, kreischte Anna. »Carlotta! Wo bist du? CARLOTTA!«

»... Freunde!«, beschwor Elvis vorne auf der Bühne, »alles supercool, bitte keine PANIK, bitte nur KEINE PANIK!«

Leute kreischten auf. Oliver formte mit den Händen einen Trichter. »Bitte gucken Sie nach einem kleinen blonden vierjährigen Mädchen! Nach einem kleinen blonden vierjährigen Mädchen!«

Die Vampire verließen die Bühne, um den Saal zu durchsuchen.

Es dauerte, bis Oliver merkte, dass ihn jemand auf den Hintern klopfte. Er fuhr herum.

»Papi«, fragte Carlotta, ihren Stoffigel im Arm, »warum haben die Männer aufgehört zu singen?«

»Wo warst du?«, rief Oliver und riss seine Tochter hoch.

»Ich hab Sssssmusi geholt. Von der Toilette. Ganz alleine«, sagte Carlotta stolz.

Der Spielautomat schrillte, keckerte, läutete und begann prasselnd, Münzen auszuwerfen.

Der Spieler stieß einen lauten Glücksschrei aus.

JESSICA

Nachdem Jessica um Punkt neun Uhr abends einen Heulkrampf bekommen hatte, fiel ihr auf, dass sie, abgesehen von zwei Eiweißriegeln, den ganzen Tag so gut wie nichts gegessen und keinen Sport gemacht hatte. Seit sechs Uhr früh arbeitete sie durch. Erst an der Spielzeugherstellerkonzeption. Dann erzählte sie Anrufern aus den Redaktionen zwanzigmal die Geschichte des betrügerischen Exeigentümers, der sein Unternehmen in den Ruin getrieben und sich mit einer Menge Geld und Unterlagen abgesetzt habe. Außerdem sei der Mann ein notorischer Heiratsschwindler und leide unter Kleptomanie im letzten Stadium. Am frühen Nachmittag stand die Wahrscheinlichkeit, dass man ihr glaubte, etwa 50 zu 50, gar nicht schlecht. Nebenbei las sie Johannas Mail wegen dieser Doktorarbeit. Wow! Als sie niemanden mehr erreichte, merkte sie, dass sie immer noch ihr Schlafzeug trug.

Sie bestellte sich Fisch und Gemüse aufs Zimmer.

Kolja hatte sich immer noch nicht gemeldet. Sie rief ihn an. Nur die Mailbox. Wie konnte das sein?

MARIO

Es war ein warmer Sommerabend mit zirpenden Zikaden. Fast wie in den beschissenen Ferien, die Mario als Kind mit seinem Vater hatte wandernd in den Alpen verbringen müssen. Immer nur wandernd, bis der Arsch endlich in diese Schlucht rutschte. Aber bingo: Obwohl es so warm war, war niemand mehr am Pool. Es war super easy gewesen, die Flasche Reinigungsmittel in seine Jeansjacke gewickelt herzubringen, es war kein Thema, sie aufzuschrauben und ihren Inhalt ins Wasser gluckern zu lassen. Ein unbenutzbarer Pool, das brachte noch mal zwanzig Prozent, genau die fehlenden zwanzig!

Mario entsorgte die Flasche unter einem Busch und guckte wieder zum Pool. Das Wasser war still und glasklar. Kein Schaum zu sehen, nichts. Scheiße, sollte er noch mal in den Putzmittelraum …?

Eine Hand packte ihn an der Schulter. Er fuhr zusammen. Mit verzerrtem Gesicht drehte er sich langsam um.

Ein Weib. Diese Rothaarige. Diese Animateurin. Wie hieß sie – Verena?

»Hi, alles cool?«, lachte sie. »Da habe ich dich aber erschreckt, was? Sorry!«

»Oh«, sagte er, »ja, geht schon wieder.«

»Kommst du mit ans Meer?«

»Warum?«, fragte er.

»Schwimmen«, kicherte sie anzüglich. »Oder was dachtest du?«

Hammer! Er hatte sich nicht getäuscht. Er hätte sich die ganze Kacke mit dem Ausflug sparen können, seine Entführung, Geiselnahme, Misshandlung, wenn er diese megascharfe Braut schon vorher getroffen hätte.

»Komm!« Gegen diesen Blick konnte kein Mann etwas machen. Wollte Mario auch gar nicht. Wie in Trance trottete er hinter ihr her.

Über dem Meer ging die Sonne unter. Der Strand war fast menschenleer. Dafür lag da ein großes Krokodil. Ein aufgeblasenes Kinderspielzeug, grün und groß. Musste jemand vergessen haben.

Verena zog ihr T-Shirt und ihren Rock aus und ließ ihn dabei keine Sekunde aus den Augen. Einen Moment lang hoffte er, sie sei nackt darunter. Nein, aber Marios Mund wurde auch so trocken.

»Was ist?«, sagte sie. »Los, zieh dich aus! Wir schwimmen um die Wette, okay?«

Mario stotterte irgendeine Ausrede.

Sie lachte. »Oh, der Herr will, dass ich ihn bitte!« Sie legte ihm die Arme um den Hals. »Bitte!«, hauchte sie ihm theatralisch ins Ohr.

Hammer! Hammer! Diese Frau war ein Traum! Mario zog T-Shirt und Bermudas aus, er war froh, dass er noch seine Badehose drunter trug. Verena sprang ins Wasser und spritzte ihn nass. Er spritzte zurück. Sie nahm seine Hand und wollte ihn mit reinziehen. Er blieb stehen.

»Was is?«, fragte sie. »Kannst du etwa nicht schwimmen?«

Er lachte laut mit. »Ich muss Pepe noch ausführen«, sagte er.

»Pepe?«

Er zeigte auf das Krokodil.

»Ach sooooo!«, sagte sie und grinste.

Er schob das Kroko ins Wasser. Man konnte sich problemlos an dem Teil festhalten, und es tauchte kaum unter, bingo! Verena schwamm unter dem Krokodil durch, umkreiste ihn ein paarmal und zog dann turboschnell ab. Er strampelte samt Kroko hinterher, so schnell er konnte.

Nach einiger Zeit kam Verena zurück, hängte sich neben ihn, strampelte mit, biss ihn plötzlich ins Ohrläppchen und tauchte kreischend wieder ab.

Sie war echt der Obermegahammer, Fredi würde ihm das nie glauben. Sie wirkte nur enttäuscht, dass er nicht das Kroko losließ, um ihr hinterherzutauchen. Also quatschte er sie zu, erzählte von seinen Visitenkarten und dem Spruch drauf und dass er ihr eine geben würde, am liebsten zwei oder drei.

Sie lächelte und sagte, sie sollten zurück ans Ufer, es würde bald dunkel, und sie beide hätten noch viel vor. »Komm!«, rief sie. »Ich muss schwimmen. Mir wird kalt!«

Es war echt scheiße schwer, mit dem Kroko umzudrehen. Irgendwie drückte die Strömung es immer wieder weg vom Strand. Auch das Paddeln ging schwerer, obwohl er sich mehr anstrengte. Viel mehr.

Verena war schon ein ganzes Stück voraus.

»Alles okay?«, rief sie.

»Ja!«, brüllte Mario. »Kein Thema!«

»Die Strömung!«, rief sie. »Lass das doofe Viech los und schwimm so, sonst brauchst du ewig!«

Mario klammerte sich am Kroko fest und strampelte stärker. Er trat, so fest er konnte. Das Wasser wurde unruhiger, vorhin hatte es keine Wellen gegeben, jetzt kamen welche von der Seite, die immer höher wurden.

Als sich Verena beim nächsten Mal umdrehte, konnte er ihr Gesicht kaum noch erkennen, denn es wurde jetzt wirklich dunkel. Er verstand auch nicht, was sie rief. Dann machte sie eine ungeduldige Geste und schwamm weiter.

Es war saublöd, aber so sehr er ins Wasser trat: Die Küste kam nicht näher! Im Gegenteil! Ganz klein sah er Verena aus dem Wasser klettern. In seine Richtung winken. Sie winkte, winkte. Sammelte dann ihre Sachen auf und ging.

Mario hörte auf zu strampeln, denn seine Beine schmerzten wie Hölle. Es war fast dunkel. Ihm war kalt. Sein Magen tat wieder weh, wenigstens merkte hier kein Schwein, wenn er ins Wasser furzte. Obwohl: Gab es hier Haie? Mario zog sich auf das schwankende Krokodil, so hoch er konnte, und kniff die Arschbacken zusammen, so sehr die Reste der Schnecke auch drückten. Und nicht daran zu denken, wie tief das Wasser war und dass er nicht schwimmen konnte.

Scheiße, dachte er, als die Lichter der Hotels am Strand langsam verschwanden. Und dabei hatte er eine so gute Zwischenbilanz gehabt wie noch nie.

OLIVER
Sie feierten Schmusis und Carlottas Wiederauftauchen mit dem Inhalt der Minibar. Die Kinder tranken Apfelsaft und Melonenschorle. Anna und er tranken Prosecco, zum ersten Mal in diesem Urlaub. Und sie alle lachten so viel wie noch nie in diesem Urlaub.

Irgendwann klopfte es. Na klar! Oliver riss die Tür vor der Wiedergängerin auf, die seine Schwiegermutter war. Aber sie war es gar nicht. Es waren ein kleiner schmaler Mann und eine kleine schmale Frau, beide mit Nickelbrillen, beide in Hotelbademäntel gehüllt. Sie sahen Oliver fast ängstlich an.

»Könntet ihr vielleicht etwas leiser sein?«, sagte die Frau. »Wir würden gern schlafen, und die Wand ist so dünn!«

»Oh, ja«, sagte Oliver, »wir hören sofort auf.«

»Danke!«, sagte der Mann höflich, und die beiden gingen eine Tür weiter.

Oliver sah ihnen ungläubig nach. »DAS waren unsere Nachbarn«, flüsterte er Anna zu. Und sie beide platzten fast vor Lachen, vor einem Lachen, das viel zu laut war für die dünne Wand.

Da klopfte es schon wieder. Diesmal war es wirklich die

Schwiegermutter. Sie schob Oliver zur Seite und rauschte mit ihrem Koffer herein.

»Du bist immer noch nicht abgereist!«, sagte Anna scharf. »Du hattest das auch nie vor, stimmt's?«

»Kind, wie redest du?«, fragte sie beleidigt. »Es ist kein Flug zu kriegen gewesen. Und du wirst doch wohl deiner Mutter in einer Notlage ein Dach über dem Kopf geben!«

»Notlage?«, rief Oliver. »Ein selbst verursachter Konflikt!«

»Also, Oliver!« Ostentativ fassungslos sah sie ihre Tochter an.

Ihre Tochter sah SIE fassungslos an: »Sag mal: Ist das da ein Knutschfleck auf deinem Hals?«

»Ach Kind!« Die Schwiegermutter stieß ein heiseres Kichern aus. »Was du für einen Unsinn redest! So, ich bin müde, ich muss ins Bett. Oliver, könntest du bitte ...«

Nein, Oliver konnte nicht. Er hatte die Schnauze gestrichen voll davon, dass die Schwiegereltern, vor allem die Schwiegermutter, ihnen den gesamten Urlaub verdarben mit ihrem ätzenden, lächerlichen Streit. Dass sie kein einziges Mal auf die Kinder aufgepasst hatten. Dass seine Schwiegermutter ihn auch jetzt sicher wieder wie selbstverständlich aus seinem Bett werfen wollte. Und das würde er ihr jetzt auch sagen!

Anna legte ihm die Hand auf den Arm.

»Pass auf«, sagte sie zu ihrer Mutter. »Die Kinder liegen im Bett und können nicht einschlafen, weil du sie wieder aufgeweckt hast. Bitte lies den beiden ein Gutenachtbuch vor. Und dann noch eins, bis sie schlafen. Aber nicht zu laut, sonst hören die Nachbarn mit.«

»Au ja!«, jubelten Carlotta und Elias unisono. »Au ja, Omi!«

»Kind, das ist unmöglich.« Die Schwiegermutter winkte ab. »Das ist ganz ausgeschlossen. Ich habe einen schweren Tag hinter mir. Oliver, wenn du nicht zu Ernst willst, aber wer will schon zu dem, dann lege dich doch auf eins der Sofas in der Lobby.«

»Gute Idee, Schwiegermama«, sagte Oliver. »Am besten, DU legst dich auf eins der Sofas. Wenn du nicht vorlesen willst!«

Die Schwiegermutter rang nach Atem, als sei sie dicht an einem Infarkt. »Anna! Hast du DAS gehört? Was dieser – Schwiegersohn – zu mir sagt? Gib mir ein Glas Wasser! Sofort!«

»Er hat recht, Mami! Die Sofas sind sicher gar nicht so übel. Bis der Putzdienst einen frühmorgens weckt und rauswirft ...«

Die Schwiegermutter las vor.

Anna und Oliver trugen ihr Bettzeug auf die beiden Liegestühle auf dem Balkon. Oliver rief in der Hotelbar an und bestellte eine Flasche Brunello aufs Zimmer.

»Kostet extra«, sagte der Mann am Telefon. »Einen Chianti?«

»Nein: Brunello!«, sagte Oliver.

»Sind Sie sicher? Der kostet 56 Euro!« Der Barmann vergaß vor Aufregung ganz, ihn zu duzen.

»Scheiß drauf«, sagte Oliver.

Auf dem Balkon war es wunderbar still. Im Hintergrund rauschte das Meer. Über ihnen funkelte ein herrlicher Sternenhimmel.

»Sag mir bitte eins«, sagte Anna, »warum haben wir das nicht schon längst gemacht?«

Oliver lachte. Ihm fiel ein, dass er nichts mehr wegen der Zimmer unternommen hatte. Egal.

»Wollen wir den morgigen Tag nicht einfach auch so genießen?«, fragte er.

»Ja«, sagte Anna, »das tun wir.«

SUSAN

Sie waren noch in die Bar gegangen, Javier und sie. Er setzte sich neben sie. Verzog traurig das Gesicht. »Dir kann ich es ja sagen«, sagte er.

»Ja?«, fragte Susan und griff nach seiner Hand.

»Das Schlimmste an diesem vermasselten Abend ist«, sagte Javier, »diese Familie hat die Show gerade da unterbrochen, als ich den süßen Ben beim Ballsaaltanz zum ersten Mal küssen wollte!«

»Den süßen Ben?«, wiederholte Susan.

»Ja«, sagte Javier, »er ist seit zwei Wochen bei uns im Team, und – bitte erzähl es nicht weiter – ich bin wahnsinnig verliebt in ihn …«

Freitag

JESSICA

Es sah aus, als habe sie es schon halb geschafft. Die ersten Artikel über den Spielzeughersteller waren erschienen, und die meisten Schreiber hatten ihre Geschichte voll gefressen. Und in der nächsten Woche, das hatte der Anwalt vorbereitet, würde der Exeigentümer tatsächlich wegen Unterschlagung von Löhnen, Kreditbetrugs und Steuerhinterziehung angezeigt werden. Klar, vor Gericht würden sich die Anschuldigungen als haltlos erweisen, aber das würde dann kein Schwein mehr interessieren.

Jetzt kam es nur noch darauf an, was Wannabe-Wallraff in seinem Magazin schrieb. Sie wollte ihn unter einem Vorwand anrufen, aber erreichte ihn nicht.

Sie erreichte auch Kolja nicht. Aber das kannte sie ja schon von ihm.

SUSAN

Die Sonne schien ihr ins Gesicht. Es war wieder ein schöner Tag, es gab hier nur schöne Tage, rein wettermäßig gesehen. Und sie, Susan, hatte es immer noch nicht geschafft, sich umzubringen. Jedenfalls lag sie angezogen auf dem Bett in ihrem Zimmer, und die Kopfschmerzen vom Alkohol verschwanden erst nach einer langen Dusche. Das Handy zeigte ein paar Anrufe an, alle von Christine. Sie rief nicht zurück. Sie trank zwei kleine Fläschchen aus der Minibar, um leicht und beschwingt zu werden, und zog noch einmal die

Sachen an, die sie an dem Tag mit Moritz Palmer getragen hatte.

Dann setzte sie die Sonnenbrille auf und verließ das Hotel.

OLIVER

Oliver erwachte nicht auf dem Fußboden wie sonst. Oliver erwachte auf einer Sonnenliege auf einem Balkon. Auf der Liege neben ihm schlief Anna. Und in der Ferne hörte Oliver ein Rollen, Wummern und Klackern, ein sich wiederholendes Rollen, Wummern und Klacken. Das durchaus einen beruhigenden Rhythmus hatte. Aber wo war er? Was war passiert?

»Oliver!« Eine Stimme wie ein Peitschenhieb. Die Schwiegermutter. Jetzt wusste Oliver wieder, was Sache war.

»Ihr müsst aufstehen, sofort. Eure Kinder spielen im Flur mit euren Boulekugeln!«

»Was?«, murmelte er schlaftrunken.

»Eure! Kinder! kegeln! im! Hotelflur!« Die Schwiegermutter war richtig aufgeregt. »Sie stören das ganze Haus! Ich habe ihnen gesagt, sie sollen das lassen, aber sie haben nicht gehorcht. Wie unverschämt! Wer hat ihnen das teure Piratenschiff von Playmobil geschenkt? Die elektrische Eisenbahn? Die Sammeltassen? Oliver, bring deinen Kindern sofort Manieren bei!«

»Später«, murmelte Oliver.

»Also ...«, die Schwiegermutter schluckte erbost. »Also ... wie du willst! Wenn sie jemand verhaftet und einsperrt: mir egal! Es sind eure Kinder! Ich gehe jetzt frühstücken!«

Sie verschwand balkontürknallend.

Oliver setzte sich kurz auf und blinzelte aus alter Gewohnheit über die Brüstung zum Pool herunter.

Unten war nicht der Pool. Da war nur ein meterhoher

Schaumberg, der aus dem Becken quoll wie der süße Brei im Märchen.

»Eine gottverdammte Schweinerei, was?«, rief ein Mann, der mit einem Handtuch in der Hand unten stand und hochsah. »Der Pool ist völlig verschmutzt! Unbenutzbar!«

Oliver nickte. Der Mann kratzte sich am Kopf und setzte sich ratlos auf eine Liege.

»Weg da«, rief Oliver reflexhaft, »das ist mein Handtuch!«

Der Mann schnellte augenblicklich wieder hoch.

Oliver sank auf seine Liege zurück. Anna drehte sich kurz um und schlief weiter.

Das Rollen, Wummern und Klacken im Hintergrund hatte fast etwas Meditatives. Wie schön, dass er die Boulekugeln eingepackt hatte, dachte Oliver. Dann merkte er, wie müde er war.

SUSAN

Sie war gerade mal ein paar Schritte vom Hotel entfernt, da bremste dicht neben ihr ein Wagen. Ein kleiner dicker Mann sprang heraus und strahlte übers ganze Gesicht.

Sie erkannte ihn zuerst nicht. Dann doch. Es war dieser Makler.

»Señora«, rief er. »Wie schön, dass es Ihnen besser geht, wie wundervoll, wie entzückend! Entschuldigen Sie die frühe und unannehmliche Uhrzeit! Aber ich war so froh … bitte!«

Er öffnete ihr die Hecktür des Autos. Sie war so perplex, dass sie einstieg.

Diesmal war Fernandez in einem BMW gekommen. Aber auch hier, wie konnte es anders sein, gab es einen in die Mittelarmlehne eingebauten Champagnerkühler, der sich auf Knopfdruck öffnen ließ. Erstaunlich: Fernandez fand den richtigen Knopf sofort.

»Ich habe heute Morgen die Bedienungsanleitung gelesen«, lächelte er. »Señora, Sie müssen mir die Freude machen, mit anzustoßen. Jetzt gleich. Ich habe wundervolle Neuigkeiten. Der Señor hat es Ihnen ja schon gesagt. Ich habe das Haus. Das Haus, das Sie beide sich wünschen! Stoßen wir darauf an!«

Sie konnte nicht anders als Fernandez den Gefallen tun. Er war ja nicht schuld daran, was Moritz Palmer getan hatte.

»Einen Augenblick bitte, schöne Señora.« Fernandez sprang aus dem Auto und öffnete die andere Hecktür.

Moritz Palmer ließ sich auf den Sitz neben ihr fallen, sah sie und war sprachlos.

»Ihre Señora war diesmal vor Ihnen da«, sagte Fernandez.

Susan wollte gerade aussteigen, da fuhr der Makler schwungvoll an.

MORITZ

»Sie sind ja doch Gedankenleserin«, sagte Moritz leise. »Woher wussten Sie, wann Fernandez kommt?«

»Werde ich gerade entführt?«, zischte sie schroff. Sie schien sich über ihr Treffen längst nicht so zu freuen wie er. Moritz beschloss, weiterzulächeln.

»Hat Ihnen Fernandez direkt Bescheid gesagt? Wie hat er Sie gefunden?«

»Ganz einfach. Ich war gerade auf dem Weg zu einer Verabredung. Und er hat mich ins Auto gezogen.«

»Ins Auto gezogen?« Vermutlich sollte das ein Witz sein. Fernandez kidnappte keine Frauen, er betete sie an. Moritz beschloss, mitzumachen. »O ja, das macht er immer«, sagte er. »Manchmal erwischt er die falschen Frauen. Aber in diesem Fall nicht.«

Susan funkelte ihn wütend an.

»Können wir Sie vielleicht irgendwo absetzen?«, fragte Moritz schnell. »Wo haben Sie denn Ihre Verabredung?«

»Das geht Sie nichts an.« Susans Stimme klang, als bestünde allmählich Ohrfeigenalarm. Was hatte sie denn?

»Sie haben völlig recht, bitte entschuldigen Sie«, sagte Moritz schnell. Sollte Fernandez sie womöglich wirklich einfach so ins Auto ... »Ich bin nur etwas aufgeregt. Dieses Haus. Fernandez hat es heute Morgen erst reinbekommen und mich sofort angerufen. Es klingt großartig!«

»Schön für Sie!«

Sie war immer noch äußerst schmallippig. »Warum nehmen Sie nicht die Dame, die das vorige Mal mitgekommen ist?«

»Sie musste dringend weg«, sagte Moritz.

»So kann man es auch sagen!« Sie lachte, aber es war ein zynisches Lachen. Verstehe einer die Frauen!

»Schade«, sagte Moritz. »Habe ich denn vielleicht die Chance, heute mit Ihnen zu Abend zu essen?«

»Ich fürchte, das geht nicht.«

»Vielleicht ein anderes Mal?«

»Ich will aussteigen!« Ihre Stimme klang, als herrsche nun akuter Ohrfeigenalarm.

»Entschuldigen Sie«, sagte Moritz, »wir sind ja schon oben auf der Bergstraße. Fernandez kann Sie doch einfach zu Ihrer Verabredung fahren. Dann müssen Sie nicht zu Fuß am Straßenrand zurückgehen ...«

»Kommt nicht infrage! Halten Sie an, Herr Fernandez!«, rief Susan laut nach vorne. »Lassen Sie mich sofort aussteigen! SOFORT!«

»Natürlich, Señora«, sagte Fernandez, »oh, oh ... zu dumm, es geht nicht.«

Der Mann war grandios: Er tappte mit den Füßen im Fußraum herum, als trete er die Pedale und wolle anhalten. »Das Auto will nicht! Diese unglaublichen deutschen Wagen, also, wenn sie mal fahren ... Bitte verzeihen Sie! Wo ist die Handbremse?«

Dieser Makler! Er spielte gut. Es sah aus, als sei er wirklich verzweifelt!

SUSAN

Das war eine ganz unverschämte Show, die die beiden hier abzogen, nur weil dieser abgedrehte Star ganz offensichtlich Nachschubprobleme bei den Frauen hatte. Aber der kleine dicke Makler, nie hätte Susan gedacht, dass der mit ihm unter einer Decke steckte, der übertrieb gewaltig. Erstens fing er auf einmal an zu kreischen wie ein durchgeknallter Schimpanse. Zweitens fuhr er viel zu dicht auf diesen Lastwagen auf, der vor ihnen den Berg hochkroch, Susan fiel vor Schreck das Champagnerglas aus der Hand.

Und drittens riss er auf einmal das Steuer herum, der BMW schoss ganz knapp am Lastwagen vorbei, verließ die Straße, holperte in großen Sprüngen und mit heulendem Motor einen grasbedeckten Abhang hinunter, schrammte über einen Kiesweg, verfehlte nur knapp einen Pool und krachte mit letztem Schwung in eine bröckelnde Hauswand.

OLIVER

Vielleicht lag es daran, dass sie nach dem Ausschlafen und Kindereinsammeln mit Sven und Michelle mit Prosecco angestoßen hatten. Aber so locker hatte hier noch kein Tag begonnen. Nach dem Frühstück waren sie alle zusammen an den Strand gezogen, hatten zwei Raucher vergrault und Beachvolleyball gespielt, bis sie nicht mehr konnten. Dann zogen sie zum Pool. Dort war Schaumparty. Elvis, nur sein Kopf ragte aus dem Schaum, brüllte »Hereinspaziert, hereinspaziert. Zwei zahlen nur die Hälfte! Einer zahlt nur das Doppelte!« Hinter ihm wogte, waberte und kreischte es. Offenbar gab es zwei Mannschaften, die die Aufgabe hatten, sich gegenseitig einen oder mehrere Wasserbälle wegzunehmen.

Sven stieß einen Brüller aus und hechtete in voller Kleidung und mit ausgebreiteten Armen in den Schaum. Michelle schickte ihre Kinder zum Kinderpool und sprang hinterher. »Kommt!«, rief sie Anna und Oliver zu, als sie nach einer halben Minute mit nassen Haaren wieder auftauchte und ihr Oberteil zurechtzupfte. »Kommt! Ist das geil!«

Carlotta und Elias standen da und sahen sehnsüchtig den Kindern der anderen hinterher.

»Das können wir nicht machen«, sagte Anna. »Wir können doch Elias und Carlotta nicht einfach am Kinderpool allein lassen!«

»Warum denn nicht!«, sagte Oliver.

SUSAN

Es war wohl doch keine Show, die Fernandez und Moritz da abgezogen hatten.

Beide wirkten ziemlich von der Rolle. Und erst die zwei älteren Leute, durch deren Garten sie gerast waren und in deren Hauswand die zerknautschte Schnauze des BMW steckte.

»Ist Ihnen etwas passiert?«, rief der ältere Herr und nahm sie am Arm.

»Nein«, sagte Susan. »Wieso?« Dann merkte sie, wie ihre Beine zitterten.

Fünfzehn Minuten später saß sie in einem Stuhl vor dem Haus, eingewickelt in eine Wolldecke. Neben ihr saß Moritz und rührte in einem Kamillentee.

Fernandez krabbelte aus den Resten seines Autos und hielt puterrot eine zerknautschte Fußmatte hoch.

»Die war unter das Pedal gerutscht. Señora, bitte noch einen Moment.«

Fernandez ging um die Hausecke, warf die Matte auf den Boden, beschimpfte sie, bespuckte sie, trampelte auf ihr herum und bedachte sie mit obszönen Gesten. Dann zog er sein weißes Sakko zurecht und kam lächelnd wieder zu ihnen.

»Señora, wie geht es Ihnen?«

»Es geht schon wieder«, sagte Susan.

Zu ihrer Verwunderung war sie doch froh, dass sie in dieser Hausmauer gelandet waren und nicht ein paar Meter weiter die Steinmauer durchbrochen hatten, hinter der tiefblau das Meer leuchtete.

Das Haus war ein Traum. Ein altes Landhaus, oder sagte man Finca? Dreistöckig, wein- und oleanderbewachsen, in einem großen verwilderten Garten.

»Es tut mir leid, Señora«, sagte Fernandez, »ich fürchte, ich kann Sie mit diesem Auto nicht mehr zu ihrer Verabredung bringen. Wohin wollten Sie eigentlich?«

»Zum vista de no retorno.« Vor ein paar Minuten hätte Susan das wahrscheinlich noch mit vollerer Stimme gesagt. Weniger piepsig. Sie vermied Moritz' Blick.

Was nicht schwer war. Er betrachtete abwesend die Palmen an der Hausecke.

»Das Haus ist ein Traum«, sagte Susan.

»Ach hören Sie auf. Alles nur romantisches Gesäusel. Sie müssen ja nicht drin wohnen«, sagte die ältere Dame. »Unser Dach ist undicht. Der Pool leckt. Die Heizung streikt. Und jetzt steckt in der Hauswand auch noch Ihr Auto. Was das kostet! Und wir haben nicht mal das Geld für die Gartenpflege, die mein Mann nicht mehr selbst machen kann!«

Der ältere Mann zuckte die Schultern und seufzte.

»Ich will endlich eine neue Wohnung mit Fahrstuhl«, sagte seine Frau.

»Bis wir diese Ruine loswerden, dauert es doch ewig«, antwortete ihr Mann.

»Vielleicht ja nicht«, sagte Moritz.

MORITZ

Während Fernandez mit den alten Leutchen sprach, gingen Susan und Moritz am Haus entlang und sahen durch die Fenster nach drinnen.

Es gab hohe Decken, alte Möbel, Flügeltüren mit Fensterläden. Einen großen Essraum mit offener Küche, Kamin und langem Tisch.

»Was ich sehen kann, ist sehr schön«, sagte Susan. Bei dem Unfall hatte sie ihre Sonnenbrille verloren, und ihre Augen waren ziemlich geschwollen; sie musste unter schlimmem Heuschnupfen leiden.

»Das freut mich«, sagte Moritz. »Ich denke an ...«

»Das Ferienhaus deiner Kindheit?«

Sie lachten beide. Erst jetzt fiel Moritz auf, dass sie sich seit dem Unfall ganz selbstverständlich duzten.

»Ich freue mich, dass du doch noch zur Hausbesichtigung mitgekommen bist«, sagte Moritz. »Wenn auch zur Besichtigung eines anderen Hauses. Trotz deines Termins.«

»Der hat vielleicht noch etwas Zeit«, sagte Susan.

So wie sie ihn ansah, beschlich Moritz ein leiser Verdacht: Konnte es sein, dass ihre Augen nicht verheuschnupfte, sondern verheulte Augen waren? Und konnte es sein, dass er an diesen verheulten Augen irgendwie schuld war? Auch, wenn er sich kein bisschen vorstellen konnte, wie.

Er würde sie fragen. Nachdem er sie geküsst hatte.

Da klingelte sein Handy.

Jeden anderen hätte er weggedrückt, nur Jasmin nicht.

»Jasmin, Süße!«, rief er. »Ich habe die ganze Zeit an dich gedacht! Wie geht es dir? Ist alles gut?«

Es war eine schlechte Verbindung, er hörte Jasmin lachen und weinen, sie sei noch in London, sie habe gerade mit ihrer Band gefrühstückt. Und mit William Orbit! Und er wolle sie produzieren, er wolle ihr Album neu einspielen und rausbringen. »Wahnsinn!«, schluchzte sie.

Erst als er ihr zu Ende gratuliert hatte, fiel ihm auf, dass Susan weg war.

OLIVER
Ab Mittag machten sie es sich alle am Strand gemütlich. Beim erstbesten Liegen- und Schirm-Vermieter. Genau, bei dem, wo sie damals Ärger mit den Alten bekommen hatten. »Ich wette, hier liegt der miese Scheiß-Kinderhasser, der die ganze Zeit gegen unsere Wand geklopft hat«, sagte Sven lautstark, als sie zu ihren Liegen gingen. »Das Schwein soll sich nur melden, wenn es sich traut!«

Niemand traute sich. Und je ausgelassener die vier Kids zwischen den Liegen Fangen spielten, umso mehr von den Sauertöpfen verschwanden wortlos.

SUSAN
Außer Atem kam Susan beim vista de no retorno an. Auf dem kleinen Steinmäuerchen balancierte ein Mann in senffarbener Jogginghose und blauem Kurzarmhemd. Als er sie sah, sprang er zurück und verschwand mit einem ärgerlichen »Hach!« im Gebüsch. Wind blies Susan ins Gesicht, tief unten rauschte und schäumte das Meer.

Es war ganz einfach. Sie würde über das lächerliche Steinmäuerchen steigen. Dann würde sie nach vorne springen, und den Aufprall tief unten auf den Fels würde sie vielleicht schon gar nicht mehr merken.

Susan wunderte sich, dass sie nicht weinte. Sie spürte eine solche Wut: »Wie konnte ich mir nur Hoffnungen machen! Wie erbärmlich naiv ich bin! Warum sollte er mich meinen – und nicht die Vorige oder die Nächste oder eine, die er sowieso schon hat –« ihre Stimme schnappte über. »Die süße Jasmin!« Sie holte noch mal tief Luft, »dieser Scheißkerl!!!«

Sie hörte ein Geräusch hinter sich.

Moritz stand hinter ihr und starrte sie fassungslos an. Dann lachte er.

»Ich muss dir zwei Dinge sagen. Erstens, ich lebe von meiner Frau seit Jahren getrennt. Und zweitens: Jasmin ist zweiundzwanzig ...«

»Na und? Umso schlimmer!«, schrie sie.

»Und meine Tochter!«

»Wird das bald mal?«, schrie es aus dem Gebüsch.

OLIVER

Dafür, dass er keine Übung hatte, schlug sich Oliver gut am Kinderbüfett. Er erwischte zwei Schnitzel in Schuhgröße 46 samt Pommes und kassierte einen Gabelstich in den Oberschenkel, nur eine Fleischwunde. Elias und Carlotta quiekten vor Freude, als Sven und er an den Tisch zurückkehrten. Oliver fühlte sich wie ein Velociraptor nach einem Beutezug für seine Jungen.

Als sie dann am Tisch saßen – die Kiddys spielten vergnügt Fangen auf den Bänken und Tischen ringsum –, kam der Schwiegervater vorbei. Er wollte ihnen ein paar Schwenks die Hauswände entlang zeigen. Und seine Hand hielt die einer sommersprossige Frau, etwas jünger als er. »Das ist Jane aus Florida«, sagte er, »sie war früher mit einem Filmemacher verheiratet und versteht jede Menge von dem Kram. Wir werden zusammen noch ein bisschen bleiben, bis wir alles im Kasten haben, was wir brauchen ...«

Anna starrte ihren Vater und seine Flamme noch mit weit aufgerissenen Augen an, da trat die Schwiegermutter an den Tisch. »Ich wollte euch nur sagen«, zischte sie ihrer Tochter im Bühnenflüsterton zu, »dass ihr deine arme alte Mutter nicht mehr bei euch auf dem harten Fußboden schlafen lassen müsst. Ich werde heute Nacht in die Suite von Romain ziehen!« Sie winkte einem weißhaarigen Mann zu, der an einem der Singletische saß. Es war der Mann, der ihr in der Filmaufnahme am Strand den Rücken gestreichelt hatte.

Oliver erhob sich, um vom Kinderbüfett einen neuen Stapel Schnitzel zu holen, diesmal für Anna und sich. Sven hatte recht gehabt: Die Dinger waren das Beste im ganzen Restaurant.

JESSICA

Es sah aus, als hätte sie gewonnen: Der Enthüllungsjournalist hatte ihr am Telefon vorgelesen, was er schreiben würde. Er glaubte ihr! Außerdem hatte er gefragt, wo sie beide am Montag essen würden. Sie hatte ihm die Anschrift eines gemütlichen Asiaten diktiert, der vor einem Monat eingegangen war.

Dann ging sie auf die Terrasse und wollte einen lauten Juchzer ausstoßen.

Es ging nicht.

Sie hatte es geschafft. Sie hatte die öffentliche Meinung gedreht. Sie allein! Sie war super, einfach top, perfekt!

Aber sie konnte sich irgendwie nicht freuen. War sie aus der Übung? Sie überlegte. Ihr fiel immer nur die Sache mit der Doktorarbeit ein. Morgen, gleich nach dem Rückflug, würde sie ins Büro fahren. Dort warteten weitere zwei Umzugskisten mit Akten, die sie über Nacht durcharbeiten musste. Übermorgen früh um acht war das erste Meeting mit dem Kunden, der ein Konzept sehen wollte.

Sie würde es wuppen, klar. Wie, das wusste sie noch nicht. Auch das war neu.

Sie wollte Kolja anrufen. Aber dann warf sie doch lieber zwei Schlaftabletten ein. Sie fühlte sich immer noch nicht gut. Sie ging auf die Toilette und brach. Lag sicher am Essen.

MORITZ

Nach dem Abendessen fiel ihm ein, dass er noch etwas für Susan hatte. Er zog das verpackte Parfüm aus der Tasche.

»Ein ganz kleines Dankeschön für dich.«

»Oh«, Susan strahlte ihn an, öffnete das Geschenkpapier.

»Ich dachte, das passt zu dir – ›Everlasting Dream‹.«

Sie starrte das Parfüm an und fuhr hoch.

»Susan«, Moritz stand auf, »ist dir nicht gut?«

Ihre Hand schnellte nach vorne. Patsch, da war es wieder. Irgendwie hatte er es schon fast vermisst.

Er küsste sie. Und ihm war ganz egal, dass der Gast vom Nebentisch seine Handycam auf ihn richtete.

Samstag

OLIVER
Anna schlief lächelnd neben ihm, den Kopf an seiner Schulter. Kaum waren sie auf Flughöhe, zappelten die Zwillinge vor ihnen auf den Sitzen herum und wollten sich abschnallen. Oliver klickte ihre Gurte los, und sie tobten mit den Kleinen von Sven und Michelle über die Sitze zum Süßigkeitenrucksack, na ja, war ja noch Urlaub.

Die beiden Frauen, die neben ihnen saßen, warfen ihm böse Blicke zu. Oliver starrte durch sie hindurch.

Elias drehte sich mit hochgestreckten Schokoladenhänden zu ihm um. »Papi!«, rief er. »Bitte ein Taschentuch!«

»Elias, ich hab keins, nimm doch die Hose der Frau neben dir!«

Die Frau erstarrte.

Oliver lachte: »Klar, Elias! Ich habe ein Taschentuch!«

Er musste immer noch grinsen. Es war noch früh am Morgen, aber trotzdem hatte er auf einmal tierische Lust auf ein Bier.

JESSICA
Als die Maschine aufsetzte, wusste Jessica, was sie tun würde. Sie holte ihren Koffer vom Gepäckband und zog ihn zum Ausgang. Hinter dem Wartebereich gab es eine lange Reihe von Reisebüros. Gleich das erste hatte einen Flug nach La Gomera, der in einer Stunde ging. Jessica kaufte das Ticket, stellte sich zum Einchecken an, und kurz vor dem Boarding

schrieb sie eine gemeinsame Mail an Kolja und Julian: »Muss erst mal Urlaub machen. Melde mich irgendwann. Vielleicht.«

PETE

Schweißgebadet fuhr er hoch. Er lag in einem Bett mit weißem Laken. Ein Schlauch führte von seinem Handrücken zu einem Infusionsbeutel. Sein rechtes Bein steckte in einem dicken Verband. Es war wunderbar ruhig hier.

Pete war aufgewacht, weil er die Erschütterung gespürt hatte. Dieses ganz typische leise Vibrieren, das einem Vulkanausbruch voranging.

Einem Vulkanausbruch!

Er riss den Infusionsschlauch heraus und humpelte aus dem Zimmer, so schnell es ging. Im Flur hing ein Telefon. Die Handynummer seines Assistenten konnte er noch auswendig.

»Ron!«, schrie er, ohne auf dessen besorgte Fragen zu antworten. »Hör auf, in Island auf die Eruption zu warten. Wir haben uns alle geirrt. Der Ausbruch, er wird hier stattfinden, HIER! Von wegen keine aktiven Vulkane! Pack die Instrumente ein, und nimm das nächste Flugzeug, sofort!«

Als er aufgelegt hatte, spürte er das Vibrieren wieder. Es war nicht mehr viel Zeit bis zum Ausbruch, hoffentlich war Ron mit den Messgeräten schnell genug da, denn zu dem Vibrieren kam schon dieses typische Grollen.

Das immer lauter wurde. Und noch lauter.

Es war die große Kehr- und Wischmaschine, die ein Mann vom Putzdienst um die Ecke schob.

Einige Tage später

MARIO

Als es langsam hell wurde, war Mario schon am Pool und verteilte die Handtücher nach seiner Liste von gestern Nachmittag.

Hammer! Jede Liege ausreserviert, und das, obwohl er die Preise angehoben hatte, als er den Job übernahm: Ein Platz im Schatten mit Garantie, das machte jetzt 15 Euronen. Unverschämt, murmelten die Leute, und zahlten. Was blieb ihnen übrig. Mario auch: Er brauchte die Kohle. Scheiß 1500 hatte er für den Einsatz der Küstenwache gelatzt, die Verena alarmiert hatte, als er abends nicht bei ihr auf der Matte stand, um ihr die Nacht zu vertreiben. Sie hatten ihn rausgefischt, gerade als er das Kroko loslassen wollte, weil er nicht mehr konnte. Dieses irre Weib!

Fredi hatte am Telefon ganz schön rumgewundert, als Mario erzählte, dass er erst mal nicht zurückkomme. Sein Chef auch, aber der hatte dann verstanden, dass es netter war, hier als Facility-Manager zu arbeiten als in Deutschland. Richtig neidisch geworden war er, cool!

Jemand schlang von hinten seine Arme um ihn.

»Hi«, hauchte es in sein Ohr.

»Hey Honey! Warum bist du denn schon auf?«, fragte Mario.

»Kommst du mit ins Meer?« Verena küsste ihn. »Nein, ans Meer meine ich. Da ist um die Uhrzeit noch keiner!«

»Kein Schwanz!«, sagte Mario.

»Doch, gleich!«, kicherte Verena.

Hand in Hand liefen sie der aufgehenden Sonne entgegen. Scheiße, Megascheiße, es war nicht zu glauben, was für ein Glück!

Irgendwo rief jemand »Help!«, aber dafür hatte Mario jetzt wirklich keine Zeit.

MALIK

Frank Rumpf
Ohne Sand kein Strand

Und andere Wahrheiten über den Urlaub. 208 Seiten. Malik

»Naturstrand«, »aufstrebende Ferienregion« und andere tückische Formulierungen: Wer kennt nicht die Stolpersteine des Urlaubs? Frank Rumpf schreibt von denen, die sich hinter Hochglanzprospekten verbergen und die Reisemaschinerie am Laufen halten. Von Frühstückseiern, die um die halbe Welt gekarrt werden, und exotischen Salatbüfetts an deutschen Autobahnraststätten. Er ergründet die geheimen Botschaften von Ansichtspostkarten und ist dabei, wenn die Crew für ein Kreuzfahrtschiff gecastet wird. Er erhält Reinigungstipps in einer polnischen Hotelwäscherei und erfährt in der Beschwerdestelle eines großen Urlaubsanbieters, was deutsche Touristen wirklich bewegt. Ein heiteres, amüsantes Buch über Urlaubsmacher – und über uns Urlauber selbst.

»Herrlich komisch ...«
Bild.de